普通高等教育"十四五"规划教材

教师教育"课证融合"系列教材

英语教师职业技能训练教程

冯展极　马　静　王宏伟 ◎ 主　编

图书在版编目(CIP)数据

英语教师职业技能训练教程/冯展极，马静，王宏伟主编. —北京：北京大学出版社，2023.10
教师教育"课证融合"系列教材
ISBN 978-7-301-34217-6

Ⅰ.①英…　Ⅱ.①冯…②马…③王…　Ⅲ.①英语–师资培训–教材　Ⅳ.①H31

中国国家版本馆CIP数据核字（2023）第131237号

书　　名	英语教师职业技能训练教程 YINGYU JIAOSHI ZHIYE JINENG XUNLIAN JIAOCHENG
著作责任者	冯展极　马　静　王宏伟　主编
责 任 编 辑	温丹丹
标 准 书 号	ISBN 978-7-301-34217-6
出 版 发 行	北京大学出版社
地　　　址	北京市海淀区成府路205号　100871
网　　　址	http://www.pup.cn　新浪微博：@北京大学出版社
电 子 邮 箱	编辑部 zyjy@pup.cn　总编室 zpup@pup.cn
电　　　话	邮购部 010-62752015　发行部 010-62750672　编辑部 010-62756923
印 刷 者	三河市北燕印装有限公司
经 销 者	新华书店 787毫米×1092毫米　16开本　16印张　400千字 2023年10月第1版　2024年8月第2次印刷
定　　　价	58.00元

未经许可，不得以任何方式复制或抄袭本书之部分或全部内容。
版权所有，侵权必究
举报电话：010-62752024　电子邮箱：fd@pup.cn
图书如有印装质量问题，请与出版部联系，电话：010-62756370

教师教育"课证融合"系列教材

编 委 会

主　　任　蒋　凯

副 主 任　陈建华　傅建明

编　　委　（按姓名拼音排序）

　　　　　　陈春莲　程晓亮　寸晓红　董吉贺

　　　　　　范丹红　胡家会　李妹芳　李　琦

　　　　　　刘恩允　罗兴根　皮翠萍　漆　凡

　　　　　　孙　锋　王俏华　肖大兴　谢先国

　　　　　　叶亚玲　虞伟庚

教师教育"课证融合"系列教材

总　　序

  教师教育"课证融合"系列教材牢牢把握教材建设的政治方向和价值导向，将党的教育方针全面体现到教材中，注重思想性与专业性的结合，强化教师教育"课证融合"，及时、准确反映学科发展最新成果，引导学生在掌握教育教学知识与技能的同时，提高思想政治素养，自觉践行社会主义核心价值观，实现知识掌握、能力培养与价值塑造的协同发展。

  教师教育"课证融合"系列教材第一版出版后，受到了相关院校师生的充分肯定和欢迎，我们为之感到欣慰和鼓舞。本次修订深入贯彻落实党的二十大精神，坚持以习近平新时代中国特色社会主义思想为指导，在教材编写思路和理念上保持了原有特点，增加了学科理论与实践改革的最新成果和课程思政等内容，充分吸纳广大师生在教学中的意见和建议。

一、编写背景与意图

  党的二十大报告指出，"教育、科技、人才是全面建设社会主义现代化国家的基础性、战略性支撑。必须坚持科技是第一生产力、人才是第一资源、创新是第一动力"，我们要"完善人才战略布局，坚持各方面人才一起抓，建设规模宏大、结构合理、素质优良的人才队伍"。培养造就大批德才兼备的高素质人才，是国家和民族长远发展大计，也是我国当前重要且迫切的任务。提升教育质量，培养优秀教师，又是培养人才的前提和基础。

  2000年9月23日教育部颁布《〈教师资格条例〉实施办法》，标志着教师资格制度在全国正式实施。该实施办法规定："国务院教育行政部门负责全国教师资格制度的组织实施和协调监督工作"（第四条），"依法受理教师资格认证申请的县级以上地方人民政府教育行政部门，为教师资格认定机构"（第五条）。这个阶段教师资格认定的具体工作由地方政府教育行政部门负责。

  2011年我国开始在浙江和湖北试行教师资格国家统一考试制度，并于2013年8月15日发布《中小学教师资格考试暂行办法》《中小学教师资格定期注册暂行办法》，明确规定，"教师资格考试实行全国统一考试"。

  如此，师范生的培养将面临专业养成与资格证书获得的双重任务。师范院校就不得不思考一系列问题：职前教师教育与教师资格考试如何有机融合？教师教育的课程设置与教学方式应该如何适应国家教师资格考试？现有的教学大纲和内容如何与国家教师资格考试大纲相融合？职前教师教育的评估与考试如何进行？……为了应对上述问题，北京大学出版社经过多年的实地调查与理性论证，审慎地决定编写一套"教师教育'课证融合'系列教材"，力图保证教师教育专业的学术品位，同时又能兼容国家教师资格考试的考试大纲内容。

出于这样一种思路，"教师教育'课证融合'系列教材"在深入地分析了《教师教育课程标准（试行）》《幼儿园教师专业标准（试行）》《小学教师专业标准（试行）》《中学教师专业标准（试行）》，以及国家教师资格考试标准、教师资格考试大纲等若干文件的基础上，结合现有的师范院校全日制本科生及研究生所开设的相关教师教育类必修课程的知识结构梳理出编写框架，希望其既能具有学科的逻辑体系，又能覆盖教师资格考试大纲的知识要点，让师范生在获得毕业证的同时又能够获得教师资格证书；既能符合师范类各专业人才的培养目标，适应当前我国对教师教育领域的人才需求，又能满足国家教师资格考试的要求，帮助师范生在获得教师教育专业知识与技能的同时获得从事教师职业的资格。

二、编写原则与体例

（一）编写原则

"教师教育'课证融合'系列教材"在编写过程中，遵循以下三个原则：

1. 专业知识与应试技能相结合

尽管通过国家教师资格考试是本套教材所追求的目标之一，但通过考试并不是最重要的目标。更重要、根本性的目的是通过本套教材的学习能够让学生系统地掌握教育的基本原理，理解并能运用教育的基本规律与原则，获得从事基础教育工作的基本技能与技巧，为成为一名优秀的人民教师奠定坚实的理论与技能基础。因此，我们在编写时既注意学科知识与原理的系统介绍，也重视资格考试知识点的梳理与解释，更加关注教育教学能力的培养与解决问题能力的形成，使本套教材既能用于正规的课堂教学，又适用于学生应对国家教师资格考试。

2. 理论思维与实战模拟相结合

一名优秀的人民教师需要有深厚的教育理论修养，必须具备教育学的思维，因此我们在编写时特别注意对学生进行教育学思维的培养，强调教育基本逻辑与基本范式的学习，使学生能够运用教育学的思维阐释教育现实问题，进而形成自己的教育思想。但"有知识的人不实践，等于一只蜜蜂不酿蜜"（古波斯诗人萨迪语），因此，我们在编写时特别注意理论知识与实践操作之间的联结，每节都有原理与知识点的概括，并有针对性的案例分析、试题举例和学习方法导引等。概括地说，本套教材既强调教育原理运用于解释现实问题的方法论引导，又注重教师资格考试的针对性训练。

3. 课堂讲授与课外练习相结合

教材是教师和学生用于教与学的材料，是师生双方共同使用的材料，只有师生配合才能获得最大的效益。任何优秀的教材都有两个特点：内容安排科学，符合教学规律，教师使用方便，即"能教"；学科知识逻辑清晰，练习形式多样，即时练习资源丰富,即"能学"。因此,本套教材在编写时既强调要方便教师的教(配套的教学课件、重点知识提示等提供了这个方便),又强调要方便学生的实践运用和复习巩固(配套的同步练习与模拟考试卷提供了这个保障),保证教师指导作用和学生主观能动性的充分发挥,有助于避免"教师只讲不听,学生只听不练"的弊端。

(二) 编写体例

在编写体例上,"教师教育'课证融合'系列教材"由学习目标、学习重点、学习导引、正文等部分组成。学习目标,让师生明确教学的方向与标准;学习重点,明确知识的逻辑结构与核心知识点;学习导引,指明学习路径与学习方法;正文,系统地呈现相关知识。

三、教材特色与使用建议

(一) 教材特色

"教师教育'课证融合'系列教材"具有以下四个特色:

1. 内容体系完整

本套教材依据学科的逻辑结构,结合教师教育课程标准、教师专业标准、国家教师资格考试标准、教师资格考试大纲等进行编写,内容体系既保证有严密的学科逻辑,又保证国家政策文件规定的知识点的落实,力图将它们科学地加以融合,既保证学科内容体系的完整性,又兼具资格证考试的针对性。

2. 备考实用性强

本套教材在原有教材"学术性"的基础上增加"备考性",即为通过国家教师资格考试做准备。教材通过真题的诠释,详尽细实地介绍各学科考试的基本内容、命题特点、考试题型、答题技巧、高分策略等,让考生对国家教师资格考试有一个具体而接地气的了解;书中罗列的真题与解析、练习题、模拟试题、知识结构图等,为考生提供模拟的考试环境,帮助考生在实战演练中提升自己的能力。

3. 考点全面覆盖

本套教材中知识点的选择基于两种路径:一是依据学科知识结构和教师资格考试大纲选择,二是根据对历年国家教师资格考试真题的考点梳理。据此梳理和确定每章每节的知识点,而后再根据学科的逻辑结构进行组织与编写。因此,本套教材几乎涵盖了国家教师资格考试的所有考试内容。

4. 线上线下融合

本套教材是一套创新型"互联网+"教材。教材在内容上力图融合学科内容与考试大纲规定的知识点;在体例上,坚持以学生为本,为学生掌握学科知识和应对教师资格考试提供支持;在呈现方式上,应用现代网络技术,教学资源立体配套,使教师和学生能够运用手机、计算机等电子设备随时随地学习。除了线下教学之外,手机二维码、微视频、在线咨询等拓宽了学生的学习时空。

（二）使用建议

"教师教育'课证融合'系列教材"是团队合作的产物，由北京大学出版社组织全国数十所高等学校联合编写，由于各校情况迥异，因而在使用时学校可以因校制宜，选择适合自己的方案。下面的使用建议仅供使用者参考。

1. 课时安排

课程	周课时	总课时	备注
教育学基础（中学）	2	36	不包括实践类课时
心理学（中学）	2	36	不包括实验课时
教育学基础（小学）	3	54	不包括实践类课时
心理学（小学）	3	54	不包括实验课时
学前教育学	3	54	不包括实践类课时
学前儿童发展心理学	3	54	不包括实验课时
学科课程与教学论	3	54	根据学科性质调整

2. 教学方式

建议以讲授与讨论为主。讲授时注意：①讲清学科逻辑结构，给学生一个完整的理论框架；②梳理每章的知识逻辑，特别注意根据知识的内在逻辑讲授各知识点，教给学生特定的教育学思维；③讲授过程中注意方法论的引导，讲清各种题型的答题技巧；④每次课后灵活运用国家教师资格考试历年真题进行同步练习，并及时分析与评价，让学生在实战中理解与运用解决问题的技巧。

3. 考核评价

课程考核由三大类组成：平时成绩（主要是课堂表现、练习册完成的数量与质量）、课程论文与社会实践或实验、期末闭卷考试。

计分采用百分制。平时各类成绩占60%，期末成绩占40%。

希望本套教材的出版，能够帮助考生顺利通过国家教师资格考试，并为国家培养教师教育领域的优秀人才做出我们应有的贡献。

教师教育"课证融合"系列教材编委会
2023年7月

前　　言

百年大计，教育为本；教育大计，教师为本。党的二十大报告指出，我们要坚持教育优先发展，加快建设教育强国，要办好人民满意的教育，落实立德树人根本任务，培养德智体美劳全面发展的社会主义建设者和接班人。二十大报告为我国未来教育发展指出了方向，也向教育工作者提出了更高要求。师范院校是培养教师的主阵地，教师是立教之本、兴教之源，教师队伍建设水平关乎高质量教育体系的建设水平，大力培养党和人民满意的"四有"好老师以及具有"四有"素养的创新人才，是师范院校的责任担当。

教师劳动特点及其职业的复杂性、特殊性，决定了做一名称职的教师，尤其是做一名优秀的教师，并非易事。我们常见到这样的情况：有的教师执教多年，但教学单调乏味，课堂平淡无奇；有的教师刚走上教学岗位，但教学有声有色、游刃有余，学生学得津津有味。这种教学差别的存在，原因是多方面的，其中一个重要原因是教学能力的高低。教师想要拥有较强的教学能力，不但要有扎实的专业知识，而且要经过严格和规范的专业基本功训练。而这些能力在行为上的综合表现，就是教师职业技能，它是评价教师素质高低的重要标志之一。

教师职业技能是教师素质的具体体现，是指教师在教学实践过程中，通过不断地训练而巩固下来的迅速、准确、流畅、熟练地完成教学任务的一系列行为及智力活动方式的总称。教师职业技能具有示范性、复杂性和应用性等特点，对教学具有重要的作用。随着教师专业化进程的加快，教师职业技能的培养早已引起教师教育工作者、教育管理部门和用人单位的关注。2013年8月，教育部公布《中小学教师资格考试暂行办法》，教师资格考试实行全国统考，教师资格证是教师从业的许可证，打破了教师资格终身制，提高了教师的入职门槛，社会对于教师队伍整体素质提出新的要求。

英语学科具有其语言教学的特殊性，英语教师既要向学生传授系统的英语基础知识和基本技能，又要通过英语教学使学生具有以英语为工具进行交际的能力，还要充分挖掘英语课程中蕴含的丰富育人资源，强化课程育人，实现价值塑造、知识传授和能力培养三者相统一，帮助学生树立正确的世界观、人生观和价值观，坚定文化自信，提升用外语讲好中国故事的能力。

英语教师不但要具备扎实的专业知识，还要具备较强的课堂设计、组织管理、反思研究和思政育人等多方面的教学能力，创造性地开展教学工作。因此，英语教师要面向新时代，面对新挑战，积极主动地实施教学改革，重视和加强职业技能的培养和训练，不断提高自身素质。

本书以《关于实施卓越教师培养计划2.0的意见》《高等师范学校学生的教师职业技能训练大纲（试行）》和基础教育新一轮课程改革对英语教师素质及职业技能的新要求为指导进行编写。全书体系完整、内容全面，尽量简化教学技能的理论讲解，强调技能的操练和掌握，融入英语教师资格考试内容，覆盖相应知识点和考点，体现了"理念更新—理论输入—方法技巧—实施运用—实践创新—课证融合"的设计思路。书中列举了大量的教案和教学实例等，教学设计具有很强的针对性；书中每一部分的教学任务明确，要求具体，操作简便，评价指标量化；书中含有大量的复习思考题和真题再现，方便检验学生对所学知识的掌握程度。此外，读者可以扫描下方的二维码申请本书配套资料包。

本书立足于英语师范生教学技能和实践创新能力培养，可用作英语专业学生教材以及广大在职英语教师自修的参考书，也可作为英语教师资格考试的备考资料。

本书编者的研究方向均为英语教学论，冯展极教授负责全书的策划和统稿。编写分工如下：马静编写第一、三章，冯展极编写第二、五章，王宏伟编写第四、六章。

在本书的编写过程中，编者参考了有关专著、教材或论文等资料，对上述参考文献的作者，在此一并表示衷心的感谢！由于篇幅有限，未能将出处逐一列出，如有疑问，请与我们联系：fengzhanji@163.com。

编　者
2023年8月

本教材配有教学课件或其他相关教学资源，如有老师需要，可扫描右边的二维码关注北京大学出版社微信公众号"未名创新大学堂"（zyjy-pku）索取。

- 课件申请
- 样书申请
- 教学服务
- 编读往来

目 录

第一章　导论 … 1
　　第一节　教师职业技能及其构成 … 2
　　第二节　教师职业技能训练 … 5

第二章　常规教学技能 … 7
　　第一节　常规教学技能及训练目标 … 8
　　第二节　课程标准研读技能 … 9
　　第三节　教材分析技能 … 16
　　第四节　学情分析技能 … 19
　　第五节　教学计划制订技能 … 21
　　第六节　备课技能 … 22
　　第七节　教案设计技能 … 26
　　第八节　教学参考资料的使用技能 … 30
　　第九节　英文书写技能 … 31
　　第十节　英文歌曲和歌谣辅助教学技能 … 33
　　第十一节　英语教学游戏的组织技能 … 36
　　第十二节　简笔画辅助英语教学技能 … 37
　　第十三节　信息化教学技能 … 41
　　第十四节　课堂教学管理技能 … 44
　　第十五节　作业设计技能 … 47
　　第十六节　批改作业技能 … 51
　　第十七节　测试与评价技能 … 55
　　第十八节　学习方法指导技能 … 59
　　第十九节　课外辅导技能 … 63

第三章　课堂教学技能技巧 … 67
　　第一节　课堂教学技能及训练目标 … 68
　　第二节　教态培养 … 70
　　第三节　课堂教学语言技能 … 72

第四节　板书技能 ··· 76
  第五节　导入技能 ··· 85
  第六节　呈现演示技能 ··· 95
  第七节　机械性操练技能 ·· 101
  第八节　意义性操练技能 ·· 108
  第九节　交际性操练技能 ·· 112
  第十节　提问技能 ·· 116
  第十一节　纠错技能 ·· 123
  第十二节　变化技能 ·· 126
  第十三节　强化技能 ·· 131
  第十四节　结束技能 ·· 134

第四章　英语语言知识教学技能技巧 ·· 137
  第一节　语音教学技能 ·· 138
  第二节　词汇教学技能 ·· 146
  第三节　句型教学技能 ·· 155
  第四节　语法教学技能 ·· 160
  第五节　语篇教学技能 ·· 171

第五章　英语语言技能训练技巧 ·· 179
  第一节　听力教学技能 ·· 180
  第二节　口语教学技能 ·· 189
  第三节　阅读教学技能 ·· 195
  第四节　写作教学技能 ·· 201

第六章　英语教师职业能力提升 ·· 209
  第一节　教学方法运用技能 ·· 210
  第二节　常用的英语教学方法 ·· 212
  第三节　说课技能 ·· 223
  第四节　听课技能与评课技能 ·· 231
  第五节　教学研究技能 ·· 235
  第六节　终身学习技能 ·· 238

参考文献 ··· 241

 第一章

导论

☞ **学习完本章,应该做到:**

◎ 知道教师职业技能的概念;
◎ 熟悉教师职业技能的构成;
◎ 了解教师职业技能在教师素质结构中的地位;
◎ 初步体会教师职业技能的重要性,并进行合理的评价。

☞ **学习本章时,重点内容为:**

教师职业技能概念的理解,侧重教师职业技能重要性的分析;特别注意对教师职业技能重要性的评价。

☞ **学习本章时,具体方法为:**

本章概述了教师职业技能的概念及其构成,在学习过程中,学生可按照"概念—构成—地位"的线索梳理相关要点。学生要特别注意体会教师职业技能的重要性。

第一节 教师职业技能及其构成

一、教师职业技能

进入20世纪80年代以后,国际高等教育界逐渐形成了一股新的潮流,那就是普遍重视实践教学、强化对应用技术型人才培养。国内的诸多高校近年也纷纷在教育教学改革的探索中注重实践环境,以培养具有较强实践能力和创新能力的高素质应用型人才。高等师范院校也应顺应教育改革潮流,切实提高师范生职业技能和职业素养,促进"准教师"的专业发展,彰显师范教育特色。

教师劳动的特点及其职责的复杂性、特殊性,决定了做一名称职的教师,尤其是做一名优秀教师,并不是一件容易的事。国外教育界一直以来都重视教师职业技能方面的研究,包括对教师内涵与特征的分析、训练过程研究、体系建设等。英国教育家克里斯·基里亚康认为教学技能具有目的性、情境性、简明性、可重复性、流畅性和习得性等特征。斯坦福大学于1963年首创了微格教学,形成了一套可具体描述、可示范和可定量评价的适用于师范生职业技能训练的模式。英国在20世纪90年代面向"完整型"教师培养目标制定的措施之一,就是突出培训教师职业技能。英国教育部门要求为每个师范生建立一份教师技能档案,跟踪其技能的形成与发展。俄罗斯、德国、英国和日本等国家都较早地推行职业标准化、规范化,以培养高质量的教师。

教师的工作就是对教材和各种影响因素进行教育加工,把组织管理及教学工作转化为教育影响,对教育影响进行传导,向学生传授知识并使其能够接受、易于接受并乐于接受,从而保证教育教学工作迅速、准确、有效地进行。因此,教育教学既是一门科学,又是一门艺术。在科学技术迅猛发展、教育教学内容不断丰富、教学对象日益广泛的今天,我们想要掌握好一门教学技能、能够驾驭教学艺术,没有深厚的专业知识、没有扎实的基本功训练、不具备较强的技能,是不可想象的。专业知识、基本功和一定水平的技能在行为上的综合表现,就是教师职业技能。

按照教育心理学的观点,技能是指通过练习而巩固下来的迅速、准确、流畅、熟练地完成某种任务的活动方式,在总体上可以分为动作技能和心智(智力)技能两类。动作技能主要是指书写、唱歌、绘画和体操等一系列身体外部动作合乎法则要求的活动方式;心智(智力技能)主要是指借助内部语言进行认知的活动方式,是在认识特定事物、解决特定问题时,感知、记忆、想象和思维等心理活动合乎法则要求的组合方式。在现实中,许多技能兼有动作技能与心智(智力)技能两个方面。

依据教育心理学关于技能的研究,结合教师劳动的特点,教师职业技能是指教师在教育教学实践过程中,通过练习和训练,形成、巩固下来的迅速、准确、流畅、熟练地完成教育教学任务的一系列行为及智力活动方式的总称。

教师应具有与其从事职业的技术构成相一致的职业技能,以及掌握或者具有广博的知识。"广"是指知识面要宽,掌握与本学科相关的多学科知识,"博"是指要通晓丰富的学科知识。《礼记·学记》中提出的"罕譬而喻""教也者,长善而救其失者也"等,就是指教师首先应具备相关的知识基础。关于教师的职业技能,早在两千多年前,我国大思想家、教育家荀子就提出了教师应有"师术"的观点。在他看来,要成为教师,需要具备四个条件,即四种技能:有威严而使学生敬畏;有丰富的阅历而使学生信仰;讲授知识时有理有据、有条不紊;有了解学术的精微之处而加以论述并发挥的本领。

二、教师职业技能的构成

教育教学过程是复杂的,教师职业技能是多种多样的,可划分为常规教学技能、课堂教学技能和教学方法运用技能。通常,教师职业技能中的内容可概括为说、写、看、听、用、学、思七个要素。

(一)说

说是教师教学基本功中最重要的一个方面,主要包括讲解、朗读和提问。教师必须具有良好的表达能力,教师上课向学生传授知识、设置问题、解惑答疑等都离不开口头表达。因此,除了发音规范以外,"讲"要准确简明,"读"要生动形象,"问"要目的明确。

(二)写

写包括写教案、写文章以及写板书。会写教案实际上是教师会分析教材、会设计教学活动和板书的综合体现,这是必不可少的课前准备工作。会写文章也是教师应具备的素质,对于任何一门课程,教师都要研究教学理论、探索教学方法。若教师能将教学中的经验、体会和学术探讨上的见解写出来,则其自身的业务素质和教学水平自然会不断提高,这能促进教师加快专业化发展的进程,正所谓教而不研则浅,研而不教则空。板书不仅可以表现教师的教学基本功,而且可以展现教师的教学态度。教师写板书不仅要求字写得好,而且书写要工整、独具匠心,给学生带来视觉享受。

(三) 看

看就是让教师避免"目中无人"的讲课方式,善于通过与学生的目光交流及时感知学生在学习过程中的细微变化,并加以适当控制,防止学生分心,消除学习的"死角"。在教学过程中,教师应以学生为主体,利用教师的主导作用充分调动和发挥学生学习的主动性。因此,教师要会看,即要善于观察,能做到随机应变。

(四) 听

听懂别人说话是一种能力,教师要通过听来了解学生的实际学习情况,并及时抓住问题,给予学生解答和指导。因此,教师要会听,能够从学生词不达意的语句中听出真意,从含糊的话语中听出主旨,从而帮助学生理清思路,掌握学习要点。

(五) 用

用是指教师在教学中会使用现代教学媒体,如计算机辅助教学设备、电子白板、互联网等。教学过程是一个信息传递的过程,随着社会不断向前发展,人们对教育手段和方式也提出了新的要求,教师要适应社会发展,就必须掌握这方面的技能,以便更好地提高教学质量和效率。

(六) 学

未来的社会是一个终身学习的社会,教师的终身学习尤为重要。教师需要通过自觉学习,不断地吸收先进的教育思想和教育理念,树立正确的教育观、质量观、人才观和师生观;不断拓宽专业知识,提高教学水平;不断掌握必要的现代教育技术手段,以适应新时期对教师的素质要求。

(七) 思

新时代的教师不仅要学会教学反思和教学研究,在教学中认识教育教学规律,提高发现问题和解决问题的能力,而且要掌握教育研究方法,从单纯的技术型教师转变为研究型教师,并逐步成长为专家型教师。教师从坚持教学反思到确定研究课题、再到制订研究方案,需要运用一定的教育研究方法,结合或依据教学行动开展研究。

三、教师职业技能在教师素质结构中的地位

教师职业技能是教师业务素质的行为表现,是教师业务素质的重要组成部分。

教师素质是教师职业对教师个人提出的内外品质上的要求,具体包括思想政治素质、道德素质、文化素质、智能素质、心理素质、身体素质等。其中的文化素质和智能素质合称为业务素质,是教师在教书育人过程中表现出来的科学文化知识结构和教育教学能力。

教师要凭借自己所具有的素质和知识能力等,将教育任务课程标准、教学大纲所规

定的知识和技能,通过切实有效的方式传授给学生,并促进学生品德和智能等方面的发展。职业技能的提高受教师个人学识水平、思想觉悟、个性特征和生理状况等因素的制约。

☞ 复习思考题

1. 什么是教师职业技能?
2. 教师职业技能构成要素有哪些?
3. 教师职业技能在教师素质结构中的地位如何?

第二节　教师职业技能训练

随着教学组织形式的不断发展与完善、科学技术知识的不断丰富与创新、教学手段的不断提高、教育对象的日趋广泛与复杂等,教师职业的专业性及技术构成大大增强,这要求教师不仅具有较高的业务素质,而且必须具备多方面的技能。因此,对教师职业技能进行研究和训练就成为教育科学的重要课题。

教师职业技能研究是教育科学中的开发性应用研究。这一研究运用教育学、管理学、教育心理学、教育技术学、教育传播学、教育生态学和教育工效学等学科的基本原理,对教师以课堂为中心的日常教学活动进行新的审视,实现对教师多种教学行为的再现,以便重新认识、理解这些行为结构和操作过程。

教师职业技能训练有利于调整在职教师的职业行为。例如,制订训练计划以及对各层次的教师进行有针对性的培养,有利于教师的成长。此外,教师职业技能训练还有利于教师职前培养。即从师范生的基础现状分析入手,依据合格教师应具备的条件,逐项按科目分步加以训练,以加速教师教育的职业化,提高新教师的基本素质,缩短其适应期。

在一些国家,教师职业技能的训练已经收到良好的效果。例如在美国,学生之间、师生之间合作行为的技能已得到广泛普及,这些技能不仅使教师取得较高比率的前学术行为和较高的学术成就,而且可以帮助学生树立自尊心。

在我国,国家教育主管部门一直十分重视教师的职业技能训练。2012年,教育部等部门发布的《关于进一步加强高校实践育人工作的若干意见》,要求高校加强实践育人工作总体规划,坚持把实践育人工作纳入学校教学计划,提升学生实践能力,以促进师资培养整体质量的提高。2018年,中共中央、国务院印发了《关于全面深化新时代教师队伍建设改革的意见》,之后,教育部印发《关于实施卓越教师培养计划2.0的意见》,决定建设一流师范院校和一流师范专业,全面引领教师教育改革发展。2021年,教育部印发《中学教育专业师范生教师职业能力标准(试行)》等五个文件,旨在进一步加强师范类专业建设,建立师范生教育教学能力考核制度,推动教师教育院校将国家中小学教师资格考试标准和大纲融入到日常教学、学业考试和相关培训中,提高师范类专业人才培养质量,从源头上提升教师队伍教书育人的能力水平。2000年至今,全国高师学生英语教师职业技能大赛、全国师范院校师范生教学技能大赛、"华文杯"全国师范院校师范生教学技能大赛、全国师范生微课大赛等赛事都重视师范生基本功和教育教学技能训练,重在提高教师业务素质。

☞ 复习思考题

请你结合自身实际,谈一谈对教师职业技能重要性的理解。

第二章

常规教学技能

☞ 学习完本章,应该做到:

◎ 熟悉常规教学技能及训练目标;
◎ 识记与理解常规教学技能;
◎ 熟悉每一项常规教学技能的具体内容,并能运用于教学实践中。

☞ 学习本章时,重点内容为:

准确理解常规教学技能及训练目标,侧重了解常规教学技能的基本知识,特别注意记忆与运用各个常规教学技能。

☞ 学习本章时,具体方法为:

本章共十九个小节,主要介绍英语课堂常规教学技能的有关知识、方法和基本要求。学生在学习过程中,应充分了解第一节所介绍的常规教学技能的主要内容和训练方法,在接下来的每一小节中,根据每个微技能的特点和要求,进行学习和训练。课后可根据复习思考题和真题再现中的内容进行复习、反思和检测学习效果。

第一节 常规教学技能及训练目标

一、常规教学技能

常规教学技能是指教师在教学中沿袭下来的常规教学原则,或在教学规则指导下的、经常使用的教学活动方式的总称。教师的常规教学行为方式对应着相应的常规教学技能,主要包括:课程标准研读技能、教材分析技能、学情分析技能、教学计划制订技能、备课技能、教案设计技能、教学参考资料的使用技能、英文书写技能、英文歌曲和歌谣辅助教学技能、英语教学游戏的组织技能、简笔画辅助英语教学技能、信息化教学技能、课堂教学管理技能、作业设计技能、批改作业技能、测试与评价技能、学习方法指导技能、课外辅导技能等。

教学工作的实践性很强,教师掌握常规教学技能是保证课堂教学任务顺利完成的基础。常规教学技能的基本作用表现为:

① 它是教师顺利开展课堂教学工作、完成课堂教学任务的前提和基础。
② 能促进学生掌握英语学科知识、形成正确的价值观和良好个性。
③ 有利于开发学生智力、发展学生能力。
④ 直接决定着教师课堂教学技能和教学方法运用技能的实施。

二、训练目标

教师的常规教学技能是教师在教学实践中经过反复训练而逐步形成的。教学不仅是一门科学,而且是一门艺术。教师要想掌握常规教学技能并不断提高课堂教学的技能水平,可以在训练中采取参照范例、明确要求等措施,具体包括:

① 明确常规技能训练的目的和要求,掌握有关课堂教学技能的基本知识。
② 掌握正确的训练方法。
③ 及时了解阶段性的训练结果。
④ 有计划、有步骤地进行训练。
⑤ 正确掌握对训练速度和训练质量的要求。

常规教学技能训练的总体目标是:教师可以掌握常规教学技能的有关知识、方法和基本要求等,通过接受训练或自我训练,掌握教学的各项常规技能。常规教学技能训练的基本目标是:

① 教师可以提高对掌握常规教学技能必要性的认识,通过常规教学技能训练,掌握常规教学技能的有关知识和理论。常规教学技能的掌握和提高离不开有关理论的指导,因此教师要采用多种措施和方式掌握与教学技能有关的知识。

② 教师通过常规教学技能训练熟悉并掌握各种常规教学技能。在常规教学技能的训练中,教师要了解和掌握各种有关的课堂教学技能及教学方法的运用技能,并在此基础上能够逐步灵活运用各种常规教学技能,为运用其他技能奠定基础。

③ 教师要增强训练意识,掌握常规教学技能的运用要求、训练方法和评价标准,并激发自己的创新意识,不断巩固和完善有关的教学技能,逐渐形成一套具有独特风格的教学技能体系。

☞ 复习思考题

1. 什么是常规教学技能?
2. 教师应该如何训练自己的常规教学技能?教师要达到的训练目标是什么?

第二节 课程标准研读技能

教育部于 2001 年印发《全日制义务教育普通高级中学英语课程标准》,2003 年印发《普通高中英语课程标准(实验)》,2011 年印发《义务教育英语课程标准(2011 年版)》并于 2022 年进行修订,2018 年印发《普通高中英语课程标准(2017 年版)》并于 2020 年进行修订。

一、课程标准的作用及特点

课程标准是教材编写、教学、考试评价以及课程实施管理的直接依据。现行义务教育课程标准规定了课程性质、课程理念、课程目标、课程内容、学业质量和课程实施建议等;普通高中课程标准规定了课程性质与基本理念、学科核心素养与课程目标、课程结构、课程内容、学业质量、实施建议等。新的课程标准强化了课程育人导向,优化了课程内容结构,研制了学业质量标准,增强了指导性,加强了学段衔接。

(一)义务教育课程标准的作用及特点

(1)义务教育课程标准坚持正确的政治方向和价值导向,有机融入社会主义先进文化、革命文化和中华优秀传统文化,以及法治、国家安全、民族团结、生态文明、生命安全与健康等教育内容,反映科技进步新成果,经济社会发展新成就,特别是马克思主义中国化最新成果,引导学生树立正确的世界观、人生观、价值观。

(2)义务教育课程标准坚持素养导向,不仅体现育人为本,依据义务教育培养目标,凝练课程所要培养的核心素养,还体现课程独特育人价值和共通性育人要求,形成清晰、有序、可评的课程目标。同时,义务教育课程标准基于核心素养的培养要求,明确课程内容选什么、选多少,注重与学生经验、社会生活的关联,加强课程内容的内在联系,突出课程内容结构化,探索主题、项目、任务等内容组织方式。

(3)义务教育课程标准体现了正确的学业质量观,明确核心素养发展水平与具体表现,注重价值引领、知识运用、问题解决等表现的考查,建立了有序进阶、可测可评的学业质量标准。

(4)义务教育课程标准注重学段衔接与科目分工,加强课程一体化设计,注重幼小衔接,注重活动化、游戏化、生活化的学习设计,并依据学生从小学到初中在认知、情感、社会性等方面的发展,把握课程深度、广度的变化,合理安排不同学段内容,体现学习目标的连续性和进阶性,也为学生高中阶段进一步学习做好准备。

(二)普通高中课程标准的作用及特点

(1)普通高中课程标准研制明确了学科的育人价值,确定了学科核心素养和目标,明确了内容和学业质量要求,以指导和规范教材编写、教学与评价。

(2)国家通过课程标准规定了普通高中课程的主要内容和要求,确定了课程内容应遵循思想性、时代性、基础性、选择性、关联性等基本原则。

(3)普通高中课程标准指导了多年来普通高中课程改革的实践,坚持正确的改革方向和先进的教育理念,基本建立起适合我国国情、适应时代发展要求的普通高中课程体系,促进教育观念的更新,推进人才培养模式的变革,提升教师队伍的整体水平,有效推动考试评价制度的改革,为我国基础教育质量的提高作出了积极贡献。

(4)普通高中课程标准的建设坚持全面贯彻党的教育方针,落实立德树人根本任务,发展素质教育,推进教育公平,努力构建具有中国特色、体现国际发展趋势、充满活力的课程体系,培养德智体美劳全面发展的社会主义建设者和接班人。普通高中课程在义务教育的基础上,进一步提升学生综合素质,着力发展学生核心素养,使学生成为有理想、有本领、有担当的时代新人,表现为:具有理想信念和社会责任感、具有科学文化素养和终身学习能力、具有自主发展能力和沟通合作能力。

二、《义务教育英语课程标准(2022年版)》简介

《义务教育英语课程标准(2022年版)》强化了课程育人功能,思路清晰、逻辑严谨、结构合理、重点突出,具体体现在四个方面:第一,育人目标更加系统明确,彰显国家意志;第二,课程一体化设计理念进一步加强,以核心素养为统领,促进课程内容结构化,全面提升课程系统性;第三,创新性和实践性进一步凸显,以核心素养为纲呈现课程目标,以主题、项目或活动组织课程内容,强化学科实践和跨学科实践;第四,课程实施指导进一步强化,在课程内容设计、学业质量标准研制、丰富案例、条件保障等方面进行细化和强化。

《义务教育英语课程标准(2022年版)》以习近平新时代中国特色社会主义思想为指导,全面贯彻党的教育方针,遵循教育教学规律,落实立德树人根本任务,发展素质教育。聚焦中国学生发展核心素养,培养学生适应未来发展的正确价值观、必备品格和关键能力,引导学生明确人生发展方向,成长为德智体美劳全面发展的社会主义建设者和接班人。

(一)课程性质

义务教育英语课程体现工具性和人文性的统一,具有基础性、实践性和综合性特征。工具性是指英语课程可以使学生掌握一门作为交流工具的语言;人文性是指英语课程可以促进学生的全人发展;基础性是指义务教育英语课程立足于该阶段学生身心发展水平,其学习内容和学习方式与学生身心发展规律相匹配,以培养该阶段学生应具备的基础性素养;实践性是指英语课程强调语言学习过程的实践性,学生在语言实践活动中学习语言知识,发展语言技能,最后形成能够满足实际需要的沟通和交流能力;综合性是指英语课程旨在发展学生的综合素养,而不是彼此割裂的各种知识和技能。学习和运用英语有助于学生了解不同文化,比较文化异同,汲取文化精华,逐步形成跨文化沟通与交流的意识和能力,学会客观、理性地看待世界,树立国际视野,涵养家国情怀,坚定文化自信,形成正确的世界观、人生观和价值观,为学生终身学习、适应未来社会发展奠定基础。

(二)课程理念

义务教育英语课程强调发挥核心素养的统领作用,构建基于分级体系的课程结构,以主题为引领选择和组织课程内容,践行学思结合、用创为本的英语学习活动观,注重"教—学—评"一体化设计,推进信息技术与英语教学深度融合。

(三)课程目标

英语课程围绕核心素养,体现课程性质,反映课程理念,确立课程目标。学生应通过义务教育英语课程的学习,达到发展语言能力、培育文化意识、提升思维品质和提高学习能力的总目标。学段目标是总目标在各学段的具体化。义务教育英语课程分为三个学段,各学段目标设有相应的级别,其中一级建议为3~4年级学段应达到的目标,二级建议为5~6年级学段应达到的目标,三级建议为7~9年级学段应达到的目标。各学段目标之间具有连续性、顺序性和进阶性。

(四)课程内容

英语课程内容由主题、语篇、语言知识、文化知识、语言技能和学习策略等要素构成。

围绕这些要素,通过学习理解、应用实践、迁移创新等活动,推动学生核心素养在义务教育全程中持续发展(见图2-1)。课程内容的六个要素是一个相互关联的有机整体,共同构成核心素养发展的内容基础。其中,主题具有联结和统领其他内容要素的作用,为语言学习和课程育人提供语境范畴;语篇承载表达主题的语言知识和文化知识,为学生提供多样化的文体素材;语言知识为语篇的构成和意义的表达提供语言要素;文化知识为学生奠定人文底蕴、培养科学精神、形成良好品格和正确价值观提供内容资源;语言技能为学生获取信息、建构知识、表达思想、交流情感提供途径;学习策略为学生提高学习效率、提升学习效果提供具体方式方法。

图2-1 义务教育英语课程内容结构示意

义务教育英语课程内容分三级呈现,建议3~4年级学习一级内容,5~6年级学习二级内容,7~9年级学习三级内容;兼顾小学英语开设起始年级区域差异,设置预备级和三个"级别+"(见图2-2)。预备级主要满足1~2年级教学需要,以视听说为主。"级别+"为学有余力的学生提供选择,对各"级别+"的内容要求用"+"标识。

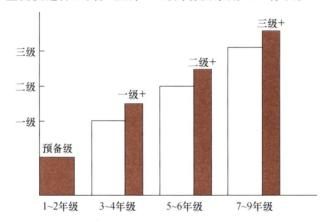

图2-2 义务教育英语课程内容分级示意

(五)学业质量

英语学业质量标准依据"六三"学制不同学段学业成就表现的关键特征,描述三个级别学习结果的具体表现。学业质量标准依据核心素养发展水平,结合课程内容,整体刻画不同学段学生学业成就的具体表现特征,明确"学到什么程度",引导和帮助教师把握教学深度与广度,为教材编写、教学实施、考试评价等提供依据。

（六）课程实施

《义务教育英语课程标准(2022年版)》提出了七个教学建议：坚持育人为本、加强单元教学的整体性、深入开展语篇研读、秉持英语学习活动观组织和实施教学、引导学生乐学善学、推动"教—学—评"一体化设计与实施、提升信息技术使用效益。在评价方面，提出了对于教学评价和学业水平考试的评价建议，注重实现教、学、考的一致性。此外，《义务教育英语课程标准(2022年版)》还对教材编写、课程资源开发与利用、教学研究与教师培训都提出了具体的建议。

三、《普通高中英语课程标准（2017年版2020年修订）》简介

2003年，教育部印发《普通高中课程方案和课程标准（实验）》。2013年，教育部启动普通高中课程修订工作。现行的《普通高中英语课程标准（2017年版2020年修订）》是在2017年教育部印发的《普通高中英语课程标准（2017年版）》的基础上进行的修订。基础教育课程承载着党的教育方针和教育思想，规定了教育目标和教育内容，是国家意志在教育领域的直接体现，在立德树人中发挥着关键作用。

修订工作的指导思想如下：以马克思列宁主义、毛泽东思想、邓小平理论、"三个代表"重要思想、科学发展观、习近平新时代中国特色社会主义思想为指导，深入贯彻党的十八大、党的十九大精神，落实全国教育大会精神，全面贯彻党的教育方针，落实立德树人根本任务，发展素质教育，推进教育公平，以社会主义核心价值观统领课程改革，着力提升课程思想性、科学性、时代性、系统性、指导性，推动人才培养模式的改革创新，培养德智体美劳全面发展的社会主义建设者和接班人。

修订工作秉承了坚持正确的政治方向、坚持反映时代要求、坚持科学论证、坚持继承发展的基本原则。修订的主要内容和变化如下：在课程方案方面，进一步明确了普通高中教育的定位、优化了课程结构、强化了课程有效实施的制度建设。在学科课程标准方面，凝练了学科核心素养、更新了教学内容、研制了学业质量标准、增强了指导性。

（一）课程性质与基本理念

（1）课程性质。普通高中英语课程是高中阶段全面贯彻党的教育方针、落实立德树人根本任务、发展英语学科核心素养、培养社会主义建设者和接班人的基础文化课程。

（2）课程基本理念。课程基本理念包括：发展英语学科核心素养，落实立德树人根本任务；构建高中英语共同基础，满足学生个性发展需求；实践英语学习活动观，着力提高学生学用能力；完善英语课程评价体系，促进核心素养有效形成；重视现代信息技术应用，丰富英语课程学习资源。

（二）学科核心素养内涵与课程目标

（1）学科核心素养内涵。学科核心素养是学科育人价值的集中体现，是学生通过学科学习而逐步形成的正确价值观、必备品格和关键能力。英语学科核心素养主要包括语言能力、文化意识、思维品质和学习能力。

（2）课程目标。普通高中英语课程的总目标是全面贯彻党的教育方针，培育和践行

社会主义核心价值观,落实立德树人根本任务,在义务教育的基础上,进一步促进学生英语学科核心素养的发展,培养具有中国情怀、国际视野和跨文化沟通能力的社会主义建设者和接班人。基于课程的总目标,普通高中英语课程的具体目标是培养和发展学生在接受高中英语教育后应具备的语言能力、文化意识、思维品质、学习能力等学科核心素养。

(三) 课程内容

英语课程内容是发展学生英语学科核心素养的基础,包含六个要素:主题语境、语篇类型、语言知识、文化知识、语言技能和学习策略。课程内容的六个要素是一个相互关联的有机整体(见图2-3)。具体而言,所有的语言学习活动都应该在一定的主题语境下进行,即学生围绕某一具体的主题语境,基于不同类型的语篇,在解决问题的过程中,运用语言技能获取、梳理、整合语言知识和文化知识,深化对语言的理解,重视对语篇的赏析,比较和探究文化内涵,汲取文化精华;同时,尝试运用所学语言创造性地表达个人意图、观点和态度,并通过运用各种学习策略,提高理解和表达的效果,由此构成六个要素整合、指向学科核心素养发展的英语学习活动观。

图 2-3 六个要素整合的英语课程内容示意

高中英语学业质量设置的三个水平,既是指导教师开展日常教学的依据,也是阶段性评价、学业水平考试和高考命题的重要依据。水平一主要用于检测必修课程的学习结果,是高中学生在英语学科应达到的合格要求,也是高中英语学业水平考试命题的主要依据;水平二主要用于检测选择性必修课程的学习结果,是英语高考命题的主要依据;水平三主要用于检测选修课程中提高类课程的学习结果,可以作为其他相关考试或测评的依据。

(四) 课程实施

在课程实施方面,《普通高中英语课程标准(2017年版2020年修订)》提出了八个教学建议:以核心素养为目标,依据课程内容要求,开设好必修、选择性必修和选修课程;关注主题意义,制订指向核心素养发展的单元整体教学目标;深入研读语篇,把握教学核心内容;实践英语学习活动观,促进核心素养有效形成;重视培养学生的学习能力,为学生学会学习创造条件;利用现代信息技术,拓宽学习和运用英语的渠道;处理好教、学、评的关系,达到以评促教、以评促学的目的;不断提高自身专业化水平,与课程改革同步发展。

四、研读课程标准的方法

现行课程标准是对现阶段中小学英语教学的规定和指导,与现阶段英语学科课程设置、课程计划以及现行中小学英语教材共同构成了我国英语基础教育的有机整体。中小学英语教师应仔细研读课程标准,并在教学实践中贯彻课程标准,用课程标准指导教学中的各个环节。教师只有研读课程标准,严格按照课程标准的要求进行教学,才能使自己的工作达到职业要求,才能保证教学质量。教师在研读课程标准时,需要注意以下几个方面:

(1) 教师不仅要熟悉课程标准,还要学习对课程标准进行解读的参考资料。

(2) 教师在每学期初制订教学计划之前要先认真研读课程标准。教师在进行单元备课、课时备课之前,要参考课程标准,认真对照课程标准的要求,以达到"心中有标准,胸中有全局",从更高的角度来理解教材。此外,教师还可在备课笔记的第一页摘抄下课程标准中规定的所任教年级的教学具体要求,以备随时参考。

(3) 教师在研读课程标准时,首先,要研读课程标准的"前言"和"课程目标"部分,从而明确英语学科的课程性质、基本理念和课程设计思路,了解英语学科的总体教学目标,这样才能从全局把握英语学科的教学;其次,要研读课程标准的"分级标准"部分,了解课程标准中规定的各个级别的语言知识、语言技能、情感态度、学习策略和文化意识等方面的具体要求,要充分理解和记忆这些具体要求,并在教学过程中认真落实;最后,要认真研读"教学建议"部分,因为它所提出的是重要的教学原则和教学方法,而且体现了最新的教育教学思想,是教师选择教学方法、评价方法、课程资源和编写校本教材等的指导思想。

(4) 教师要积极参加各年级组织的课程标准培训研讨班及新课程改革培训班,积极参加教研组或备课组研读课程标准的活动。此外,教师还要联系自己的教学实际,经常自觉、反复地研读课程标准,做到理论联系实际。

(5) 教师要根据课程标准的要求进行单元、学期、学年等测验。命题范围、题目难易程度等应控制在课程标准的要求之内,做到试题不超标,符合素质教育的要求。

(6) 教师要用课程标准来指导自己的教学工作,做到教学不离标,既不随意拔高教学要求,也不随意降低教学要求。此外,教师还要运用"课程标准"这把尺子经常检查、评价自己的教学情况,努力完成教学任务。

(7) 教师要力争在"吃透"课程标准精神的基础上掌握和运用课程标准,对相关学科的课程标准尽可能有所了解。教师要不断总结学习和运用课程标准的经验与体会。

☞ 复习思考题

1. 课程标准有哪些作用?
2. 教师在研读课程标准时应注意什么?
3. 比较《普通高中英语课程标准(2017年版2020年修订)》与《普通高中英语课程标准(2017年版)》的区别,谈谈新的课程标准的特点。

真题再现

1.【2017 下 教育教学知识与能力（中学）】在一定课程理论指导下，依据培养目标和课程方案，以纲要形式编制的关于教学科目内容、教学实施建议以及课程资源开发等方面的指导性文件是_____。

  A. 课程计划　　　　　　　　B. 课程标准
  C. 教学方案　　　　　　　　D. 教学指南

2.【2016 下 初中①】In trying to get across a message, an EFL learner may use _____ strategies to make up for a lack of knowledge of grammar or vocabulary.

  A. communicative　　　　　　B. cognitive
  C. resourcing　　　　　　　　D. affective

3.【2018 上 高中②】Which of the following would a teacher encourage students to do in order to develop their cognitive strategies? _____

  A. To make a study plan.　　　B. To summarize a story.
  C. To read a text aloud.　　　 D. To do pattern drills.

第三节　教材分析技能

教材作为包含教学基本内容的书面材料，是依据课程标准规定的教学内容、教学目标、知识的内在联系及教学法的要求，以简洁明确的文字系统地阐述一门课程的知识信息。教材是学生获得知识的重要来源之一，是教师进行教学的主要依据。广义的教材泛指教学所用的一切材料，包括课程标准、教师用书、教科书（亦称课本）、讲义、讲授提纲、教学参考书、练习册、课外习题集、课外读物、教学挂图、卡片、PPT 素材、音频和视频等；狭义的教材是指教科书（本节所指的"教材"是狭义的教材）。

一、教材的作用

《义务教育英语课程标准（2022 年版）》中明确提出，教材是英语课程的核心资源。为了充分利用和有效开发教材资源，教师应深入分析教材，准确把握教材设计理念和内容，熟悉教材编排特点。教师要深入研读教材，在教学中根据学生的水平和教学需要，有效利用和开发教材资源，激发学生的学习兴趣，开阔学生的视野，拓展学生的思维。教材是将课程理念转化为课堂的学习内容及学习活动的重要媒介。高水平的教材应能很好地体现新课程的理念，遵循课程标准的要求，反映合理的教学目的和目标，体现先进的教学观念及教学方法，对促进学生学习、支持教师教学起着积极的作用。优秀的英语教材往往具有如下功能：

---

① 初中，即"中小学教师资格考试英语学科知识与教学能力试题（初级中学）"的简称。
② 高中，即"中小学教师资格考试英语学科知识与教学能力试题（高级中学）"的简称。

第一,它是学生获得语言输入的重要渠道。优秀的英语教材为学生提供真实、正确和恰当的语言运用的范例。在我国,英语是一门外语,学生缺乏语言使用环境,因此,教材为学生提供的语言材料是学生学习语言的重要来源。

第二,它是学生进行练习和语言交际的一种资源。优秀的英语教材中设计的各种不同类型的练习活动,为学生提供不同层次的语言操练和运用的机会。

第三,它可以帮助教师组织教学,以完成教学目标。优秀的英语教材为英语教师设计教学任务、安排教学内容、选择教学方法和编写教案提供参考资料,有助于英语教师备好课、上好课。优秀的英语教材对精选的、贴近生活实际的学习材料进行加工整理,设置重难点分明、目标明确、内容连贯的学习单元,为英语教师合理有序地安排教学提供支撑。

第四,它能满足学生的需要,并能支持学生自主学习。优秀的英语教材的设计应充分考虑学生学习英语的特殊规律和学生的认知发展特点,有条理、有顺序地将英语基础知识和技能以及学习的规律和方法系统地呈现给学生,并为学生提供丰富多样的练习材料和任务。学生可根据自己的认知风格和学习习惯,灵活地完成这些任务。

教材分析是教师工作的重要内容,是教师备好课、上好课的前提,它不仅关系到课程的设计、组织与实施,还关系到教学目标的实现和教育目的的达成。教材分析的过程又是教师进行教学研究的过程,这个过程能够充分体现教师的教学能力和创造性的劳动。因此,教材分析的过程就是教师不断提高业务素质和加深对教育理论理解的过程,对提高教学质量和提高教师自身素质都具有十分重要的意义。系统的教材评估可以帮助教师检测该教材是否实现语言课程教学目标,是否满足学生的需要,是否为学生提供真实的语言交际情境等。

二、研读教材步骤

(一) 确定教学目标

教学目标是每一节课时计划的重要组成部分,是教材中心思想的集中表现。教学过程的一切方法、步骤和内容都要根据教学目标来确定。教师要确定教学目标,就要根据总的教学目标研究教材,再根据教材和学生实际来确定每课时的目标。

(二) 浏览全套教材

教师要对全套教材进行"粗读",浏览一遍教材的主要内容,了解全套教材共有几册、几章,主要内容分布在哪些年级和学期,这些内容之间有什么联系,进而从整体上了解全套教材的概貌,把握整个教材的结构体系。这样,教师可以增强教学的计划性、有序性和整体性,备课与上课时就能"瞻前顾后",不至于"眉毛胡子一把抓"。在教学中,教师应该把自己对教材的整体认识进行简明扼要的讲解,使学生对教材有一个全面的了解。

(三) 通读某一册教材

在新学期开学之前,教师要通读所要教授的某一册教材。通过通读全册教材,教师能够全面了解全册教材有哪些教学内容,学生需要掌握哪些基础知识与基本技能,各个模块或单元的教学目的、重点、难点、语言点是什么,从而正确地把握教材的深度和广度,领会教材的编写意图。这样,教师就可以为制订学期教学计划和研读某一模块或单元的内容做好准备。

(四) 细读某一模块或单元的内容

一个模块或单元的内容是一个相对独立的知识体系。教师在备课时,不仅要把本模块或单元的内容读懂、理解和吃透,而且要分析其内部结构,弄清知识脉络,明确各个教学内容在全册教材中,以至全套教材中的地位与作用。这样,教师在教学时不仅能够重点突出,而且可以前后联系、上下连续,使学生更好地建立知识体系。

(五) 精读即将施教的具体教材

教师对即将施教的教材要认真阅读、仔细分析、深钻细研,逐词逐句地推敲和研究,做到"词句落实",并明确以下问题:

(1) 本节课的教学目的和要求是什么?要使学生学会哪些基础知识?要使学生熟练掌握哪些基本技能?要培养学生哪些策略或能力?对学生进行哪些情感态度价值观教育?

(2) 本节课教材的重点是什么?学生最难理解与掌握的问题是什么?突破难点的关键是什么?知识的体系是什么?各个例题和习题的作用是什么?如何搭配使用例题和习题?

(六) 精心组织教材、处理教材

教材内容是按照英语学科本身的科学性和系统性来编写的。在教学中,教师不能把教材原封不动地搬到课堂上,而是必须根据教学内容、教学目的、学生已有的知识基础、学生的认知规律及其心理特点等,对教材内容进行合理调整、充实和处理,重新组织和科学安排教学程序;教师要选择好合理的教学方法,使教材系统转化为教学系统。教师要着重考虑以下问题:

(1) 如何根据知识的迁移规律,组织好旧知识的复习?如何创设好学生接受知识的最近发展区?如何引入话题?如何衔接新旧知识?如何展开新知识?

(2) 如何根据教材特点和学生实际,科学合理地安排好教学程序?如何突出重点、突破难点?如何抓住关键点?

(3) 如何根据反馈原理选择和安排好各层次的练习?如何使听、说、读、写等技能的训练落到实处?

(4) 如何根据学生实际,采用适当的教学方法和教学手段?如何充分调动学生学习的主动性和积极性,使学生的智能得到充分发展,情感态度价值观的教育也得到渗透?

以上研读教材的六个步骤是有机联系的整体,教师在备课时不一定要按部就班、一成不变地按照六个步骤进行,不同教龄、不同水平的教师应重点突破自己的薄弱环节。

☞ 复习思考题

1. 怎样研读教材?

2. 请你选取一本中小学英语教材,根据研读教材的六个步骤进行简要分析。

☞ 真题再现

1.【2015 上 高中】A systematic textbook evaluation is NOT to examine whether a textbook _____.
   A. covers all grammatical rules
   B. provides authentic language
   C. matches the needs of learners
   D. can help realize the objectives of a language program

2.【2017 下 初中】问答题：简述教材在英语教学中的两个作用,列出教师使用教材的三点注意事项。

3.【2018 上 教育知识与能力（中学）】问答题：简述教材编写的基本要求。

第四节　学情分析技能

教学活动是师生的双边活动,学生在教学中处于"主体"的地位。如果把一堂课比作一场戏,那么演员和主角应该是学生,而不是教师,教师应该处于导演的位置上;教学过程是一个学生由已知到未知、由低级到高级、由片面到全面、由浅到深的认识过程,也是学生从感知到理解、从理解到应用的过程。学生从未知到已知的矛盾在这个认识过程中属于内因,是认识的基础。教师的作用属于外因,是认识的条件,外因必须通过内因起作用。因此,教师只有深入地了解学生,才能胸有成竹、有的放矢地做好教学工作,使教学取得预期的良好效果。

了解学生是教师的基本功之一,主要是指教师在备课过程中,在一定的教育理论的指导下,快捷有效地运用一定的方法和材料,掌握学生现有的知识水平、能力状况、学习兴趣、年龄特征、个性特征、生活经历和活动范围等的活动方式。

一、方法和途径

（一）摸底测验

对刚入学的新生或刚接手的新班级,教师为了解学生的实际学习情况,可以对他们进行测验,试题要覆盖已经学过的内容重点和难点,检查学生对基础知识、基本技能的掌握情况和灵活运用所学知识解决问题的能力。

（二）查阅档案材料

查阅档案材料,即教师可以查阅学生的入学登记表,学生手册,学生做过的作业、试卷和笔记本等。但教师不能把学生的一些不良情况进行散播。

（三）调查访谈

对学生学习的兴趣、生活范围和经历等，教师可以利用调查表进行调查，也可以通过班主任、家长、学生座谈会和家访等调查了解学生的学习情况。

（四）进班辅导

教师要经常深入班级，多与学生接触和交谈，进行个别辅导和答疑，不断听取学生对教学的反馈和意见。教师切忌上课姗姗来迟、下课匆匆而去、辅导懒懒散散。

（五）及时批阅作业

教师要及时批阅学生独立完成的作业和练习，这对及时了解学生的知识和能力状况是十分有益的。如果教师对学生的作业能做到面批面改，则有助于教师深入了解学生的学习状况，及时纠正学生在学习上的问题。

（六）做好课后分析

教师在每节课结束后要进行课后分析。教师根据学生在课堂上反馈的信息，检查自己的教学任务是否完成，有哪些遗漏和不足，以及应采取哪些补救措施等。

（七）做好试卷分析

在每次考试之后，教师要认真、深入、细致地做好试卷分析，算出得分率，从基本知识、知识运用、技能掌握和能力提升等方面，对卷面的各个部分进行分析和研究，并且思考问题的解决办法和提高教学质量的措施。

（八）关注学生的发展

在每次考试之后，通过分数统计，教师能够发现学生在学习上的发展变化。教师可以通过上升型和高水平稳定型的学生总结学科的复习经验，通过下降型、起伏型和低水平稳定型的学生发现教学中的问题。

二、注意事项

(1) 教师要不断地对学生的学习情况进行分析和研究，从而摸清全班各层次的学生乃至每个学生的学习特点及共性，并做出总体化和个性化的评价。

(2) 教师要分清学生学习中的主流和支流，对具体问题要做具体分析，做到因材施教。教师要在全面了解学生的基础上，善于发现和了解每一名学生的个性特点和发展优势，并且要善于引导学生认识自己的特点和优势，帮助他们利用自身特点和优势选择并确定学习目标和方法。

(3) 在分析学生学习状况时，教师要坚持全面的观点和发展的观点。教师要利用反馈信息及时了解学生的变化和进步。对于学生在学习道路上取得的每一次成绩和进步，教师要及时地鼓励、表扬、强化和引导，使学生体验到学习成功的愉悦，产生巩固自己成绩的力量和继续前进的内驱力。

☞ **复习思考题**

1. 教师在教学中为什么要进行学情分析？如何了解学生的学习情况？
2. 教师在了解学生学习情况时应注意哪些事项？

第五节　教学计划制订技能

教学是一项非常复杂的工作，如果教师想在有限的时间内完成规定的教学任务，就必须精心安排教学计划。教学计划是完成教学任务的具体实施方案。如果教学无计划或计划性不强，教学工作就会有很大的盲目性和随意性，提高教学质量就将成为一句空话。因此，每位教师都应当认真负责地制订好教学计划。

一、分类

教学计划通常包括学期教学计划、模块或单元教学计划、课时教学计划等。教师在制订教学计划时，要在熟悉英语学科课程标准、深入研读教材、了解学生学习情况的基础上，再根据学校与教研组的工作计划要求和教学的具体条件进行制订。只有这样，教师才能制订出切实可行的教学计划。下面介绍学期教学计划、模块或单元教学计划，课时教学计划即教案，将在第七节详细介绍。

（一）学期教学计划

学期教学计划是指教师对一个学期的教学内容做一个总体安排，使教学工作能有计划、有目的地进行。学期教学计划一般应在学期开始之前制订好，最迟也应在开学一周内确定。教师在寒暑假期间就应开始为学期教学计划的制订做好准备工作（也叫学期备课），如研读课程标准、分析教材、了解学生的情况及教学的具体条件等。教师不要等到开学初才匆忙准备教学计划，因为开学初的工作较多，会影响教学计划制订的质量。学期教学计划的内容一般包括以下几个方面：

（1）对学生情况的简要分析。如班级、学生人数、男女生比例、学习成绩分布以及学风情况等（必要时要对上学期期末考试试卷进行全面分析），特别要对学习成绩好和成绩差的学生要做详细分析，做到"抓两头，带中间"。若是起始年段，教师还应分析学生的来源情况。

（2）对教材的简要分析。教师要通过通读全册教材和教学参考资料，掌握本学期所要教学的教材内容有哪些，其地位与作用如何，教材的重点、难点是什么，教材的编写意图是什么，各单元教学内容之间有何联系等。

（3）明确本学期教学的总任务及目的与要求。教师要明确知识和文化的教学、技能和策略的培养以及情感态度价值观教育要达到哪些目的与要求。

（4）制定提高教学质量的主要措施。教师要提出备课、上课、改作业、辅导、考查学生学业成绩等有哪些措施，在帮助优秀生更上一层楼、帮助学困生上新台阶方面有哪些计划等。

（5）进行全学期授课时数、复习考试时数及进度安排。教师要根据课程标准和教学参考资料来总体安排全学期授课时数、复习考试时数及进度等，结合学生实际进行恰当的分配，并排出进度表。进度表内容应包含教学日期、课时数、教学内容安排和备注等栏目。

（6）其他。例如，新学期准备开展哪些教学专题研究与教改项目，英语课外兴趣小组等活动如何开展，等等。

（二）模块或单元教学计划

模块或单元教学计划是指教师对各册教材中一个模块或一个单元的教学内容的安排。现行的中小学英语教材都是根据英语学科教学内容的特点，由若干个模块或单元组成的。教师在拟出学期教学计划之后，在进行模块或单元教学之前还要认真制订模块或单元教学计划。模块或单元教学计划的内容应包含本模块或单元教学的主要内容、教学目的、教学要求、课型、教材的重难点、教学拓展内容、采用的教学方式与方法、教学辅助手段准备及课时分配等。

二、制定原则

无论教师采用哪种教学计划，都要注意以下几个方面：

（1）法规性，即要符合课程标准的要求。

（2）科学性，即要符合教育教学规律和教材的内在系统安排。

（3）针对性，即要符合学校与学生的实际情况。

（4）可行性，即要可操作、可检查。

（5）创造性，即不要千篇一律、不要照搬照抄，而要有创造性意识、创造性思维和创造性活动。

根据以上要求，教师在制订完教学计划之后，还要送交英语教研组或学校审查批准以后才能执行。在执行过程中，若教师需要对计划做必要的调整，则应向英语教研组或学校汇报，教师个人不得擅自变更教学计划。在一个阶段或一个学期结束时，教师要对教学计划执行情况进行对照检查，检视反思，以利于今后教学计划的制订。

☞ 复习思考题

教师制订教学计划的目的与方法分别是什么？

第六节 备课技能

教学是一门科学，也是一门艺术，教学的对象是千变万化的、鲜活的个体，如果要把教材中的知识变成学生的财富，让学生喜欢英语这门课程，学会把英语知识转化为英语能力，这里大有文章可做。教师只有在上课之前认真准备，制订好实施教学的计划，才能保证在上课时达到教学的各项目标。因此，备好课是上好课的前提。备课，顾名思义就是教师在上课之前所做的各项准备工作,它是上好课的前提。一个从来不备课的教师,不是一名合格的教师;一个从来不认真备课的教师,也不可能成为一名优秀的教师。英语教师备课是根据英语学科课程标准的要求和课程特点,结合学生的具体情况,选择适合的教学方法传授教学内容,以保证学生有效学习的过程。然而教师在备课中常存在"四多四少"的问题:模仿的多,创造的少;抄写的多,思考的少;考虑教法多,考虑学法少;采用单一手段多,运用多种媒体少。因而出现了千篇一律的教案,备课与教学脱钩,"备"只为了应付"查"等问题。这些问题严重制约和影响着教师对教学的创新。因此,每位教师,特别是青年教师,要充分认识备课的重要意义,不能把备课看作是可有可无的事情,更不能不备课就上讲台。

一、方法和要求

(一) 备课程标准

课程标准是规范教学工作的指导性文件,是进行教学的基本依据。无论是哪门学科、哪个年级,教师都必须认真、反复地学习和研读课程标准,从而明确教学的性质与任务,理解教学的目的与要求,了解教学的内容与编排,认识所教内容的地位与作用,把握教学中应注意的问题。只有这样做,教师才能将教学大纲的精神贯彻于整个备课工作的始终。

(二) 备教材

研读教材是教师备课工作的主体部分。教材是构成教学活动的重要因素,是教学内容的载体,是教师教学和学生学习的依据。教师在备课时,务必认真研读教材、"吃透"教材,了解教材的编写意图和知识体系,做到对教材内容融会贯通、了如指掌,主要内容记得牢、讲得出、讲得准、讲得活。有的教师讲不好课,原因就在于对教材没有足够的认识,所以上课时摆脱不了教材的束缚,眼光被教材牵制,思想被教材禁锢,教学方法被教材羁绊,成为教材的"俘虏"和"奴隶"。

教师在研读教材时要做到"三熟":

(1) 熟练地掌握所教教材的实质性内容和有关的基础知识,明确教学的主要任务。

(2) 熟知所教教材的重点、难点和关键。

(3) 熟悉所教教材与前后教材的相关点,弄清楚知识的来龙去脉。只有这样做,教师才能在课堂上做到"胸中有书"、眼观学生、从容不迫、随机应变。

教师在备教材的过程中应关注以下内容:

(1) 备教学目标。教师在每一节课前都要明确教学目标与教学要求,思考要教会学生哪些知识、哪些技能,以及学生要学会用英语做哪些事情,等等。

(2) 备教学重点、难点。教师要明确所达成的教学目标的重点、难点是什么,应设计哪些教学活动来实施教学,以及如何突出重点、难点,等等。

(3) 备新知与旧知之间的联系。教材中所呈现的教学内容是静态的,是"死"的,需要师生去激活它。教师要弄清楚教材新旧内容之间的纵向联系,即课与课之间的知识衔接,并融会贯通。此外,教师还要找出每个模块或单元内部、话题、词汇、语法和语篇之间的横向联系,找出话题、语法、功能和语篇之间的贯穿线索,才能顺利突出重点、攻破难点、举一反三。

(三) 备学生

学生是教学的主体,"以人为本"和"以学生为中心"的新课程改革要求教师充分了解学生。如果不了解学生的实际情况,即使教师能对教材反复推敲,甚至倒背如流,充其量在课堂上只能起到录音机的作用。因此,教师在研读课程标准和教材的基础上,还必须深入学生之中,通过查阅学生档案、谈话、提问、批改作业、测验和座谈等形式全面了解学生的学习实际、个性特点和个体差异,了解学生已有的知识基础,包括学生的学习水平、知识基础、接受能力、学习方法、学习风格和学习态度等,在决定教学方法和训练步骤时要因材施教。教师在备学生的过程中要明确以下几个问题:

(1) 哪些旧知识大多数学生还没有掌握?(新课导入时要复习)

(2) 哪些学生主动性不强、自制力差?(机械性操练时要多加督促)

(3) 哪些学生信心不足、羞怯?(要启发和帮助这些学生成功地进行意义性操练,获取充分的喜悦和满足,要多对他们进行肯定)

(4) 由于母语、文化以及思维方式的差异,学生在接受新语言材料时可能会碰到哪些困难和障碍?哪些困难和障碍在经过教师启发后学生可以理解?哪些学生一时还难以理解?怎样给予个别学生辅导?

(5) 在完成教学计划后,哪些学生还可能"吃不饱",需要适当加码,以满足他们的求知欲?哪些学生"吃不消",需要辅助"消化"?

教师只有明确以上问题,才能做到备课与备学生相结合,教学时就能做到眼中有学生、有的放矢地教学。

(四) 备方法

备方法,是指教师要设计教学方法,即在研读教材、了解学生情况的基础上,安排一节课的教学程序,选择一节课的教学方法。教材内容是按照学科本身的科学性、系统性来编排的,教师在教学时不可能把教材原封不动地搬进课堂。教师必须根据教学内容、教学目的,学生的知识基础、认知规律与心理特点等,对教材进行合理的调整和充实,科学安排教学程序;选择合理的教学方法,找准新旧知识的衔接点;安排教学步骤,让学生从已知到未知,轻松愉快地接受知识的传授;技能训练要选择适当的途径和方法以突破难点;等等。教师在教学中应力求教学内容和教学形式的统一,语言知识的传授和语言能力培养的统一。教学活动需要以语言实践为主,学习的语言材料需要以语音、词汇和语法综合为主,即教师以语言形式、内容和功能统一的语篇为主线,按照导入、呈现、操练、练习和巩固等步骤交叉组织课堂教学活动,做到"手中有法"。教师在设计教学方法的过程中应考虑以下几个问题:

(1) 根据新旧知识的联系与迁移规律,教师如何组织好旧知识的复习与新知识的导入?如何以旧引新、温故知新,使新知识易于接受?

(2) 教师要拟定课堂教学中的各个环节、各个步骤之间的衔接方式,通过恰当的起承转合,把各项教学活动有机组合为和谐的整体。教师要明确以怎样的程序组织教学、采取怎样的结构安排教学,以及先讲什么、后讲什么、详讲什么、略讲什么、要学生思考什么、讨论什么,等等。

(3) 教师要采取最佳的呈现新语言材料的形式和方法,快节奏地组织全班学生参与练习活动,用交际的手段启发学生思维,适时引导他们对所学知识进行归纳或演绎,把语言内容和语言形式统一起来,把意义和功能统一起来,坚持精讲多练。教师要对如何突出重点、突破难点和抓住关键点等做到心中有数。

(4) 教师如何安排练习?如何组织听、说、读、写等技能的训练?如何设计板书?

(5) 教师如何提出问题?如何创设情境,激起动机,启发学生思考?如何充分调动学生学习的主动性与积极性?

(6) 教师如何制作必需的直观教具?如何合理运用现代化的教学手段和方法(如互联网、多媒体、电子白板、触控一体机和各种 APP 等)?

(7) 教师如何寓能力培养和价值观塑造于教学之中?如何调动学生的非智力因素?如何体现素质教育?

(8) 教师如何分解教学时间?

二、注意事项

(一) 积极参加集体备课

个人备课是教师完成备课的基础,但是仅仅有个人备课是不够的,如果教师想要提高备课质量,还必须积极参加集体备课。集体备课是指以教研组、备课组为单位的同一学科、同一年级的备课活动。集体备课应在个人备课的基础上进行,教师可以在集体备课时提出个人备课时遇到的疑难问题并与大家交流与研讨。这样就能集思广益,互相取长补短,使个人编写的教案得以充实和完善。

(二) 重视储备性的备课

储备性的备课是指教师平时要重视搜集教学信息,要加强教育学书籍的学习,要积极阅读报纸、杂志和互联网信息,广泛积累资料,以吸取教学"营养"。此外,教师还要利用假期通读中小学英语全部教材及相关学科的教材。这样,教师在备课时,就能把握教材的系统性和连贯性,把握所教教材在整个英语学科体系中的前后联系以及与其他学科的纵横联系,就能了解所教教材的特殊地位和作用,处理教材就能站得高、看得远,讲起课就能得心应手、水到渠成。

(三) 善于利用网络备课

伴随互联网的发展,教育教学工作也发生着巨大的变化。在教学活动中,教师利用网络教育资源拓展学习内容、丰富课堂实践,可以扩大教与学的信息量,使师生享受到更多的优质资源,有利于提高教育教学质量。网络备课有助于开阔教师视野、拓展教学思路。网络备课可以概括为"寻找资源和整合资源",即教师可以依托互联网搜索资源、构思教案、设计教学、制作课件和开展教研等。

(四) 注意备课的全面性

从总体上看,教师在备课时,除了要做到备课与备人相结合、集体备课与个人备课相结合外,还要做到备教法与备学法相结合,备目的与备方法相结合,备大纲与备教材相结合,备重点与备一般相结合,备教材与备教参相结合,备全局与备模块或单元相结合,备本学科与备其他学科相结合,等等。

☞ 复习思考题

1. 教师在备课时选择的方法有哪些?
2. 新教师如何提高备课的效率和效果?
3. 教师如何有效地利用网络资源进行备课?

☞ 真题再现

【2015 下 教育教学知识与能力(中学)】问答题:教师备课的基本要求有哪些?

第七节 教案设计技能

教学离不开设计,教学设计可以分为微观设计和宏观设计。微观设计是指对一节课程或一周内几节相关课程的设计,宏观设计是指对一门课程或总体课程的设计。教案就是教学的微观设计,即教师以课时或课题为单位编制的教学具体实施方案。它是教师按照预定的教学目的和教学计划,经过充分的准备和缜密的思考,运用教学法对教材内容进行加工创造的成果。教案能反映出教师对课堂教学的具体设计,是教师课堂教学的指南。

一份好的教案是教师在备课过程中研读教材、了解学生情况和选择教学方法的总的体现;一份好的教案不是教材内容的堆砌或压缩,而应反映课堂教学过程的概貌。教案编写得好坏,也是决定一堂课成败的重要因素之一。

一、设计原则

编写教案是教学活动的基础和依据。教师需要在课前设计教案,在课上执行教案。教师在进行教案设计时,要注意以下几点:

(一)教育思想、教学理念要先进

有什么样的教育思想和教学理念,就会有什么样的教案,也就会有什么样的教学活动。因此,在编写教案过程中,教师要时时处处体现素质教育的思想,体现新课程改革的理念,体现英语学科素养的培养。

(二)教学目标要明确具体

教学目标是师生上课时的努力目标,也是课后检查教学效果的标准。因此,教师在

编写教案时,要把教学目标制订得既具体又恰如其分,做到既不随意拔高,也不随意降低要求。教育目标和教学目标是有区别的:教育目标,也称长期目标,如在语言教学中对学生良好语感的培养、语言能力的训练以及语言文化的输入等,这些无法在具体教学中一次实现,而是需要一个长期的过程;教学目标,也称近期目标,即确定一节课要教授什么知识、训练什么技能,以及通过哪些方式来学习等。表述教学目标的语言要具体,能够描述学生的行为变化。教学目标可以是一个主题,教师围绕这个主题安排教学活动。尤其是教师在进行功能训练时,教学目标常常为一个主题。比如,在一节课上学生可以练习如何问路和应答,或者谈论天气等。一节课的教学目标可以词汇项目或语法项目为中心,以此安排学习活动。例如,可以是学习几个生词、一个句式或一种时态,也可以是综合型的学习。

(三)教学内容要适当

一节课的教学内容不能太多,如果内容过多,则会造成"满堂灌",学生缺少练习和实践的时间;一节课的教学内容也不能太少,如果内容过少,则课堂又会松松垮垮,教学效率低下。

(四)教学重点要突出

教学重点是一节课的中心。因此,教师必须集中较多时间与精力解决好教学中的重点问题。各个教学环节也都要围绕教学重点,服务并服从教学重点,而不是面面俱到、平均用力,应确保完成重点内容的教学任务。

(五)教学结构安排要紧凑

一节课的各个环节应是一环紧扣一环,节奏感一定要强。课堂的结构安排要做到前后衔接、转折自然、重点突出、层次清楚。先讲什么,后讲什么,详讲什么,略讲什么,什么时候指导学生操练,什么时候安排学生讨论等,教师都要精心安排,让学生每一分钟都有事情可做,从而使课堂教学结构达到最优化。

(六)练习活动设计要合理

教师应该根据教学的不同需要设计一节课的练习活动。在大多数练习活动中,教师可以使用教材中的题目,也可以根据教学需要自己编拟设计题目。练习活动不仅要有科学性,符合学生的语言认知规律,而且要有针对性、实用性和启发性。

(七)教学方法选用要灵活

不同的教学方法有不同的教案设计风格。每节课选用的教学方法不一定相同,即使同一节课不同阶段的教学方法也不一定相同,教师要根据教材内容、教学阶段和学生的实际,灵活地选择教学方法。

二、教案的内容

一份实用的教案应包括以下几项内容:

（1）授课班级与授课时间；
（2）课题或教学内容；
（3）教学目的与要求；
（4）课程类型（新课、复习课等）；
（5）教学方法；
（6）教学手段或教学用具；
（7）教学重点、难点与关键点；
（8）教学程序与步骤；
（9）板书设计；
（10）教学反思。

三、教案示例

教案示例如表 2-1 所示。

表 2-1 教案示例

课题	Unit 1 How do you study for a test?		课型	New Lesson	年级	Grade 9
教学辅助手段	PPT 课件					
教学目标	知识目标	1. Key words and phrases：tape, practice, improve, conversation, survey, make a vocabulary list. 2. Sentence pattern： —How do you study for a test? —I study by… 3. Structure：verb ＋ by doing (ways of doing things)				
	技能目标	To enable the students to talk about the difficulties in study and give advice about ways of studying.				
	情感目标	Do not give up when you find English difficult.				
	教学重点	Sentence pattern： —How do you study for a test? —I study by…				
	教学难点	Structure：verb ＋ by doing (ways of doing things)				
教学内容及教师活动			学生活动		设计意图	
Step 1 Warm-up Step 2 Lead-in Step 3 Presentation and practice Step 4 Consolidation and extension Step 5 Summary of the lesson						
教学反思						

复习思考题

1. 教师在编写教案之前要做哪些准备？
2. 教师如何编写教案？请从中小学教材中任选一项教学内容，编写一篇教案。

真题再现

1.【2015下 高中】Which of the following statements about a lesson plan is inappropriate? _____

　　A. It is a teaching guide.

　　B. It is a blueprint to be strictly followed.

　　C. It takes into account syllabus and students.

　　D. It describes in advance what and how to teach.

2.【2019下 高中】教学设计题。

根据提供的信息和语言素材设计教学方案，用英文作答。

设计任务：阅读下面学生信息和语言素材，设计15分钟的阅读教学方案。教案没有固定格式，但须包含下列要点：

(1) teaching objects；

(2) teaching contents；

(3) key and difficult points；

(4) major steps and time allocation；

(5) activities and justifications.

教学时间：15分钟。

学生概况：某城镇普通高中一年级（第一学期）学生。班级人数40人，多数学生已经达到《普通高中英语课程标准（实验）》五级水平。学生课堂参与积极性一般。

语言素材如图2-4所示。

People generally agree that Pablo Picasso, who lived from 1881 to 1973, is the twentieth-century's greatest western artist. He was born in Spain and at the age of ten was already an excellent artist. He had his first exhibition at the age of 16. Picasso studied art in Spain, but moved to France, in his early twenties. From 1902 to 1904 he painted a series of pictures where the main colour was blue. These pictures showed poor, unhappy people and are known as Picasso's "blue period". From 1904 to 1906 Picasso painted much happier pictures in the colour pink. This period was known as Picasso's "pink period".

With another Spanish artist called George Braque, Picasso then started an important new artistic movement called Cubism. Picasso's first Cubist paintings were all painted in brown and grey. People agree that Picasso's greatest Cubist painting is *Guernica*, which was painted in Madrid in 1937. Guernica is the name of a town that was destroyed during the 1930s war in Spain. In this painting, Picasso showed his feelings about what had happened to the town.

图 2-4　语言素材

第八节　教学参考资料的使用技能

狭义上的教学参考资料,是指根据课程标准和教材内容编写的并能帮助教师备课的教学辅助资料。教学参考资料是教材编写者教育教学经验的结晶,能给教师提供各项教学目标、重点、难点及相关内容的指导。通过阅读教学参考资料,教师可以宏观把握教材内容。

信息时代的到来和网络的迅速发展赋予了教学参考资料新的外延。各种实体及网络上的课程标准、讲义、讲授提纲、练习册、课外读物、教学挂图、卡片、PPT 素材、教案、教学案例、视频和音频等有助于教学的资料都可以涵盖在教学参考资料的范围之内。

一、分类

根据用途的不同,教学参考资料主要可以分为以下几类:

（1）经验类。经验类主要是指英语学科的一些专题的教学经验总结和教学论文等。

（2）资料类。资料类可为教师备课提供一些背景材料、有关的补充知识以及重点和难点的解释等。

（3）教学指导类。教学指导类往往是由教材出版单位组织专人编写的,具有一定的权威性和指导性的教学参考资料(即"教学参考书")。它与教材紧密结合,对帮助教师（特别是新教师）明确教学目的,准确把握教材重点、难点、关键点及内部联系,改进教学方法,规划课时等具有很好的参考价值。

二、使用注意事项

教师在教学工作中,既要认真研读和利用教学参考资料,又不能完全依赖教学参考资料,更不能受它的约束与限制。

（一）反复阅读,认真体会

教学参考书一般都是由教材编写者、教育专家和有丰富教学经验的优秀教师编写的,是专家和优秀教师经验的结晶,是每位教师备课时必不可少的好帮手。对新教师或首次使用此教材的教师特别有参考价值。因此,每位教师一定要结合教材认真地阅读教学参考书,认真地体会其中的内容,逐步加深对教材的理解,学习真正读懂、把握和灵活处理教材的经验与方法,明确教学目的以及教材重点、难点与关键点,从而提高备课的质量。

（二）只供参考,不得照搬

教学参考资料只能作为备课的参考,而不能取代教师的备课。以教学参考书为例,教学参考书所讲的内容是就一般情况而言,而且是比较概括的,但是每位教师所处的学校条件、所教学生的实际情况各不相同。因此,教师必须针对自己的教学实际情况,在认真阅读、认真体会教学参考资料的基础上,加以比较,发现异同,探究其源,取其精华,创造性地利用资料编写出符合自己实际教学的教案。教师在使用教学参考资料时,不能受资料内容的限制与束缚,更不能照搬照套资料中的内容。

(三)整理筛选,善用网络资料

互联网为教学参考资料的搜索提供了更多的便利和更广泛的空间,教师在进行英语教学时借助网络资料是十分有必要的,能够有效提高自己的教学效果。如果教师过分依赖网络资料,就会对教学缺少充分的思考;而未经筛选的网络资料,其权威性也有待商榷,直接使用可能会影响教师对知识的准确传授,对于教师的专业成长弊大于利。因此,教师需要认真思考如何科学地、个性化地、创造性地使用网络资料。

☞ 复习思考题

教师如何科学合理地使用教学参考资料?

第九节 英文书写技能

英文书写有多种字体,包括意大利斜体、手写印刷体、圆体和衡水体等。衡水体是近几年在中小学英语教学中比较流行的一种英文字体,具有笔画清楚、字形简单、与印刷体相近以及易学易认等特点。英文书写技能是指书写者需要掌握正确的书写姿势和执笔方法,字母的大小写笔顺、规格和书写方法,以及按照正确的书写格式熟练地进行硬笔书写。教师能否书写规范、流畅和比较美观的英文,直接关系到教学效果,也会直接影响所教授学生的书写习惯。因此,该技能是中小学英语教师必备的职业基本功。

一、书写原则

英文书写训练的重点要放在纠正已形成的不良书写习惯上。在练习英文书写时,要注意以下原则:

(1) 书写姿势正确。
(2) 字母笔顺规范,字母形体圆润、工整,字母大小均匀,字母倾斜度一致。
(3) 书写平行整齐。
(4) 字母、单词和行的间隔适度。
(5) 标点符号和缩进等符合格式要求。
(6) 句首单词的第一个字母要大写。
(7) 单词之间空一个小写字母 a 的距离,句子之间空两个小写字母 a 的距离,段落之间可以空一行,也可以不空行。
(8) 段首一般缩进四个字符。
(9) 对齐格式一般为左对齐。

（10）逗号、句号、感叹号和问号等标点符号前面不空格，后面要空一个格。

（11）以四线三格本为参照，标点符号的位置要求：① "."和","要写在第二格紧靠第三线的地方，而不是第二格中间；② ":"和";"的下端与"."和","的位置相同，上端稍低于第二线；③ 双引号（""）与大写字母的上端相齐平；④ 单引号（' '）的位置比字母 i 的点高出一些；⑤ "?"和"!"与大写字母同样高低；⑥ "-"和"—"应写在第二格当中；⑦ 除了左引号和左括号以外，其他标点符号都可以写在一行之末，但不可写在一行之首。

二、书写姿势及方法

正确的书写姿势不仅有助于学生书写出工整美观的字体，而且有利于学生保持脊椎和视力的健康。正确的书写姿势及方法如下：

（1）身体坐正，两脚放平；脊背要直，头稍前倾，眼和纸面保持 30 厘米左右的距离，前臂轻放桌面，两肘在桌子的边缘之外，胸和桌边保持 10 厘米左右的距离。

（2）用拇指和食指轻握笔杆（而不是拇指包握住食指），笔杆前部放在中指的第一节上；食指指尖距离笔尖 3 厘米左右，不要太近。无名指和小指稍稍弯曲，小指轻触纸面，手腕轻放在纸面上，以使手臂能灵活移动。笔杆后部放在虎口上，紧靠食指，笔杆与纸面成 45°左右。

（3）纸可稍向左斜放，纸的下边缘与桌面边缘成 10°左右，不要太倾斜，左手轻放桌上，按住纸面。

三、训练方法

教师在训练学生养成正确书写习惯的过程中，可以参照以下方法：

（1）根据笔顺和规格要求，在四线三格本上练习英文字母大小写。教师观察学生执笔方法、书写姿势、字母规格和笔顺等情况，并及时指导。

（2）反复练习以下含有 26 个字母的句子："The quick brown fox jumps over a lazy dog."教师要及时批改学生的作业。

（3）学生分小组互相点评，纠正不规范之处。

四、书写示例

意大利斜体、手写印刷体、圆体和衡水体的书写示例如图 2-5～图 2-8 所示。

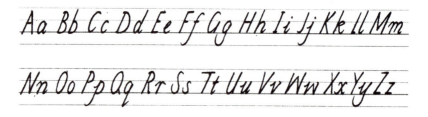

图 2-5　意大利斜体

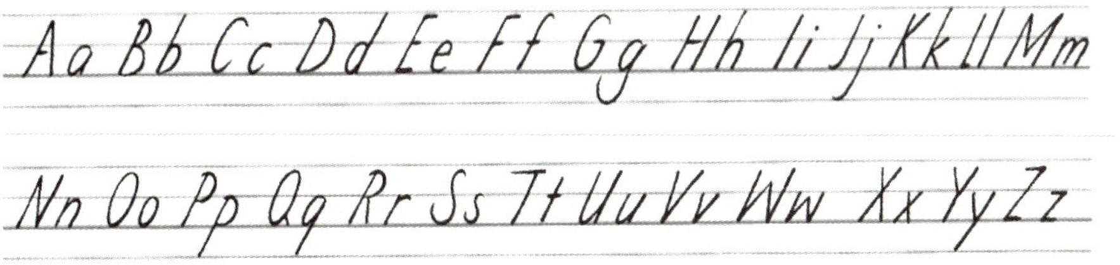

图 2-6　手写印刷体

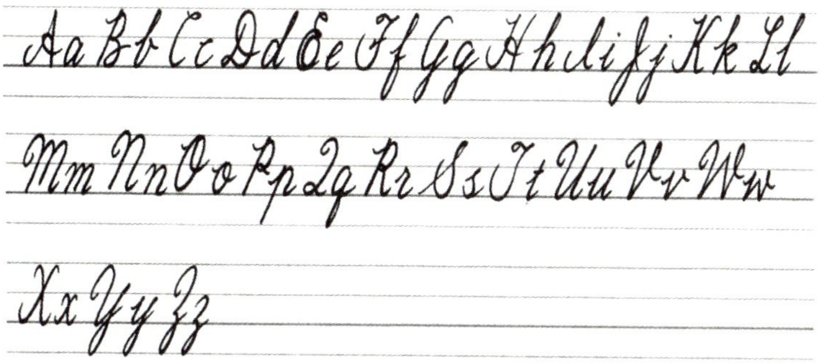

图 2-7　圆体

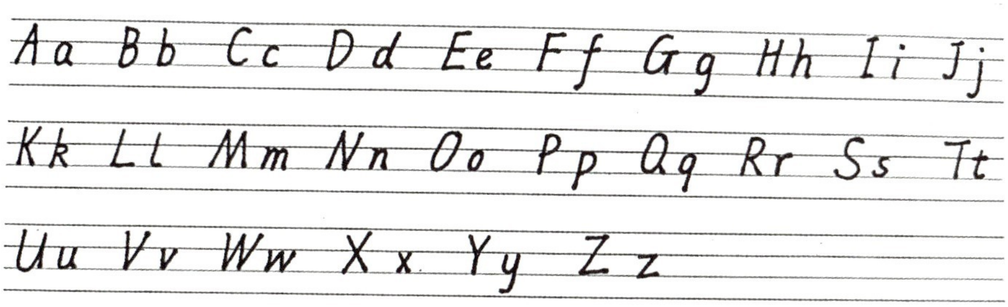

图 2-8　衡水体

📖 复习思考题

1. 教师如何练好英文粉笔字？
2. 教师如何教好英文书写？

第十节　英文歌曲和歌谣辅助教学技能

运用英文歌曲和歌谣辅助教学是中小学英语教师的一项重要的职业技能。好的英文歌曲和歌谣，可以提升教师教学的效果，教师选取的英文歌曲和歌谣要通俗易懂、旋律优美、朗朗上口、内涵丰富深刻。人的左脑主要处理语言和逻辑，右脑主要处理节奏和旋律。英文歌曲和歌谣可以开发人的右脑，使人的记忆效率大大提高。一个人记住一首歌曲的歌词远比记住一句话容易，这是左右脑同时作用的结果。现行大多数中小学英语教材中都编入了大量的说唱形式的英文歌曲和歌谣。英文歌曲具有旋律优美、生动形象的特点；英文歌谣具有上下句押韵、节奏感强、语言精练、朗朗上口、简单好记的特点。运用英文歌曲和歌谣来辅助英语语言学习，符合中小学生的年龄特点，能极大地提高学生的学习兴趣，从而提高教学效果。随着数字化时代的不断发展，越来越多的英文歌曲和歌谣进入中小学生的日常生活，甚至成为学生间流行的话题。互联网的普及使英文歌曲和歌谣的传播越来越广泛，为英语课堂教学创造了更多的便利。

一、辅助教学方法

（一）利用英文歌曲和歌谣热身

组织教学是一门学问，如果教师尝试了很多方法，但还不能很好地处理教学中的某一环节，就不妨用英文歌曲和歌谣来进行组织。在上课前，教师让学生听唱英文歌曲和歌谣可以很好地帮助学生集中精神，将注意力从课堂外转移到课堂内，加强师生之间的情感沟通与联系，是一种很好的课前热身活动。

（二）利用英文歌曲和歌谣导入新课

英文歌曲和歌谣容易吸引学生的注意力、调节课堂气氛、激发学生的学习兴趣，从而使教师自然导入新课。例如，教师在教一般过去时态时，可以播放 *Yesterday Once More* 这首经典英文歌曲，由于这首歌曲的第一个句子用的是一般过去时态，教师可以通过歌曲引导学生关注一般过去时态。这首歌曲的旋律和语言都很优美，学生们在学唱的过程中就会不自觉地把一般过去时态印入脑海中。

（三）英文歌曲和歌谣能够辅助语音教学

模仿是学习语言的一种重要方式，但是学生在听英文录音进行模仿的过程中，有时会感到枯燥，而用学唱英文歌曲和歌谣的方式来让学生模仿地道的语音、语调及发音技巧，会让学生兴趣大增。

（四）英文歌曲和歌谣能够突破难点

教师恰当地利用英文歌曲和歌谣能够突破教学难点，化难为易，促使学生加深印象，巩固和记忆所学知识。比如，教师在讲授 have 的过去式 had 时，可以利用 *Old MacDonald Had a Farm* 这首歌辅助教学，这首歌旋律优美、轻快，并伴有许多动物的叫声，如 cow-moo,moo;duck-quack,quack;pig-oink,oink;等等。学生们在欢快的演唱中就能将 had 牢牢记住。

二、教学要求

教师在进行英文歌曲和歌谣辅助教学时，可采取播放欣赏、略讲词义、跟读、跟唱、表

演和评价等几个步骤,在具体教学中,教师可以根据需要进行删减或调整。教师在进行英文歌曲和歌谣辅助教学时,要遵循以下要求:

(1) 所选择的歌曲和歌谣要符合教学需要和学生的年龄特征。
(2) 会完整、熟练地演唱所教歌曲和歌谣。
(3) 理解并能解释歌曲和歌谣的教学目的、歌曲风格和歌词词意。
(4) 淡化所唱歌曲和歌谣的准确性,不做语法分析。
(5) 会逐句教唱、全曲带唱和起唱。
(6) 注意观察,及时调整教学步骤和进度。
(7) 会用手打拍子和指挥。
(8) 会根据教学需要对英文歌曲和歌谣进行改编。
(9) 尽量利用录音机、多媒体或数字化设备辅助教唱。
(10) 借助比赛、游戏、道具和头饰等,配合适当的表情和动作,使演唱形式多样化。

☞ 复习思考题

1. 英文歌曲和歌谣在中小学英语教学中有何作用?
2. 为什么中小学英语教材中经常插入英文歌曲和歌谣?教师如何教学歌曲和歌谣?

☞ 真题再现

【2016 下 初中】简答题:根据题目要求完成下列任务,用中文作答。

下面是某初中教师在教学一篇有关职业的课文前的活动片段。

(上课铃响,教师先让学生听一首英文歌曲,然后进行下列活动。)

T:How do you like this song? Do you know the name of this song?

S1:Sorry, I don't know.

T:It's OK. Does anybody know the name of the singer?

S2:His name is Robbie Williams.

T:Exactly. Do you know the name of the song?

S2:*A Better Man*.

T:Excellent! It's *A Better Man*. Hum, we don't know much about him, but he is a singer. Well, Lily, would you like to be a singer in the future?

S3:No.

T:What would you like to be?

S3:I want to be a doctor.

T:(To S4) What would you like to be?

S4:I want to be a teacher.

…(该活动持续 10 分钟)

根据上面的信息,从下面三个方面作答:

(1) 指出该教学活动的环节、目的和注意事项。
(2) 简析教师的设计意图与方法。

(3) 指出该教学活动片段存在的问题。

第十一节　英语教学游戏的组织技能

英语教学游戏是指在课堂或课外活动中，教师结合教学的需要，组织学生开展的教学活动。教师组织英语教学游戏可以增强中小学生学习英语的兴趣和信心，有利于学生克服腼腆羞怯的心理障碍，养成大胆说英语的习惯，同时发展其英语思维能力。英语教学游戏组织技能是英语教学艺术的一部分，教师需要认真学习、熟练掌握。

一、原则和要求

教师在组织英语教学游戏时，要遵循以下原则和要求：
(1) 选择游戏时要考虑游戏的目的、难度、对象、场地和可能出现的问题及对策。
(2) 结合教学的需要对内容、规则和对象进行必要的调整。
(3) 游戏开始前用简洁的英语让学生明确游戏的内容和规则。
(4) 游戏过程中要注意监控，随时调整布局和进度。
(5) 游戏结束时要用简洁的话语认真总结，奖励优胜者，同时纠正学生存在的普遍性错误，以提高游戏的教学效果。
(6) 在整个游戏过程中，师生要用英语交际，但在阐述游戏规则时如有必要，可用中文重复规则。
(7) 强调全员参与，防止少数人代替全班(组)。
(8) 结合教学实际和当时当地的条件，创造和组织新的教学游戏。

二、教学游戏的结构

教师将英语游戏引入教学，目的是以游戏引路，充分调动学生的好奇心和求知欲，使其不知不觉地从"乐"中学。教学游戏是教学和游戏的有机统一，其结构如表 2-2 所示。

表 2-2　教学游戏结构

游戏行为	游戏任务	游戏信号物
	游戏实施	
	游戏规则	

下面主要介绍游戏任务、游戏信号物和游戏规则。

(一) 游戏任务

在教学过程中，游戏必须指向一定的教学目标，使教学任务与游戏任务基本吻合，教学任务在游戏活动中以隐蔽的方式得以实现，如 *Look for Things* 游戏可以训练学生的语速及观察力；*Guessing* 游戏可以训练学生的听力；*Bingo* 游戏可以巩固学生所学的词汇；*Hangman* 可以训练学生的词汇拼读能力。

（二）游戏信号物

图片、音像资料、实物、言语和动作等是传递和表达游戏信息的信号物。例如，教师可以展示几幅抽象图形让学生用英文回答所看到的内容，帮助学生回忆所学过的词汇。

（三）游戏规则

在教学过程中进行的游戏活动必须是有序的，无序就意味着失败。如果教师组织得当，游戏活动就能达到预期目的，否则内容再好也会失去它的功效。因此，在教学过程中进行的游戏必须遵守以下规则：

（1）内容呈现规则。学生要遵循指定的状态，是"悄悄地"，还是"大声地"；是"隐蔽地"，还是"公开地"。例如，在做"传悄悄话"游戏时，学生需要把单词或句子悄悄地传给后面的同学，如果学生大声地传递信息，就会违背游戏规则，影响游戏效果。

（2）时间限制规则。学生必须按照指定的时间完成游戏行为，一项游戏活动宜控制在 2~5 分钟，否则会影响教师完成其他教学任务。

（3）角色表演规则。语言的功能是交际化，学生要通过模仿现实中的人和物来间接体验社会。因此，学生扮演的角色要尽量靠近人物特征，遵循情境人物的活动方式进行表演。

（4）竞赛规则。教学过程中的游戏多以竞赛的形式进行，与一般的竞赛活动不同的是，游戏的最终目的是让大多数学生，甚至全体学生成为赢家。另外，由于中小学生具有活泼好动、争强好胜的特点，因此，教师在游戏中要善于控制局面，做到有规可循、有则可守。

（5）收放把控规则。教师必须有游戏活动把控的能力，尽量做到：在游戏进行时，能迅速让学生进入角色；游戏结束时，能马上让学生回到课堂教学中。

☞ 复习思考题

1. 请从中小学教材中自选内容，分小组组织一个游戏，并对每个小组进行点评。
2. 请改编或创造一个英语教学游戏，用于在课堂上帮助学生复习、巩固教材中的单词或语法。

第十二节 简笔画辅助英语教学技能

简笔画是用最简单的线条和几何图形来概括各种事物形象的"写意"绘画方式。教师运用简笔画辅助英语教学，可以将视、听、说和做结合起来，创造生动活泼的情境，使学生直接理解所学内容，培养学生的看图说话和联想能力；使课堂妙趣横生，激发学生的兴趣，提高其学习积极性，并达到印象深刻、生动有趣的教学效果。总之，恰当运用简笔画辅助教学是英语教师直观教学的必备技能。

一、原则

教师在教学中运用简笔画时,要遵循以下原则:

(1) 在黑板上画简笔画时,要边画边讲边问(使用 PPT 时也需要呈现画简笔画的过程),尽量让学生多听、多说,做到视听说相结合。

(2) 简练、快捷,不可在绘画上花费太多时间。

(3) 分析教学需求,特别是教学重难点,要有针对性地使用简笔画辅助教学,不可滥用。

(4) 在用简笔画辅助教学时,应选择适合用简笔画表现的事物或内容,不可偏废其他直观教学手段(如阅读教材、演示实物以及做手势等)。

二、教学示例

用简笔画辅助教学的关键在于,借助简笔画引发师生之间、学生之间的对话交际。教师可以边画边自问自答,也可以教师问、学生答,或学生之间互问互答,还可以让学生在纸上边画边自问自答。

(一) 字母教学

教师在进行字母教学时,为了使字母形象更为直观,给学生留下深刻印象,可将字母进行各种简笔画变形。同时,教师可以辅助肢体语言。

例 2.1:利用图 2-9 所示的人物简笔画进行字母教学。

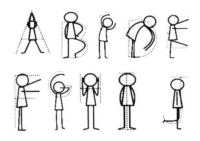

图 2-9　利用人物简笔画进行字母教学

(二) 词汇教学

教师在进行英语词汇教学时,可以用实物和图片进行直观教学,但许多实物是无法带到班级的,图片也并非应有尽有。如果教师掌握了简笔画,就可以把广阔世界的万千景象搬进课堂。大到鲸鱼、大象,小到老鼠、蚂蚁,远到埃及的金字塔,近到窗外的花草树木,都可以在几秒钟内用寥寥数笔一挥而就。省时省力的同时,不仅活跃课堂气氛,也会提高学生的学习兴趣。

1. 简笔画常用来展示一个新词的意义

教师在教授物体名称时,利用简笔画教学可以高效、直观、生动地表达,尤其是在教授较难用英语解释的词汇时有很好的效果。例如:

例 2.2：天气词汇的教学简笔画如图 2-10 所示。

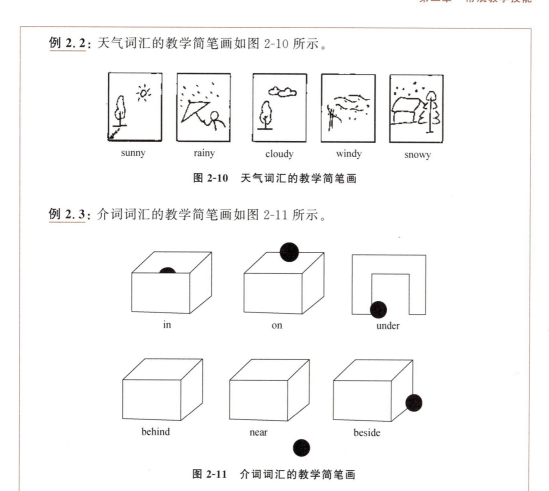

图 2-10　天气词汇的教学简笔画

例 2.3：介词词汇的教学简笔画如图 2-11 所示。

图 2-11　介词词汇的教学简笔画

2. 用简笔画区别同义词、近义词和反义词

在英语教学中，常常需要指出相似、相反词汇的差异和易于混淆之处。教师用简笔画展示，可以指出不同词汇的异同，把易于混淆之处清晰地区别开来，能使词汇的讲解形象生动、深入浅出，学生可以对词汇产生对比联想，看得清、学得快、印象深。例如：

例 2.4：利用简笔画讲授近义词 cap 和 hat，反义词 thick 和 thin 的不同含义，如图 2-12 所示。

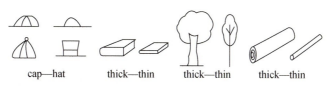

图 2-12　近义词 cap 和 hat，反义词 thick 和 thin 的教学简笔画

例 2.5：动词 bring、take 和 fetch 的教学简笔画如图 2-13 所示。

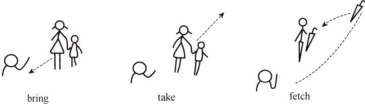

图 2-13　动词 bring、take 和 fetch 的教学简笔画

例 2.6：动词短语 look at 和动词 see 的教学简笔画如图 2-14 所示。

图 2-14　动词短语 look at 和动词 see 的教学简笔画

（三）句型和语法教学

在中小学英语句型和语法教学中，教师常常通过表情和动作等辅助教学。但这种演示是瞬时的，有其局限性，而简笔画却能保留下来供学生操练使用。

例 2.7：在讲授现在进行时的时候，教师可以一边在黑板上绘画，一边引出待讲解的句型，如图 2-15 所示。

图 2-15　现在进行时的教学简笔画

例 2.8：在讲授形容词的比较级和最高级时，教师可以使用三位高矮不一的人物教学简笔画，如图 2-16 所示。

Tom is taller than Mike.
Mike is taller than John.
Who's the tallest?
Tom is the tallest.

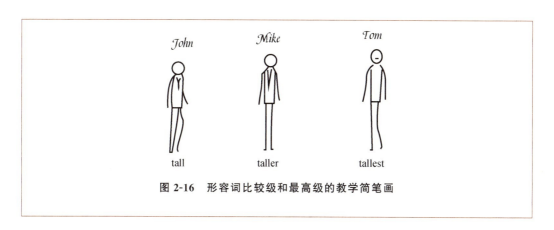

图 2-16　形容词比较级和最高级的教学简笔画

☞ 复习思考题

1. 教师如何将教学简笔画运用于英语教学中？
2. 请选择中小学英语教材中的词汇、句型、语法或课文，运用简笔画进行教学设计。

第十三节　信息化教学技能

教育信息化是指将信息作为教育系统的一个基本构成要素，在教育的各个领域广泛地利用信息技术，促进教育现代化的过程。教育信息化的技术特点是数字化、网络化、智能化和多媒体化，其基本特征是开放、共享、交互和协作。"互联网+"时代加速了教育信息化的进程，信息化教学技能也因此成为教师的基本技能之一。信息化教学技能是指教师在现代教学理论的指导下，以信息技术为支持，利用教育技术手段进行教学的能力。它要求教师在观念、组织、内容、模式、技术、评价和环境等一系列教学相关要素上进行设计与创新，进而推动"互联网+"时代的教师专业发展。

一、功能

信息化教学根据现代化教学环境中信息的传递方式和学生对知识信息加工的心理过程，充分利用现代教育技术手段，调动尽可能多的教学媒体和信息资源，构建一个良好的学习环境。学生在教师的组织和指导下，充分发挥主动性、积极性和创造性，能够真正成为知识信息的主动建构者。信息化教学的主要功能如下：

（一）激发学生的学习兴趣

兴趣是认知的最直接动力，但是兴趣不是与生俱来、保持不变的，它需要外界的持续刺激。信息技术的广泛应用与信息化教学资源的快速开发，使微课、微视频、动画及虚拟仿真技术等各类资源进入中小学英语课堂。这些资源的广泛应用，能大大丰富课堂教学内容，创设较为真实的学习和交流的情境，有效激发学生的学习兴趣。

（二）培养学生的创新思维

信息化教学的形式新颖，能提升课堂教学效率，拓宽学生的视野，不限于常规的认识问题、分析问题和解决问题的路径，有利于培养学生的探究意识，打破思维定式，创新性地解决问题。同时，信息化教学的交互性、多媒体特性、超文本特性和网络特性能够使学生在课堂上的地位有所改变，学生不再是被动地接受知识，而是积极主动地探索知识，成为知识和技能的主动建构者。

（三）提升教学效果，转变教师角色，发挥学生在课堂上的主体作用

在信息化教学模式下，教师不再像过去一样以知识权威的身份出现，而是以组织者的身份激发学生的学习动力，引导他们在精心设计的环境中进行探索，提高解决问题的能力。在学生获取信息的过程中，教师的主要作用不是直接提供信息，而是培养学生自己获取知识的能力，指导他们的学习探索活动。因此，教师成为课堂教学的组织者和指导者、学生学习的帮助者和促进者，而不是知识的灌输者和课堂的主宰者。学生学会独立思考和探索，从自身的兴趣和需要出发进行学习，成为学习的主体。

二、运用原则

信息化教学设计是以信息技术为支持的，但它更为重要、更为根本的特征是：以学生为中心，关注学生能力的培养，关注其学习过程。这个特征渗透到学生学习过程的各个要素中，形成信息化教学的设计原则。

（一）注重情境的创设与转换

信息化教学设计应该注重情境的创设，使学生经历与现实生活相类似的认知体验。同时，信息化教学设计应注重情境的转换，使学生的知识能够得以自然地迁移与深化。

（二）充分考虑工具和资源的多样性

工具和资源应当同学生的主题任务相关，能够帮助学生完成解决问题的过程，促进学生的意义建构，如给学生提供与教学主题或教学问题相关的网络资源或典型案例，对学生的学习进行一定的指导和帮助等。

（三）以"任务驱动"和"问题解决"作为学习和研究活动的主线

学习活动通常可以围绕某一问题或主题展开，这些内容通常来自现实生活和学习中的一些具体事例。学习活动具有明确的任务性和目的性，学生知道为什么而做，教师的重点应放在如何有效地引导学生学习上。学生通过对问题和主题的主动探索来体验学习的快乐，培养自己的学习兴趣。

（四）采用灵活的、可视化的方式对学习结果进行阐述和展现

在学习活动结束时，学生应当以灵活多样的方式对自己的学习结果进行阐述和展现，并同他人进行讨论和协商，以加深对学习过程的理解和反思。在此过程中，教师应当

对学生的学习成果进行必要的指导和帮助。

（五）鼓励合作学习

在信息化教学中，学生通常是以小组合作等协作形式展开学习的。在学习过程中，小组成员互相帮助，共同完成某一项任务目标。每个学生承担一定的任务，学生们相互协作，共享知识储备，共同实现任务目标。

（六）针对学习过程和学习资源进行评价

信息化教学设计是一个连续的、动态的过程，在学习过程中，教师通过研究和质量评估来收集数据，利用过程性评价达到改进设计的目的。

三、翻转课堂

翻转课堂是"互联网＋"背景下的一种全新的教学模式，信息化技术的蓬勃发展是翻转课堂教学模式改革的有效推动力。课前预习、课堂内化、课后考核等各个教学环节都离不开信息化的支持。翻转课堂也称为颠倒课堂，是指重新调整课堂内外的时间，将学习的决定权从教师转移给学生。具体而言，信息时代的翻转课堂，是用微视频、云平台等技术支撑的"先学后教，以学定教"的教学方式。教师在课前把学习材料上传到互联网平台，学生根据这些材料进行个性化的学习，教师得到学生的反馈后，再根据学生的学习效果有针对性地设计课堂教学活动，这样就翻转了"输入"和"输出"的流程，提高了课堂教学的时效性，实现了"以学生为中心"的学习。翻转课堂可以概括为"四环节、五步骤"。

（一）四环节

1. 制作导学案

教师在深入研究教材内容和学生知识基础的情况下，以备课小组或教研组为团队，集体制作导学案。主备课教师在集体备课前要备好导学案和PPT，全体教师在集体备课时共同研讨，优化导学案和PPT课件。导学案要提前下发给学生，要有发、有收、有评。

2. 创建教学视频

首先，教师要深入研究课程标准和教材内容，明确学生必须达到的目标，以及视频最终需要呈现的内容；其次，收集资源和创建视频，应考虑不同备课教师和班级的差异；再次，在制作过程中，教师应考虑学生个体差异性，以适应不同学生的学习方法和习惯；最后，教学视频原则上不超过15分钟。

3. 学生自主预习和学习

首先，学生在独立预习教材的基础上，运用手中的平板电脑下载教师的教学视频和导学案，开始课前学习；其次，学生登录互联网平台完成预习自测题；再次，组内互助解决个人独立学习时产生的学习问题；最后，组内不能解决的学习问题由组长记录后交给课代表，课代表整理好后上传至服务器。

4. 教师及时了解学生预习和学习情况

教师通过互联网平台及时了解学生预习和学习情况，调整课堂教学进度和难度，制订个别辅导计划，增强课堂教学的针对性。

(二) 五步骤

1. 合作探究
组内不能解决的疑难问题,课堂上由组间互助合作解决。

2. 释疑拓展
首先,全班学生都不能解决的学习问题,由教师在课堂上解决;其次,教师根据本班学生的实际学习情况,进行适度拓展和延伸。

3. 练习巩固
学生需要完成互联网平台或其他资料中的相关练习,以巩固所学知识。

4. 自主纠错
对做错的题目,学生通过观看答案详解或教师的习题评析视频,自主纠错。

5. 反思总结
学生或教师对本节内容进行知识归纳或方法梳理。

☞ **复习思考题**

1. 在信息化环境下,教师的主要角色是什么?
2. 以中小学英语教材中的某一单元内容为例,说明如何进行信息化教学设计,以及如何实现翻转课堂。

第十四节 课堂教学管理技能

课堂教学管理是指保证课堂教学活动顺利进行,以取得预期教学效果所采用的一系列措施和手段,是营造良好的课堂学习环境、保持课堂教学秩序的关键。

一、组织课堂教学

组织课堂教学的第一步是做好课前的各种准备工作。教师备课,编写教案,准备好教材、教具或课件,让学生准备好课本和文具等,是上好一节课的前提条件。

上课即实施教案,是整个教学工作的中心环节。如果要提高教学质量,教师必须上好每节课。每节课是由互相联系的若干环节构成的。组织课堂教学,就是教师采用各种手段和方法,把每节课的各个环节有机地组合起来,使每节课都能够顺利地进行。

(一) 开课

课堂教学有一个良好的开端非常重要。教师自然、严肃地走上讲台,大方、庄重地站在讲台上,从教师走进教室,一节课就开始了。教师可以环视全体学生,这次注视是师生第一次情感的交流,这样做不仅是为了集中学生的注意力,也是检查学生是否做好上课的准备工作。这一环节不容忽视,是上好一节课的基础。如果学生精神涣散,准备工作不足,势必会影响课堂教学效果。

（二）导课

导课是教学的开端。良好的开端是教学成功的一半，第一印象是最鲜明、最有感染力的，它将影响以后师生交流的进程和效果。教师应根据不同的教材和课型，针对学生的实际，选择不同的导课方法，唤起学生学习的浓厚兴趣。常用的导课方法有直接导入、复习旧知识式导入、提问式导入、悬念式导入、直观演示式导入和故事式导入等。导课是一节课顺利进行的基础，要富有趣味性，新颖别致，吸引学生。

（三）讲课

教师在正式授课时，要根据预先设计好的备课方案逐步进行。教学过程是一个整体，各部分之间的衔接要紧密，过渡要自然。讲授内容的广度、深度，思路的展开与延伸，授课的方式方法等，都要根据教学的需要精心选择和灵活运用。

（四）结课

授课的末尾即结课，结课要讲究艺术，要运用技巧，常见的结课方法有兴趣法、扩展法、发散法、欣赏法、激疑法、铺垫法、抒情法、朗读法、推测法和总结法等。结课要与导课相呼应，语言要简洁明快。精彩的结课，能帮助学生掌握重点、加深记忆、巩固知识，以及激起学习的兴趣。结课不仅能使整堂课的结构完整，还会产生意想不到的效果，会使学生感到言虽尽，而意无穷。

二、集中注意力的方法

（一）利用眼神、语言等方式提醒提示

当上课铃声响起，教师走进教室，用坚定、自信、和善的目光环视学生，会使学生情绪稳定，为接下来的教学做好准备。在教学时，教师的语言要生动有趣，声音要抑扬顿挫，讲究艺术，这样才能吸引学生的注意力。此外，在教学过程中，教师经常提问学生，也是集中学生注意力的好方法。

（二）察言观色，关注表现

学生在听课时，会有不同的表现。通常，将学生在课堂上的表现概括为以下六种：
(1) 集中状态：鸦雀无声、全神贯注、目光有神、听得入迷。
(2) 活跃状态：议论纷纷、气氛活跃。
(3) 顿悟状态：豁然开朗、眉飞色舞、喜笑颜开。
(4) 厌倦状态：死气沉沉、东倒西歪、昏昏欲睡。
(5) 疑惑状态：情绪紧张、眉头紧锁、焦虑不安。
(6) 松散状态：松松垮垮、漫不经心、东张西望、交头接耳。

学生的情绪表现是教学中的一面镜子，教师要根据学生的反应，调整教学活动，使学生不厌倦、不疲劳、不松散，始终围绕教学主线进行积极的学习和思考。

（三）排除外界刺激，防止注意力分散

教室周围的环境嘈杂混乱，教室内花花绿绿的装饰，教师新奇艳丽的服装、过分夸张的动作和表情等对学生都有刺激作用，会引起学生的负面反应。

（四）以"趣"引起好奇，以"美"吸引注意力

生动的语言、有趣的故事都能引起学生的好奇和注意力。爱美之心人皆有之，美能让人喜爱、向往和倾倒，是引起注意力的一种因素。教师在课堂教学中要善于运用美好的事物吸引学生的注意力，引导学生正向迁移；要善于运用有趣的教学内容和方法激发学生对知识的渴望，增强学生对学习的内动力。

（五）正确指导和引导，适时提醒和纠正

学生注意力集中的时间长短因人而异，教师应在学生听讲、观察和讨论等方面正确指导和引导，侧重于对学生思维的启迪和注意力的集中，并适时提醒和纠正学生各种背离教学过程的不良行为。

教师的课堂管理要讲究艺术，努力提高驾驭课堂的能力，在不影响课堂教学的情况下，可合理使用目光注视法、短暂沉默法、身体逼近法和设悬激奇法等方法，以管促教，以管促学，以期有效地完善课堂教学结构，达到优化教学过程、提高教学效率的目的。

三、处理课堂偶发事件的方法

偶发事件是指突然发生的、与课堂教学目的无关，但又直接干扰课堂的无关刺激事件。它包括教学情境中的干扰因素和学生纪律方面的问题。一旦发生偶发事件，教师一定要保持冷静，随机应变，掌握教学机制的运用策略，变不利为有利，变被动为主动，使偶发事件经过教师及时、巧妙和灵活的处理，对教学起到补充、烘托和增效的作用。

（一）无关刺激引起学生注意力转移

在课堂上，有时会出现与授课无关的外来刺激，如鞭炮声、雷声或落物撞击声等，这些会使学生感到惊奇或突然，并因此转移听课的注意力，中断接受知识的系统思考。有经验的教师，往往先停下来，稳定一下学生的情绪，再提出一个与课堂内容有关的问题或插两段与课堂内容有关的小故事，把学生的注意力重新吸引到课堂上。

（二）非一般性纪律问题

在课堂上，有时会出现非一般性的纪律问题，如学生争吵、抢东西或捉弄其他同学等，这时教师要镇静、机智和果断。对于学生不太严重的违纪行为，教师要宽容冷静，进行劝阻和制止，直至平息；对于学生严重的违纪行为，教师要果断处理，将其带离课堂，交给教务处等有关方面进行处理。

（三）个别学生不遵守纪律

在课堂上，有时个别学生不遵守课堂纪律，如说话、做小动作、打瞌睡或玩手机等，教

师不能视而不见,最好的办法是结合教学内容适时巧妙地提问,若学生回答正确,则在表扬和鼓励后再指出其缺点和错误;若学生回答不正确,则指出其答错的原因。教师这样做,既教育了违反课堂纪律的学生,又不影响正常教学,可谓一举两得。

(四)学生向教师提出怪异问题

在课堂上,个别学生可能提出怪异问题,扰乱课堂秩序。遇到这种情况,教师应冷静,以"见怪不怪"的态度,发挥主导作用,灵活地运用知识,机智地处理问题,尽量把课堂引向正常的教学轨道。

(五)疑难问题

在课堂上,有时学生会提出疑难问题,教师难以解答或者出现意想不到的失误。如果学生提出的问题与课堂内容无关,则教师可以回复学生下课回答或讨论;如果学生提出的问题与课堂内容有关,则教师可以回复学生下课查找资料,或者让学生们一起讨论来解决问题。

☞ 复习思考题

1. 教师如何组织好课堂教学?
2. 教师如何处理课堂偶发事件?

第十五节 作业设计技能

课程内容的学习和巩固既要依靠课内学习,也要依靠课后练习与作业。因此,教师布置适量的课外作业(又称"家庭作业")是教学环节的一个重要组成部分,是课堂教学的延续,是学生掌握好知识的必要条件。同时,批改课外作业可以帮助教师及时发现和弥补教与学中的遗漏与不足,及时改进教与学的方法,从而有效提高教学质量。

一、内容与形式

(一)复习与预习

复习与预习,即复习已学教材的内容,预习将要学习的新内容。

(二)书面作业

书面作业包括书面练习、书面答题、默写单词、写英语日记、英语作文及摘要写作等。

(三)口头作业

口头作业包括朗读、背诵、复述、答问和讲解等。

（四）实践作业

实践作业包括情境对话，自编课本剧，制作学具、挂图、简笔画，参观访问，社会调查及社会实践等。

（五）课外阅读

目前，市场上有很多英文读物，为中小学生自主阅读提供了丰富优质的资源。教师可以根据课外读物的长度、难度和内容等指导学生尽量选择语言水平与所学教材结合紧密的读物。

二、原则

教师在布置作业时，应注意以下六个原则：

（一）系统性原则

知识本身不成系统，只有经过梳理归纳才能系统化；能力本身不好量化，只有经过有序的训练才能显露其发展轨迹。这种有计划、有条理、成体系的训练过程就是系统化作业，它是丰富学生知识，提高学生能力的有效手段，能让学生把知识理解得更透彻，能让学生养成好的习惯，形成好的学习方法，使能力形成得更全面。

（二）趣味性原则

兴趣是最好的老师。兴趣能激发学生的学习动力，如果教师留的作业是学生喜闻乐见的新颖内容或活泼形式，如游戏性练习、竞赛式练习、编故事、做表演等，就会激发学生的求知欲，变"不敢"为"要做"，收到事半功倍的效果。例如，教师在讲授非真实条件句的虚拟语气时，可要求学生学唱与虚拟语气相关的英文歌曲，在优美的旋律中加深对此语法知识的理解。

（三）针对性原则

教师要紧扣教学目标，有针对性地设计作业。一般来说，每一节课都有既定的教学目标，每一个环节都要围绕这一目标进行。教师只有紧扣教学目标，有针对性地设计作业的内容和形式，整个教学过程才是完整的，教学内容才是统一的。在布置作业之前，教师要思考作业的目的，是巩固学生所学的知识点，培养其学习习惯，还是训练学生的语言技能，培养其思维或情感品质等，教师要明确每一道题目的设计意图。

（四）开放性原则

作业设计应具有发展性，着眼于学生的终身学习，适应学生发展的不同需要。作业应从书本中走出来，从题海中走出来，走向社会发展的现实，从学科封闭型作业走向整合开放型作业。新的课程环境要求大部分作业内容应突出开放性和探究性，即学生解答问题时要有一定的思考和实践，作业答案要有一定的开放性。作业是对教材的挖掘、延伸和拓展，可以让学生从传统的模仿和操练转化到探究和运用上，培养学生的独立思考和创造能力。

（五）灵活性原则

作业的形式要新颖灵活，不拘一格。除了传统的书面作业外，教师应适当地运用口头练习（复述和讲故事等）、表演练习（小品和话剧等）、语言运用（口头语言和书面语言交际）等多种作业形式。作业的灵活性有利于培养学生的语言能力和思维的灵活性。

（六）层次性原则

层次性原则又称为差异性原则，由于学生的学习水平存在着一定的差异，这就要求教师布置的作业要体现层次性，做到"优等生吃得精，中等生吃得好，后进生吃得饱"。教师要利用每个学生在兴趣、动机、意志、能力和思维品质等方面的优势，促进学生知识的巩固与增长。教师在分层布置作业时要注意，不同的学生对作业的表达形式、目的、内容、要求不同。因此，作业设计应该因人而异，体现以人为本，使作业成为学生自己的作业、个性化的作业，以最终实现各尽所能、人尽其才的目标。

三、注意事项

（一）设计精心

教师要根据所教内容来决定应运用什么形式，分几个层次要求，布置什么作业，布置多少内容等。教师在备课时要精心设计，适当掌握，做到心中有数。作业的设计既要符合教学大纲与教材的要求，又要有助于学生牢固地掌握基础知识和基本技能（以下简称"双基"）；既要有助于培养和发展学生的智能，又要有助于对学生进行思想教育。教师要注意精选具有典型性和代表性的习题，使学生可以举一反三、触类旁通，不应搞"题海战术"。课本内的习题和各种课外资料中的习题不要一味地、不加分析地照搬照抄给学生。布置给学生的作业，教师一定要提前认真做一遍，以便做到心中有数。

（二）类型多样

作业按其形式可分为听力作业、口语作业与书面作业；按其内容可分为课时类作业、表演类作业、调查采访类作业、辩论类作业与实践操作类作业等。按照英语学习规律，学生必须吸收相当数量的语言材料，并经过一定的语言实践，才能获得运用英语交际的能力。因此，听力作业和口语作业是英语学科必要的练习形式。设计多元化的听力作业和口语作业，如朗读、阅读、背诵、复述和问答等，有助于学生打好语音基础，提高学习兴趣，调动其积极性。在英语教学中，听说读写是相辅相成、互相促进的。因此，教师设计的作业要全面，既要有书面作业，也要有听力作业和口语作业，这样学生才能在完成作业的过程中提高语言的综合运用能力。

（三）控制总量

如果教师布置的作业太少，则无法让学生达到巩固和提升所学知识的目的；如果教师布置的作业太多，会使学生望而生畏，损害其学习英语的积极性。教师应指导学生在有限的时间内完成作业,引导和训练学生进行学习方法的探索和知识的系统归类。

按照教育主管部门的有关规定,学校要确保小学一、二年级不布置书面作业,可在校内安排适当的巩固练习;小学其他年级的学生每天书面作业完成时间平均不超过 60 分钟;初中生每天书面作业完成时间平均不超过 90 分钟;高中生每天书面作业完成时间平均不超过 120 分钟。周末、寒暑假和法定节假日也要控制书面作业的时间总量。英语教师在布置课外作业时必须根据上述规定酌情控制。凡是能在课内完成的作业,不要布置到课外去完成,不要布置机械重复和大量抄写的作业,更不要用作业惩罚学生。教师要注意减轻学生的课外负担,布置的作业要少而精。

(四) 难易适度

教师在布置课外作业时,要以全班大多数学生通过努力能独立完成为标准,不要布置难度大、学生难以独立完成的题目。对于较难的题目,教师在布置作业时要给予适当提示。如果作业过难,基础差的学生干脆不写,或抄袭他人的作业;如果作业过于简单,基础好的学生会感觉毫无挑战性。因此,教师在布置作业时要充分考虑学生的个体差异,把握好作业的难度设置。作业布置可分为三个档次:基础作业、提高作业和拔尖作业。后进生做基础作业,可选做提高作业;中等生做基础作业和提高作业,可选做拔尖作业;优等生做拔尖作业,可选做基础作业或提高作业。这样,优等生不会因为"吃不饱"而轻视作业,他们会在原有的基础上更进一步;中等生会有"跳一跳,够得着"的进取精神;后进生通过做一些相对容易的作业,获取成功的喜悦和自信,并产生有投入就有收获的成就感,从而重视课堂听讲和作业的完成情况,真正地投入学习,形成良性循环,逐步提高成绩。

(五) 要求明确

教师在布置英语作业时,尽量做到清晰明确地表述作业的规则和要求,如听音或朗读准确、卷面整洁、书写工整规范、审题认真、步骤分明,以及按时交送等。

(六) 重视反馈

教师在批改作业的过程中所发现的问题,就是学生在知识或技能上的"漏洞"或"盲点",教师一定要及时反馈和讲评,促进学生温故而知新。教师要经常关心中下水平学生的作业完成情况,要多指导他们完成作业,帮助他们分析作业错误的原因,从而提高其完成作业的效率。

☞ 复习思考题

1. 如何布置多样化的英语作业?
2. 怎样分层布置作业?如何检查?

☞ 真题再现

【2017 上 初中】简答题:根据题目要求完成下列任务,用中文作答。

课后作业布置体现"差异性原则"。简述你对"差异性原则"的理解,并从作业类型、作业难度和作业量三个方面举例说明如何布置作业。

第十六节　批改作业技能

教师批改作业是检查教学效果、指导学生学习的重要手段。教师通过批改作业,可以及时了解学生对"双基"的掌握情况、能力发展的水平、对待学习的态度和学习习惯的养成等,及时获得关于教学效果的反馈信息,以此来调节和改进自己的教学。此外,教师批改作业又是对学生学习的具体指导。对于批改作业中发现的问题,教师通过分析研究,可以有针对性地引导学生认识错误产生的原因,帮助学生改正其中的错误,进一步掌握解题的正确方法与途径,从而提高学生学习的积极性与学习的质量。教师通过对作业质量与规范的严格要求,可以培养学生严格的科学态度与良好的学习习惯。

一、批改作业的方式

批改作业的方式包括全批全改、抽查批改、当面批改以及教师指导下的学生自我(或相互)批改等。各种批改方式各有利弊,教师可以有针对性地选用或结合运用。

(一) 全批全改

全批全改,即教师收齐每位学生的作业并逐个批改。它的优点是教师可以全面了解学生的学习情况,便于发现学生作业中存在的常见问题,采取及时的弥补措施,使得教学更有针对性,学生可以普遍受益。但是针对英语学科教学的实际,教师采用这种批改方式,花费的时间和精力多、负担重,在疲劳状态下,容易出现漏批和错批等情况,还可能助长某些学生的依赖性和被动性。

(二) 抽查批改

抽查批改,即教师先对全部作业进行浏览后,只对一部分学生的整份作业或全体学生作业的一部分题目进行批改。教师每次可以从优等生、中等生和后进生各类学生的作业中抽取若干份作业,也可以分批或分组轮换地每次抽查批改一部分学生的作业。教师采用这种批改方式可以有重点、较深入地了解和分析学生作业中存在的问题,负担也较轻。但这种批改方式不利于教师全面了解学生掌握知识的情况,可能会影响因材施教,也可能助长个别学生的偷懒行为。这种批改方式较适用于一般的正常教学,教师可以通过公布习题答案或讲评作业等方式,让作业没被批改到的学生自行找出错误,了解错误原因,并自我订正错误。

(三) 当面批改

对于那些学习困难较大、成绩较差、做作业马虎粗心、学习突然退步的学生,教师可以找他们当面批改其作业,了解他们做作业的思路及其错误形成的原因,帮助学生当面改正作业中的错误。这种方式针对性更强,不但有利于纠正学生某些不良学习习惯,而且有利于教师对学生进行学习方法指导和必要的思想教育,以及形成更融洽的师生关系。但当面批改作业费时较多,教师工作量非常大,也难以全面了解学生的学习情况。

(四)教师指导下的学生自我(或相互)批改

教师指导下的学生自我(或相互)批改,即教师先对全部学生的作业进行浏览(或批改有代表性的部分作业)后,发给学生,教师根据教学的具体情况,利用自习课或上新课之前公布作业答案(包括题目解答思路、过程或注意点等),然后要求学生自己或同桌或前后桌相互批改和订正作业,分析错误原因,并在作业上写下体会或疑问。这种批改作业的方式不但有利于减轻教师的负担,而且有利于调动学生学习的主动性,培养学生相互帮助、共同进步的良好习惯。但这种批改作业的方式不利于教师全面了解学生的学习情况,并且由于学生水平有限,在自我批改或相互批改时难免有不够准确之处。因此,对于学生自我批改过的作业,教师一定要加以复查。在通常情况下,也可以辅助性地穿插使用这种方式,以减轻教师负担。

除了以上四种批改作业的方式之外,教师们还可以使用其他的批改作业方式,如用符号批改等,通常用"√"表示"正确",用"×"表示"错误",用"○"圈出错误拼写,用"★"标记精彩之处,用"?"提示意思不明或文字不当等。教师在使用符号批改时,符号意思要明确易懂。此外,教师还可以用卡通人物形象地增加批改作业的趣味性和幽默感。教师在选用批改作业的方式时,要结合自己和学生的实际情况,有时可以将几种方式互相配合或穿插使用。但对于刚参加工作的新教师,为了积累教学经验,对学生的作业要尽可能多批改一些或做到全批全改,并通过批改作业的方式增加与学生的互动。

二、批改作业的注意事项

(一)要及时

教师及时地批改作业,不仅可以了解全班学生学习的总体情况,还可以从中了解学生学习的个别差异及掌握新知识的程度,为教师接下来的教学安排提供可靠的依据。学生在及时收到教师的批改和反馈之后,一方面会受到鼓励,增强进一步学习的信心;另一方面也可以及时发现自己的不足,从而改正作业中的错误。因此,教师批改作业一定要及时,要做到当天作业当天批改完毕。

(二)要富有启发性

在批改作业时,教师应认真审视学生解决问题的思考过程,引导学生学会思考。教师要启发学生认识错误的实质与原因,启发学生多角度地认识问题,启发学生从思想方法的高度对解题思路进行概括,启发学生系统地考虑问题,从而全面发展学生的思考能力。

(三)要尊重学生

教师在批改作业时,要从学生的实际出发,对那些和参考答案不一样的回答更要仔细琢磨,以理解学生的思考过程,尽量了解学生的原意和思路。教师对于作业中不清楚的部分可向学生问明情况后再动手批改。教师在批改作业时,要指出作业的错误之处,但不要把作业中的错误全部改过来,而是让学生自己改正。另外,教师在评定作业时,要克服对学生的固有印象或误解,要善于从作业中了解学生的积极因素并加以表扬和鼓励,同时找准学生作业中的问题所在,做到一语中的。

(四)要起到示范作用

教师批改作业也是身教的过程。教师在批改作业时,要对学生书写的格式有明确具体的要求,教师批改的文字、符号和日期等字迹也要工整,写到相应的位置上。尤其是教师在遇到学生作业中存在的问题时,不能只写不带感情色彩的"×""?""重做"等符号或简单文字,而应做出批改或提出修改意见。

(五)要有记录

教师在批改作业时要有记录,只有正确地处理学生作业中存在的问题,才能更好地改进教学。首先,教师要将有关数据记录下来,如作业的优秀人数、及格人数、不及格人数、各类人数占全班的百分比、出现错误的人数、错误题目序号及百分比等。其次,教师要及时把学生作业中的错题记下来,归类并分析错误产生的原因。最后,教师要把学生回答的独到之处记下来。教师可设计有关表格记录作业批改情况,以利于作业反馈、对学生进行形成性评价,以及改进和提高课堂教学质量等。

(六)要及时讲评

教师应对作业完成较好的学生给予肯定;对作业有独到见解的学生给予表扬;对因知识掌握不好而导致作业完成不好的学生要进行补课;对全班作业中存在的共性问题在宏观上予以解决;对个别学生作业中存在的问题可单独进行辅导;对因学习态度不端正而应付完成作业的学生要严肃批评和教育;对情况反常的学生要通过谈话或走访等办法查明原因,及时纠正,帮助学生改正思想问题和解决实际困难。

(七)要激发和保护学生的积极性

在批改作业时,教师应注意保护学生的积极性。对于质量好的作业,应采用"Excellent!""Good job!""Great!""Super!"之类的评语。对于质量较差的作业,教师也不能一味地指出作业中的错误,否则会伤害学生的自尊心,影响其学习效果,应从发展和全面的观点一分为二地指出学生作业的优缺点,评语应以鼓励为主,例如,"Better!""Study harder!""Good handwriting!""Pay attention to the use of tenses.""OK.""Write more carefully!"值得一提的是,教师还可以使用一些网络上比较流行、学生非常喜欢的表情包、符号及网络用语等加以评价,这样可以贴近学生,更加易于被学生接受。

总之,教师要通过批改作业,培养学生实事求是、独立思考、言必有据、一丝不苟、克服困难、自我检查和有错必纠的精神,促进学生在认知、情感和意志等方面的全面发展。

☞ 复习思考题

1. 教师在批改作业时可以采用哪些方式？
2. 教师在批改作业的过程中应注意哪些问题？
3. 有的教师在批改作业的过程中采用"卡通人物＋评语"的方式（如图 2-17 所示），请问你如何评价这种批改作业的方式？

（a）

（b）

图 2-17　教师批改作业案例

☞ 真题再现

【2015 下 高中】问答题：

图 2-18 是某英语教师对学生作业的批改案例。

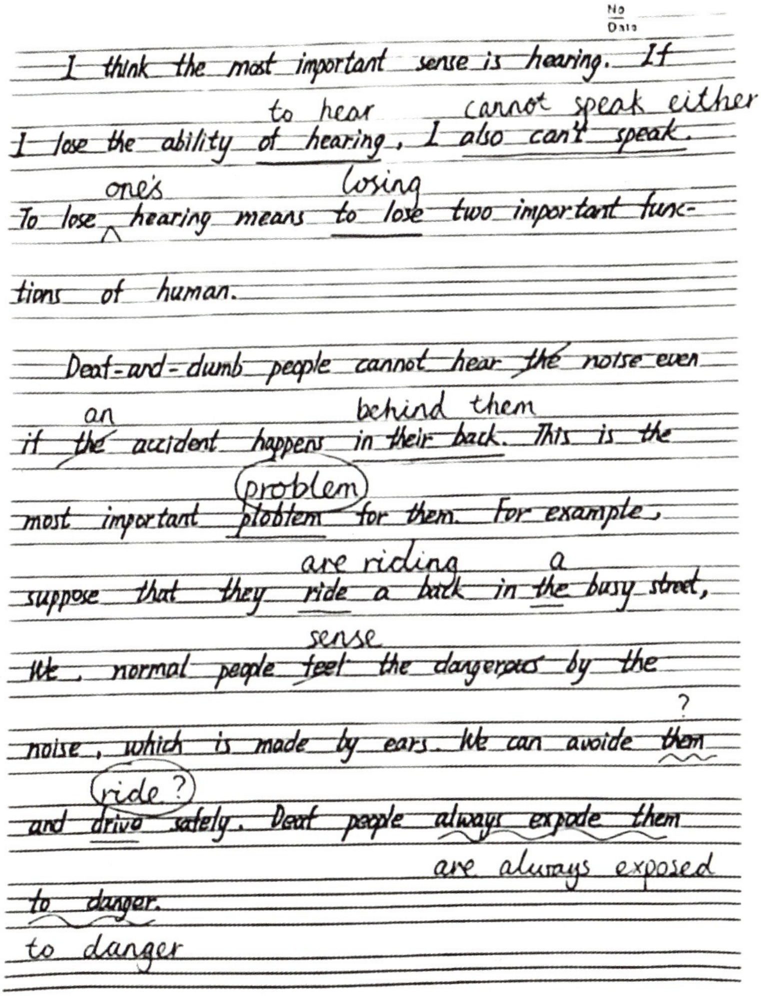

图 2-18 某英语教师对学生作业的批改案例

根据所给信息完成下列任务：
(1) 该教师的作业批改存在哪些问题？
(2) 该批改方式可能导致哪些负面结果？
(3) 请你针对存在的问题提出相应的改进建议。

第十七节 测试与评价技能

测试是英语教学的重要组成部分，测试可以用于评价学生的学习成绩，了解学生实际掌握英语知识的水平，借以检查教师讲授和学生学习的效果，从而反拨教学，提高教学质量。但单纯以测试成绩来评定教学质量已不能适应新课程改革的要求，评价应侧重过程和方法,测试应强化诊断、督促和发展的功能,淡化评比和排名的功能。教师需认清两者之间的关系,规范和改进测试与评价,尤其是要建立起能激励学生学习兴趣和自主学习能力发展的评价体系。

根据功能的不同,评价可分为形成性评价(包括测试形成性评价和非测试形成性评价)、诊断性评价和终结性评价(又称总结性评价,以测试形成性评价为主要方式)。中小学英语教学评价不应以终结性评价为主要的衡量指标,应以形成性评价为主。

一、评价的目的

(一)检查学习进度

检查学习进度,即检查和评价学生在某一阶段或某一课程学习中对所学内容的掌握情况。考试内容应基于教学内容,尤其是教学中的重难点。这样,教师就可以根据学生的成绩分布,及时发现问题,调整教学进度和改进教学方法。

(二)激励学生学习

如果教师期望学生在英语学习的某一方面有所发展,则可以有针对性地进行测试。为了准备考试,学生会努力学习,因为教师对自己的肯定性评价是学生学习的动力之一。

(三)为教育科研服务

首先,教师对教学提出假设;其次,教师进行调查和研究;再次,教师根据不同的情况设计不同的测试和评价标准;最后,教师对测试的结果和收集到的数据进行分析、比较和判断,从而验证所提出的假设。

二、形成性评价

1. 测试形成性评价

中小学英语教学中对学生的评价往往通过随堂考、周考、月考、期中考、期末考、中考等测试来完成。这类通过考试途径实现的评价,通常称为测试形成性评价,编制试卷技能在测试形成性评价过程中起着重要的作用。

教师在编制试卷时,要考虑以下几方面的问题:

(1)试卷考查的覆盖面要广

考查点分布合理,考查的内容有足够的代表性,考查各部分知识和各层次能力的试题数量要符合课程要求的规定。

(2)试卷中各道试题均要有相对独立性

任何一道试题的表述及正确解答不能成为其他试题正确解答的提示,任何一道试题的正确解答不能以其他某一试题的正确解答为前提。

(3)试卷中试题的安排要合理

每部分试题的解答要清晰明了,使学生明确应该做什么、怎么做以及答案以什么形式出现等。试题的排列顺序最好由浅入深、由易到难、由简到繁,避免把复杂难解的试题排在前面,否则会给学生带来心理压力,影响其真实水平的发挥。对于主观性试题,教师还要考虑答案文字量的多少,按由少到多的顺序排列,各试题之间的空白安排要便于学生解答和教师评卷。

(4) 试卷的题量要适当

试卷的题量要适当,保证学生有比较充裕的时间来完成试题的解答,并留有检查的时间,而不至于因时间不够出现笔误或书写不规范等情况。

2. 非测试形成性评价

英语的非测试形成性评价是指对中小学生在英语学习过程中的学习态度、学习策略、学习方法、学习行为以及对他们在学习过程中所表现出来的发展潜能等,进行全面的、综合的过程性评价,它是中小学英语教学中形成性评价的具体化和终结性评价的必要补充。非测试形成性评价主要包括:课堂观察、档案袋、协商讨论、日志、问卷调查和访谈等。

(1) 课堂观察

课堂观察与教师的日常教学密不可分,教师可以通过与学生单独谈话等方式来对学生的日常学习情况进行观察。通过观察,教师可以了解学生对所讲授内容的掌握程度,推断学生在学习过程中所用的学习策略,评估其教学策略的有效性,了解学生喜欢的教学材料和教学活动等。

(2) 档案袋

档案袋是指按一定目的收集的、反映学生学习过程及最终成果的一整套材料。档案袋评价又称为学习档案评价或学习成长记录袋评价。档案袋涵盖了从起始阶段到完成阶段的所有情况,展示了学生的学习和进步状况。档案袋评价不仅能够提高学生自身的学习意识,还可以为教师提供反馈,有助于教师采取必要的手段来监控学生的学习,反思自己的教学。

(3) 协商讨论

协商讨论经常以学生和教师之间的对话和讨论的形式出现,讨论的主要内容是关于学生的学业问题。协商讨论有助于教师选择适合的方法、策略和途径来帮助学生完成学业,让学生有参与感,提高其学习热情。

(4) 日志、问卷调查和访谈

日志可以帮助教师记录教学中有意义的事件和个人反思等,日志能为教师进行个别指导提供有用的信息,增加学生和教师之间进行交流的机会,提高学生的参与感和归属感。问卷调查的范围广、效率高,但问题设计较难,调查结果广而不深。访谈的灵活性强,更加真实可靠,更容易让教师进行深入调查,但需要较多的人力、物力和时间。通常,问卷调查和访谈可以结合使用。

三、诊断性评价

诊断性评价也称教学性评价或准备性评价,一般是指教师在某项教学活动开始之前对学生的知识、技能以及情感等状况进行的预测。通过这种预测,教师可以了解学生的知识基础和准备状况,以判断他们是否具备实现当前教学目标所要求的条件,为实现因材施教提供依据。

诊断性评价主要是指对问题的诊断。学生在课堂学习的过程中,不仅在学习上会遇到困难,如听不懂、走神等,还会在情感或社交方面遇到问题,如当天的心情、对任课教师的喜爱程度、与同学是否发生了冲突等。教师应该首先找出问题所在,记录问题发生的频率,从理解的角度选择适合的解决方法。

通过所获得的诊断性评价信息和结果,教师可以得到反馈,学生可以产生学习动力。诊断性评价可以帮助教师了解学生的知识掌握情况和能力发展情况,发现学生存在的问题及其性质和范围,进而教师可以设计学习活动来满足学生学习的需要。诊断性评价可以通过多种方式来进行,如精心设计的测验、课堂教学中对学生的简单提问等。

四、测试与评价方法的对比分析

测试与评价方法的对比分析如表 2-3 所示。

表 2-3 测试与评价方法的对比分析

种类	诊断性评价	形成性评价	终结性评价
目的	改进学习过程,调整教学方案,促进学生进步与发展	合理安置学生,考虑区别对待,采取补救措施	判定最终学习结果,为甄别和选拔服务
作用	诊断、分析教学过程,确定教学效果,提出改进措施	查明学生的学习准备情况,确定不利因素,以便对症下药	评定学业成绩
评价重点	学习过程	学生素质、学习过程	学习结果
评价主体	教师、学生本人、同学	教师	教师
评价内容	语言知识、语言技能、情感态度、学习策略、文化意识和学科素养	教师必要的预备性知识与技能,学生生理和心理,以及环境等因素	知识、技能
手段	日常观察、作业评定、问卷调查、自评、互评、访谈、平时测验、活动记录等	特殊编制的测验、学籍档案和观察记录分析	考试(如期中考试、期末考试、结业考试等)
实施时间	课程教学或单元教学结束后,经常进行	课程、学期或学年的开始,在教学进程中需要时	课程教学或一段教学结束后,一般每学期1~2次
评价结果	说明是否达到目标的要求,指出缺点,提出建议	为教学活动的开展提供前提和基础	记分
主要特点	前瞻式	前瞻式	回顾式

需要注意的是,这三种评价是相互联系和相互渗透的。因为任何一种工作都是连续的,阶段的划分也是相对的,无论是形成性评价还是终结性评价,都带有诊断的性质;而且,由于评价的根本目的是促进工作、促进发展,因此任何评价都带有形成性的性质。没有诊断性评价不是真正的科学评价,只是一种主观臆测,而没有形成性评价,也就失去了评价的意义。当教师采取其中一种评价方法时,应该让学生了解评价的目的、评价的流程以及评价的标准等。

☞ 复习思考题

1. 简述英语学科试卷编制的基本原则。

2. 请选取一套中小学英语试卷,分析其体现的评价方法及试题的科学性。

真题再现

1.【2017 下 初中】Diagnostic test is often used for the purpose of _____.
A. finding out what students know and don't know
B. measuring students' general language proficiency
C. knowing whether students have the right language aptitude
D. checking whether students have achieved the teaching objectives

2.【2018 下 教育知识与能力试题(中学)】为了更好地因材施教,新学期伊始,高一化学课李老师对所教班级学生的学习情况进行了摸底考试,初步了解学生已有的知识基础和有关能力。这种考试属于_____。
A. 形成性评价　　B. 诊断性评价　　C. 总结性评价　　D. 相对性评价

3.【2021 下 高中】When students engaged in group work, the teacher gave feedback after each group had stated their opinions and shown their output. This is called _____.
A. instructing　　B. observing　　C. monitoring　　D. evaluating

4.【2016 上 初中】Portfolios, daily reports and speech delivering are typical means of _____.
A. norm-referenced test
B. criterion-referenced test
C. summative assessment
D. formative assessment

第十八节　学习方法指导技能

广义的学习方法是指个体在社会生活与实践中,为获取知识经验而采取的手段、方式、途径以及所遵循的规则的总和。狭义的学习方法主要是指学生在学习过程中所采取的具体措施和策略,包括学习的原则、程序、途径、手段和技能等。

学习方法指导是指教师为了使学生学会学习,掌握科学的学习方法,增强自主学习的能力,指导学生进行学习计划的制订和实施、学习内容的安排和提示、学习方法的选择和运用、学习环境的设计和准备等。

在教学过程中,历来有"授之以鱼,不如授之以渔"的理念,但在英语教学中,教师往往仅完成了词汇、句型和课文等的灌输式教学,未对学生的学习方法多加指导。学习方法指导中的"学习"主要是指学生的自主学习,即学生在没有教师指导下的自主学习和在教师指导下的独立学习,其本质是完成"生本"教育,即让学生真正成为英语学习的主人,发挥主观能动性,由单纯的掌握英语知识升级为掌握获取知识的能力,进而真正地学会学习。这就要求教师在学习方法指导过程中,要根据学生在不同阶段的知识需求和学习目标以及心理、生理、认知特点等,给予个性化的启发、指导和帮助,这些指导涉及学生学习的目标、资源、方式方法和策略等。教师要指导学生制定学习目标、选择学习资源、掌握学习方法、管理学习过程以及进行自我评价等。这对教师提出了很高的要求,需要教师深入调查和研究每个学生的学习特点和潜能,指导学生掌握适合自己的学习方法,并且在指导的过程中不断优化,这也是学生核心素养培养的要求。

中小学英语教学中的学习方法指导主要包括以下三个方面:一是在教学情境中,教师通过激发学生的学习兴趣,培养学生正确的学习态度、学习习惯和学习的主动性;二是培养学生掌握获取和运用英语知识的能力,引导学生掌握和运用恰当的方法进行学习,使学生充分认识某些学习方法的运用范围,以便学生在一定的学习环境中科学地选择和运用相应的学习方法;三是培养学生的批判性思维和创新能力。

常规的学习方法指导技能包括指导学生制订学习计划、科学管理时间、学会记笔记、有效复习等;新型学习方法指导技能主要涉及自主学习、合作学习与探究学习。

一、制订学习计划

学习计划的内容包括目标与任务、完成目标的具体措施、时间安排与精力投入分配等。在学习上,学生既要有长期规划,又要有近期安排。长期规划是从整体上根据主客观情况确定阶段性学习的目标和重点;近期安排要具体到每天、每周的学习,即这一天或这一周要完成什么任务、学习多少个小时、以什么内容为重点等,都要有详细明确的安排。学习计划可以使学生的学习活动彼此协调起来,有利于实现学习目标。教师在指导学生制订学习计划时,应考虑以下几个方面:

(一)要从实际出发

学生在制订学习计划时不能脱离实际,要符合学生的特点和近阶段的学习任务要求,适应学生个体的效率周期、一天内的效率变化、个人情绪、身体状况、客观条件的变化以及前一阶段对知识的掌握情况等,以使学习计划具有完成的可能性。

(二)要全面

学生在制订学习计划时,既要考虑学习的具体安排,也要对其全部学习生活做通盘考虑。学生不仅要安排好学习时间,也要安排好活动、休息时间,以保证学习生活的多样性,能够精力充沛地学习。

(三)合理安排学习时间

在学校规定的常规学习时间里,学生的主要任务是完成教师布置的学习任务,消化当天所学的知识。除了常规学习时间以外,学生应有自主学习时间。自主学习时间的安排是制订学习计划的重点。学生能够合理利用自主学习时间,对其学习和成长都会有极大的帮助,因此,教师在课堂教学中应该指导学生提高课堂学习效率,正确利用自主学习时间,提高对学习的自我管理能力。

（四）要有灵活性

当学习计划执行到一定阶段时，学生应及时检查执行的效果。如果执行顺利，就按照原计划做下去；如果效果不理想，就应该主动查找原因，及时进行必要的调整。若因情况变化在执行时出现偏差，就要及时调整计划；若因主观因素造成执行不力，就要努力排除困难和干扰，以保证学习计划顺利实施。

二、科学管理时间

科学管理时间是学习方法的重要组成部分。英语学习有其特定的规律和方法，教师要指导学生利用有限的时间进行高效的学习。如果学生善于运用零碎的时间学习，则学习效率和学习质量会更高，会有更多的收获。教师在指导学生科学管理时间时，应注意以下几点：

（一）善于抓住学习的最佳时机

在指导学生进行时间安排时，教师要把学生的时间与心境、生理变化等因素结合起来考虑。多数人在上午8—10点，下午3—6点，以及晚上8—10点的学习效率最高，下午1点是学习效率最低的时间。当然个人因情况不同，最佳学习效率的具体时间也不同，有"牵牛花"，也有"夜来香"，学生要善于抓住自己最高效的时间来学习。

（二）充分利用碎片时间

挤时间的秘诀就是尽量把时间单位压缩到最小，充分利用碎片时间学习。通常来说，每次学习英语的时间不宜过长，利用碎片时间学习英语的效果更好。这就如同学习唱歌，平时只要有时间就听歌、哼唱，隔几天做个总结，接触多了，也就会唱了。

三、学会记笔记

学生在学习的过程中要接收大量的新知识，笔记在学生掌握知识的过程中起到重要的辅助作用。做好笔记，有助于学生在最短的时间内巩固好已学的知识，提高学习效率。英语课堂中常用的记笔记方法包括大纲笔记法、符号笔记法和康奈尔笔记法等。

（一）大纲笔记法

大纲笔记法多用于记录课堂上所学的新知识，即学生通过构建层叠关系的大纲网络，条理清晰的简单描述，一个层次一个层次地写下去，令人一目了然。大纲笔记法能有效地表现逻辑关系，方便学生理解和记忆。

（二）符号笔记法

符号笔记法是通过对符号的运用来掌握重点知识的一种方法。符号没有统一的使用标准，通常，学生可以使用不同颜色的下划线或用三角形等图形以画重点的方式让自己加深印象。学生可以根据需要和习惯确定一套适合自己的符号系统。这种方法适用的范围较广，笔记本和教材上都可以使用。

(三) 康奈尔笔记法

康奈尔笔记法(详见图2-19)是把每页纸分成三个区域：线索栏、笔记栏和总结栏,每个区域都有特定的用途,在页面最顶部写上主题、日期等,笔记记录在右边区域的笔记栏中,把联想的问题写在左边区域的线索栏中,把总结写在最下面区域的总结栏中。这样做的好处在于,学生复习时可以用纸遮挡住笔记栏中的内容,直接看线索栏中记录的问题,加强回忆效果。其中,"记录"部分要求学生在笔记栏内尽量多记有意义的论据和概念等内容；"简化"部分要求学生将这些论据和概念简明扼要地概括；"背诵"部分要求学生把笔记栏遮住,只用线索栏中的摘记回忆笔记栏中的内容；"思考"部分要求学生将随感、思考和体会等内容,写在总结栏中的空白区域；"复习"部分要求学生每周花十分钟左右的时间快速温习,主要是先看总结栏,再适当看笔记栏。

图 2-19 康奈尔笔记法

四、有效复习

复习分为课后复习、阶段复习和期末复习等几种方式。复习是学生加强对所学知识的理解与巩固,并使知识系统化的一种学习方法,教师应从以下几个方面对学生进行复习指导：

(1) 根据记忆规律复习。依据艾宾斯浩遗忘曲线原理,遗忘的进程是先快后慢。学生在听课之后要及时复习,在识记材料之后、遗忘还没有开始之前进行复习,使识记材料在最初记忆时得到强化,就可以巩固已学知识。随着时间的推移,学生要有针对性地进行经常性的复习,反复地对知识进行强化,以保证识记材料能够长时间地保存在大脑中。

(2) 复习要全面、系统。由于知识之间的内在逻辑联系十分紧密,教师在指导学生进行复习时,必须对所学的知识进行全面系统的复习。学生既可以结合笔记,拟定复习提纲进行复习,也可以抓住教学的重点和难点进行复习,以达到对所学知识和技能进行全面系统的复习巩固的目的。

(3) 分散复习与集中复习相结合。复习既可以集中进行,也可以分散进行。教师既要指导学生及时进行分散复习,又要在学完某模块或某单元后进行集中复习,还要在期中、期末进行更大范围的集中复习,使学生建构自身的知识结构体系。

(4) 尝试回忆与阅读相结合。学生通过尝试回忆可以检查学习效果,强化记忆,提高阅读教材和整理笔记的积极性,通过养成爱动脑的习惯。

(5) 经常听、经常说与各种感官运用相结合。英语学习是听、说、读、写技能提升的过程,是听、想、问、记、练的结合,因此,学生要脑勤、眼勤、耳勤、口勤、手勤,养成脑、眼、耳、口、手等器官并用的习惯。

☞ 复习思考题

1. 教师为什么要重视学习方法的指导?
2. 教师应该如何认识自主学习?教师应采取哪些措施来有效指导学生的自主学习?
3. 英语教学有哪些具有学科特点的学习方法?英语教师如何指导学生掌握这些学习方法?
4. 你在英语学习或教学中是否摸索出了一些"小窍门"?如何在学习方法指导过程中把它们传授给你的学生?

☞ 真题再现

1.【2015 上 教育教学知识与能力(中学)】教师不能满足于"授人以鱼",更要做到"授人以渔"。这强调教学应重视_____。
  A. 传授知识   B. 发展能力
  C. 培养个性   D. 形成品德

2.【2017 下 教育教学知识与能力(中学)】李老师在教育过程中,深入了解学生,针对学生不同的发展水平、兴趣、爱好和特长,引导学生扬长避短,发展个性,不断促进学生自由发展。李老师的这种做法适应了人身心发展的哪一个特点?_____
  A. 顺序性   B. 阶段性
  C. 连续性   D. 差异性

第十九节 课外辅导技能

同一个班级的学生尽管年龄基本相同,知识基础基本相近,但是在知识掌握的深度、广度、灵活度及能力水平、智力因素、非智力因素等方面都存在着差异。每个学生都会带有一些个体的特征,特别是在英语的学习上,差异性更大,因此在学习效果上也必然出现差异。为了缩小这种差异,并使一部分学生的个性特长得到较好的发展,教师进行课外辅导是中小学英语教学中不可或缺的环节。课外辅导是课堂教学的一种辅助形式,是贯彻因材施教原则的一条重要措施。它可以弥补课堂教学的不足,可以解决课堂上没有解决或解决得不彻底的问题,可以使所有的学生都能学有所得、学有所长。但是,教师不能长期以课外辅导来延续课堂教学,以免养成学生的学习依赖和加重学生的课外负担。

一、内容与目的

教师在课外辅导中要指导、督促、检查学生课外复习、预习和作业完成情况,启发学生的学习思路,指导学生的学习方法,帮助学生解决遇到的一些疑难问题,从而使学生有计划、高质量地如期完成学习任务。

对于学习成绩较差的学生,教师可以给予具体的帮助,必要时可以给他们补课,帮助他们分析产生学习困难的原因并为其介绍先进的学习方法与经验,帮助他们解决学习中的具体困难,从而树立他们的学习信心,使他们学有所得。

对于学习成绩优秀的学生,教师可以进行个别指导,如布置补充性作业,指导他们学习英语听力材料、阅读英文读物及利用网络资源进行拓展性学习等,这样可以扩充他们的知识领域,培养他们独立思考、勇于创新的精神,发展他们的个性特长。

二、方式

(一) 集体辅导

教师可以将学生分成辅导小组(学习成绩优秀的学生、学习成绩较差的学生均适用)、补课小组(针对学习成绩较差的学生)进行辅导。根据辅导的对象、目的和内容的不同,教师可在课堂上用专门的时间或结合讲授内容做适当的辅导,也可以抽出一些自习时间进行辅导。

(二) 个别辅导

个别辅导是课外辅导的主要形式,教师进行个别辅导的具体做法有:

(1) 利用课堂练习或学生自习时间,教师在学生中进行有目的的巡回辅导和个别指导。

(2) 设立辅导点,即在每节课作业开始时,教师把学习成绩较差的学生集中在一起,重点检查这些学生的作业情况,发现问题后要及时进行辅导。

(3) 教师要深入到学生中,通过与个别学生交谈和共同活动,随时随地解决他们的疑难问题。

(三) 同伴辅导

同伴辅导是指教师组织学生之间进行互帮互助活动。教师进行同伴辅导的具体做法是:

(1) 学习成绩优秀的学生与学习成绩较差的学生同桌而坐。

(2) 组织几名学习成绩优秀的学生成立辅导小组,帮助学习成绩较差的学生解答疑难问题,共同进步。

总之,课外辅导的方式可以灵活多样,教师应视具体情况而定。

三、注意事项

(一) 目的明确

教师在进行辅导时,要克服盲目性和随意性,目的要明确:或是以指导学生完成好课外复习、预习、作业、小结为主要目的;或是以帮助学生解决疑难问题为主要目的;或是以指导学生学习方法为主要目的;或是以帮助学生克服学习困难为主要目的;或是以指导学习成绩优秀的学生更上一层楼为主要目的等。然后根据辅导目的,确定辅导的内容与方法。

(二) 针对性强

教师在进行辅导时,要做到"对症下药",为此,就必须全面地了解学生。教师应通过抽阅学生笔记、批改作业、课堂提问、巡视检查、考试测验、个别谈话以及向其他教师和学生了解情况等多种形式,全面地摸清学生的学习情况,在此基础上制订辅导计划。辅导计划应定目的、定内容、定对象、定重点、定时间、定地点以及定方式方法等。

(三) 态度和蔼

教师在进行辅导的过程中,不管学生提出的问题多么简单、多么浅显、多么离奇古怪,教师都要以和蔼的态度,耐心地启发、引导和解答,切忌责怪、挖苦、不理睬学生。

(四) 辅导主动

教师在进行辅导时,要根据掌握到的情况主动提出问题,不要等学生来问自己,要主动地深入学生当中。特别地,教师更要主动地接近那些平时学习成绩较差的学生,注意给他们更多的辅导和关怀。

(五) 重点突出

教师在进行辅导时,要特别注意对学习成绩较差的学生和学习成绩优秀的学生的辅导,重点放在对这两类学生思维能力和学习能力的辅导上。

教师在对学习成绩较差的学生进行辅导时,应侧重打好他们的基础知识,在指导学习方法的基础上培养他们的学习能力:

(1) 教师要帮助学生加强基础知识的理解与掌握。教师要帮助学生扫清学习障碍、弥补知识缺漏、形成知识网络、提高理解能力,以及找到适合的学习方法。

(2) 教师要引导学生学会独立思考问题。教师在为学生解答疑难问题时,不宜过早地告诉他们方法和答案,而要帮助他们透过问题的表面现象深入问题的实质,揭示问题产生的原因。

(3) 教师在布置作业时,要指明重点和要求。对于这些学生的作业,教师必要时可以面批面改,使他们能层次清晰、有条理地运用英语,能合乎逻辑地进行推理。

(4) 教师要指导学生进行预习。教师要教授这些学生预习的方法,培养他们良好的学习习惯,使他们在预习的过程中逐步学会发现问题、分析问题和解决问题的技能。

教师在对学习成绩优秀的学生进行辅导时,重点应放在知识扩展、思维独立性和语言运用能力的培养上,以发展他们的特长:

(1) 教师要指导学生拓展性地学习教材。教师要提出富有思考性、发散性的问题,使学生能较深刻地理解知识的重点和知识间的内在联系,培养他们的自学能力。教师在布置作业时,可以适当补充一些具有一定灵活度和难度的题目让学习成绩优秀的学生完成,使他们的思维得到进一步锻炼。

(2) 教师要指导学生进行专题学习。教师可以根据学生的特点来选定专题内容,尽量使内容具有连续性和相对的群体性,以培养学生思维的广阔性和敏捷性,学会创造性地思考问题。

（3）教师要指导学生阅读课外读物。教师可以结合教材或讲课内容,为学生指定适合他们知识程度的英文报刊、英语书籍和英语网站上的学习资料。教师可以让学生总结学习心得,相互启发和交流,从而提高学生的阅读能力和理解能力,开阔思路和视野,加强知识的纵横发展与应用,进而提升英语语言的运用能力。

（4）教师要指导学生参加课外活动。课外活动能为学生的语言实践和自主学习提供更大的平台,其优点是：有助于激发和提升学生学习英语的兴趣；有助于学生增长知识、开阔视野；有助于学生增强和丰富语感；有助于发展学生智力和塑造品格；有助于提升学生的活动组织能力和管理能力；等等。英语课外活动的主要形式包括英语演讲、英语角、英语墙报、英语短剧表演、英语单词闯关、英语配音比赛、英文歌曲比赛和英语辩论赛等。教师在组织课外活动时,要考虑学生的兴趣、特长和差异性,课外活动要符合学生的年龄特点,活动内容要丰富多彩,组织形式要多样化,要富有吸引力等。教师要充分发挥学生的主体性和积极性,并注意因势利导。教师可以提供素材供学生参考,在方法上给予一定的引导和指导,从而有计划、有步骤地培养学生的语言运用能力,在实践中提升他们的英语交际能力。

☞ 复习思考题

中小学英语教师如何进行课外辅导？

☞ 真题再现

【2018 上 初中】简答题：简述英语校内课外活动的三个主要作用,列出四种活动形式,并写出教师组织课外活动的三点注意事项。

 第三章

课堂教学技能技巧

☞ **学习完本章,应该做到:**

◎ 熟悉课堂教学技能及训练目标;
◎ 识记与理解课堂教学技能;
◎ 熟悉每一项技能的具体内容,如原则、要求、作用、方法、注意事项等,并能尝试将其运用于教学实践中。

☞ **学习本章时,重点内容为:**

能够准确理解课堂教学技能及训练目标,侧重了解课堂教学技能的基本知识,特别注意对课堂教学技能的学习与运用。

☞ **学习本章时,具体方法为:**

本章共十四个小节,学生在学习过程中,可以抓住"课堂教学"和"技能"两个关键词。在了解第一节所阐述的课堂教学技能的概念和训练目标后,在接下来的每一小节中,学生要特别注意对每项课堂教学技能的记忆、理解和实际运用,并根据训练参考方法和评价参考标准进行专项训练和评价。

第一节 课堂教学技能及训练目标

一、课堂教学技能

课堂教学技能又称上课技能,是指教师在一定教学理论的指导下,在教学实践中经过反复练习而逐步形成的能够迅速、准确、娴熟地开展课堂教学,及时、有效地完成课堂教学任务的一系列教学活动方式的总称。教师的课堂教学行为的方式是多种多样的,具体包括导入新课的行为、讲解行为、创设课堂教学情境的行为、举例行为、提问行为、答疑行为、反馈与强化行为、组织管理行为、板书行为、演示行为、布置课外作业行为、教态变化行为以及结束教学行为等。课堂教学技能亦可分为与上述课堂教学行为相对应的技能,即导入新课的技能、讲解技能、创设课堂教学情境的技能、举例技能、提问技能、答疑技能、反馈与强化技能、组织管理技能、板书技能、演示技能、布置课外作业技能、教态变化技能以及结束教学技能等,它是教师给学生传授知识和技能的全过程。

课堂教学的实践性很强,任务也十分具体。课堂教学活动的正常开展和课堂教学任务的顺利达成,需要教师掌握相应的课堂教学技能。教师掌握的课堂教学技能的强弱是决定课堂教学质量优劣的关键。课堂教学技能是保证教师顺利开展课堂教学工作和完成课堂教学任务,促进学生掌握学科知识、开发智力、发展能力与体力、形成特定价值观和良好个性的重要因素,直接决定着教师课堂教学的进展状况、课堂教学的效率和效果。教师能够迅速准确、娴熟地驾驭教学内容,掌握教学进程,维持课堂秩序,运用教学方法,这是保证教学时间得到充分有效利用和全面实现教学目标的重要前提。

二、训练目标

教师的课堂教学技能是教师在课堂教学实践中,经过反复练习或训练而逐步形成的。同掌握常规教学技能一样,教师也应从提高认识入手,通过提供范例、明确要求、进行考评与奖惩等措施,达到同常规技能一样的训练总目标。即教师在了解课堂教学技能的有关知识、方法和基本要求的基础上,接受训练或自我练习,掌握课堂教学的各项技能,并在此基础上提高课堂教学技能的水平。技能是通过反复练习而获得的,课堂教学技能具有综合性强、复杂程度高的特点,虽然教师都有一定的课堂教学实践经验,但课堂教学技能训练不是一件容易的事。因此,教师在进行课堂教学技能训练时,首先要对专业技能进行科学分解;其次从低到高,由浅入深,从单项技能训练到综合技能训练,形成一整套规范的课堂教学技能。教师的具体做法是:提高对掌握课堂教学技能必要性的认识;掌握课堂教学技能的有关知识和理论;掌握并逐步灵活运用各种课堂教学技能;增强训练意识和创新意识;等等。教师要形成一套具有独特风格的课堂教学技能体系,进而促进英语教学水平和教学效果的提升。

☞ 复习思考题

1. 什么是课堂教学技能?
2. 教师为什么要强化课堂教学技能的训练?

☞ 真题再现

【2015 上 高中】图 3-1 是某英语教师在阅读课第一课时,教案中设计的教学目标。

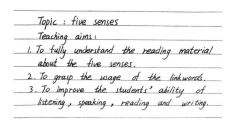

图 3-1 教学目标

根据所给的信息从下列三个方面作答:
(1) 总体评价该教学目标的合理性;
(2) 分别评析上述三项目标;
(3) 分别修改各项教学目标。

第二节 教态培养

教态体现了一名教师的形象,包括教师的仪容、风度、情绪、表情、身姿、动作和目光等,是教学艺术性的重要表现。

一、功能

为了更好地达到教学目的,教师在教学的不同阶段可以利用教态来吸引学生的注意,更生动地传授知识和交流情感,对于学生接受信息具有重要的强化作用。

教态也是一种信息,有助于提高教学效果,教师可以通过教态向学生传达信息和传授知识,感染学生的情绪,增强知识讲解的效果,开发学生非智力因素,影响学生的修养。教师良好的教态能够体现其人格修养、气质和整体素质,使学生感到亲切。

二、构成要素

(一)着装

教师的着装在学生的视野之中,自然而然也影响着学生。因此,教师的着装在紧跟时代的同时,应力求整洁、文雅、端庄和大方,能够展示教师的职业风采和职业魅力,反映教师良好的精神面貌。教师在着装时要注意以下禁忌原则:忌脏、忌露、忌透、忌短、忌紧和忌异等。

(二)面部表情

(1) 教师的目光要亲切,与全班学生视线交流的时间不低于上课时间的60%,不要过多地注视某部分学生,而使其他学生受到冷落和忽视。在教学过程中,教师可以用眼神表示肯定或否定,要做到肯定中有期待,否定中有鼓励,亲切中有严肃,容忍中有警告。

(2) 教师要含蓄地微笑,轻声笑,不宜咧嘴大笑或嘻嘻哈哈或断断续续地嘿嘿发笑,不宜使用网络用语"呵呵"等。

(3) 教师的喜怒哀乐不宜表露太过、太直白,课堂上不能对学生有冷淡面孔或恶面孔等。

(三)身姿

(1) 进。教师在走上教室的讲台时,要做到胸部挺直、头部平正、端庄大方、温文尔雅、精神饱满、欢快而严肃、可亲又可敬。

(2) 站。教师讲课时要站稳、挺直,手不乱摸,腿不乱抖,双手不要撑在讲台的桌子上,也不要插在裤兜里。

(3) 位移。教师讲述、演示、板书、朗读、与学生进行语言交流等应是一个流畅的动态过程,不可僵硬、呆板地站立在讲台上。此外,教师也不要过于频繁地走动,要控制走动的幅度和速度,不要做分散学生注意力的动作。

(四)肢体语言

肢体语言是一种重要的交流方式。中小学生的英语词汇量有限,教师出于英语授课的基本要求,需要更多地运用手势和表情来辅助教学。手势一般要靠小臂和手的活动来完成,教师在课堂上的主要手势有:

(1)点。教师指点黑板的词句或挂图上的内容,或向学生发出指令。

(2)划。教师比画,模拟再现空间形状和形式。

(3)压。在表示缩短、挤压时,教师的两手手心相对;在表示安静、暂停时,教师的两手手心向下压。

(4)抬。教师的手心向上,示意学生齐声读或站立。

(5)挥。教师在表示气愤、决心、果断和誓言时,一般手部采用圆弧形动作。

教师在使用这些手势时,应该在柔慢中隐含刚劲,徐缓中透出坚定。直线动作、圆弧形动作、快动作、慢动作、大动作和小动作等要随着教学整体发展而适度变化,并与语言、表情和身姿等有机配合。

三、主要原则和基本要求

教师教态的主要原则是:知识水平与人格形象高度统一;生理素质、健康状况与文化修养统一;教学过程、步骤、方法和手段统一;视、听、动协调统一;适当模仿与发自内心的体验统一;教师个性与行为的整体育人效应统一。

教师教态的基本要求是:

(1)着装整洁、端庄。

(2)目光亲切,表情轻松,态度和蔼。

(3)举止文雅,精神饱满。

(4)面向全班学生,与学生视线交流的时间不低于上课时间的60%。

(5)善于用不同的眼神表情达意。

(6)根据教学需要,表现出发自内心的情感。

(7)一举一动要表达出对学生的喜爱、关心、信任和期待。

(8)位移幅度和频率适中,并根据教学内容与演示、讲解和板书等活动协调。

(9)各种动作要从容、敏捷和准确。

(10)没有不必要的动作,遇乱不急,受挫不躁。

四、训练参考方法及参考评价标准

(1)以小组为单位进行教学,互帮互纠。

(2)对着镜子自行演练并观察、反思和提高教态。

(3)利用微格教学实验室进行教学模拟,参照表3-1进行点评。

表 3-1　教态培养评价参考标准

	指标	满分	得分
1	着装整洁、端庄	10	
2	目光亲切,表情轻松,态度和蔼	10	
3	举止文雅,精神饱满	10	
4	面向全班学生,与学生视线交流的时间不低于上课时间的60%	15	
5	善于用不同的眼神表情达意	15	
6	根据教学需要,表达出发自内心的情感	10	
7	一举一动要表达出对学生的喜爱、关心、信任和期待	5	
8	位移幅度和频率适中,并根据教学内容与演示、讲解和板书等活动协调	10	
9	各种动作要从容、敏捷和准确	10	
10	没有不必要的动作,遇乱不急,受挫不躁	5	
	总分	100	

☞ 复习思考题

1. 教态的构成要素有哪些?
2. 教态原则有哪些?

第三节　课堂教学语言技能

课堂教学语言是指教师在课堂上组织教学所用的语言,它是一种以口头语言为主,书面语言、肢体语言与多媒体语言等为辅的特殊语言系统。

一、功能

课堂教学语言是教学信息的载体,是教师完成教学任务的主要媒介。教师在课堂上通过语音和语调的强弱变化来传递信息,交流感情。苏联教育家苏霍姆林斯基曾说过:教师的语言修养在极大的程度上决定着学生在课堂上的脑力劳动的效率。教师既可以通过课堂教学语言来讲解知识、组织和指挥教学活动,又可以通过课堂教学语言来开发学生的智力、感染他们的情绪。它既是一种工作的工具和手段,也是对学生进行听力和口语训练的内容、途径和方式。因此,教师的课堂教学语言技能是影响教学质量的重要因素。

二、原则

英语教学语言不同于其他学科的教学语言,具有其特殊性。英语教师使用的教学语言,具有讲授知识和语言示范的双重功效。因此,教师需要不断提升语言基本功,精心组织教学语言。课堂教学语言技能的原则是:

(1) 教师尽量多地用英语组织教学。
(2) 教师尽量用浅显易懂、学生能听懂的英语,适当使用母语辅助教学。

(3) 教师要注意课堂用语表达的准确性和语音语调的规范性。
(4) 教师要注意观察学生的表情,在重复重点和难点时,要适当调整语速。
(5) 教师要配合以眼神、表情和肢体语言,形象生动地描述和讲解知识。
(6) 对于讲解中的生词、难点和重点,教师应配合以板书或 PPT。
(7) 课堂教学语言与其他教学手段(如直观教具、简笔画和多媒体等)密切配合。
(8) 教师要注意语言的启发性,激发学生的学习兴趣、求知欲和应答主动性。
(9) 教师要注意语言的韵律和节奏感、语速的快慢和音调的高低等要符合教学内容的需要。
(10) 教师要注意用嗓的技巧,音量以后排学生能听清楚为宜,最好能做到音质优美、圆润和悦耳,具有穿透性。

三、基本要求

课堂教学语言具有重要作用。在课堂教学中,教师说话的语调、音量和节奏对学生的课堂注意力和情绪的影响很大。因此,教师需要进一步明确教学语言的要求,保证其正面、积极的影响得以发挥,其负面、消极的影响得以避免。

(一) 语调正确

根据教学内容的不同,教师可以在教学过程中运用不同的语调,如表示愤怒、惊异和号召等时用升调;表示沉痛、迟钝和悲伤时用降调;表示安静、庄重和肃穆时用平调;表示幽默和惊奇时用曲折跌宕的语调;等等。

课堂教学语言不同于报告式、念经式和背书式的语调。教师只有学会用十几种语调说同一句话的时候,才具备调动学生情感、兴趣和注意力的能力,才具备有效指挥学生学习活动的能力。

(二) 清楚规范

教师的课堂教学语言是学生学习的样板,如果教师想培养学生正确使用语言的良好习惯,则应当给学生做出榜样,英语教师尤其如此。英语教师无论是讲汉语还是讲英语,吐词都要清楚规范。教师在讲汉语时普通话要过关,克服方言的影响,改掉滥用口头语、说半英半汉句子的习惯,克服概念不清和逻辑混乱的修辞表达。在学生学习的初级阶段,教师要注意让学生把每个字母、每个音节、每个意群和每个句子都在强烈的韵律和节奏的基础上读清楚。

(三) 语速适当

课堂教学语言的语速一般比生活用语要慢。特别是教师在讲解新内容、呈现新语言材料及学生还未掌握的语言材料时,应该使用比平时慢得多的语速。只有学生完全理解和掌握以后,教师才可以使用正常的语速讲解。此外,教师在讲解过程中,还应该有适度的停顿和重复。

(四) 音量悦耳

音量悦耳的主要标准是:使每个位置上的学生都毫不吃力地听清楚教师说出的每一

句话和发出的每一个音节。如果教师的音量过高,则会影响学生思考,让其产生烦躁的感觉;如果教师的音量过低,则学生听不清楚,容易分散注意力,产生昏昏欲睡的感觉。

(五)与书面语言、教态相互配合

书面语言主要是指板书、多媒体呈现等,教态主要是指肢体语言。教师只有根据教学内容和学生交际能力的实际情况,恰当地运用书面语言和教态,才能使课堂教学语言生动、形象和有声有色。教师使用表演式的语言,会给学生留下深刻的印象。

(六)具有教育性

教书育人是教师的根本任务,是其职责所在。教师在课堂上的教学语言,应该既向学生传授知识,又对其进行思想教育;既使学生掌握应会的英语知识,又使学生懂得做人的道理,具有正确的世界观、人生观与价值观。简而言之,教师的课堂教学语言不能仅仅注重知识性而忽略教育性,教师要进行世界观、人生观和价值观的传递,让学生能够正确对待中西方文化差异,进而提升课程思政的育人实效。

(七)具有互动性

课堂的一切话语都离不开"语言"这个媒介,教师主要通过自己的教学语言安排学生活动和了解学生的学习情况,让学生明了教师的教学意图、理解教学内容。但教师容易忽视的是,学生也必须通过自己的语言参与课堂活动、强化认知过程,以及表达学习中的认知和情感需求。在素质教育取向的英语课堂教学中,课堂语言结构是复杂多样的,具有交互的、师生互动的特点。教师使用英语的数量和质量,学生使用语言,特别是用英语进行真实课堂交际机会的多寡,都直接影响着学生学习英语的效果。

(八)合理使用英语和母语

教师在课堂上使用英语和汉语时,应坚持"尽量使用英语,适当利用母语"的原则。良好的英语语言环境是学习英语的一个十分重要的客观条件,教师必须带头说英语,用英语组织课堂教学。教师应该用学生能听懂的英语讲课,并且不断变换和丰富课堂用语,为学生营造浓厚的英语氛围和环境,创造良好的英语听说环境,帮助学生复习巩固学过的语言知识。只有学生在用英语听说确有困难时,教师才可以使用汉语作为辅助。

四、教学示例

例 3.1:课堂教学语言方式 1。
T:What is the official language of Canada?
S:English and French.
T:Good.

例 3.2:课堂教学语言方式 2。
T:Let's look at the first paragraph. This paragraph mainly tells how large Canada is, or simply, about the size of Canada. Do you have problems with this paragraph?

S：No.

例 3.3：课堂教学语言方式 3。

T：What does the last part of the text tell us, S1?

S1：About energy, and ... and about geography.

T：You think it's about geography? Why do you think so?

S1：It says, ... , "Five lakes".

T：Lakes are something relating to geography, but I'm afraid the lakes are mentioned here to show there's rich fresh water resource in Canada, do you agree? So, generally, this part tells us the natural resources of Canada.

S1：But is natural resource also geography... Mm... part of geography?

T：To a certain extent you are right. Keep your habit of thinking actively.

例 3.1 是最常见的课堂教学语言方式,即"发问—应答—反馈",而其中的发问者总是教师而非学生,提问大多限于课文的浅层意义,学生可以直接从课文中找到答案,因而,多数情况下教师给予肯定。

例 3.2 也是课堂中常见的课堂教学语言方式,即教师独自持续地讲解,学生基本不回应。

例 3.1 和例 3.2 的共同点是以教师为中心,学生始终是被动接受的一方。

例 3.3 则不一样,教师和学生之间是双向交流的、互动的,发问者可以是学生,而不仅仅是教师;教师所提出的问题,不一定是从课文中直接选取的,因而师生可能出现分歧并围绕分歧进行讨论,甚至争论。课堂教学语言有利于学生学习语言,使学生成为课堂的积极参与者,语言能力得到快速提升。

五、训练参考方法及评价标准

(1) 以小组为单位演练本节中的任意两个例子。

(2) 将选用的例子改写成教案。

(3) 利用微格教学实验室进行教学模拟,参照表 3-2 进行点评。

表 3-2 课堂教学语言技能评价参考标准

	指标	满分	得分
1	语言准确、语音语调规范	10	
2	发音清晰	10	
3	适合学生的知识水平、经验、思想、情感、兴趣和理解能力等	10	
4	能启发学生思考	10	
5	叙述和讲解有条理性	10	
6	音调能调动学生的情感	10	
7	语速有变化,有适当的节奏和韵律	10	
8	音量悦耳、有穿透性	10	
9	与书面语言、教态相互配合	10	
10	尽量使用英语教学	10	
	总分	100	

☞ **复习思考题**

1. 教学语言与教学效果有何关系？
2. 用适当的语音、语调和语速练习下列课堂教学语言，注意书面语言和肢体语言的运用：

① Work in pairs /groups of four.
② Stand up/Sit down.
③ Listen/Repeat/Write/Speak…
④ Tick the right answer.
⑤ Come to the front.
⑥ When you have finished, raise your hands.

第四节 板书技能

板书是教师在课堂黑板上对教学内容进行高度概括，提纲挈领地反映教学内容的书面语言。板书是传统的教学媒体，对教师完成教学、学生掌握知识技能具有不可替代的作用。但是随着教师更多地使用多媒体辅助教学，板书作为教学的一种手段被越来越多的教师所忽视甚至抛弃，这是十分错误和危险的。

板书技能是教师在课堂教学中准确、有效、灵活地在黑板上以凝练的文字、符号、图表等传递教学信息的教学行为方式。板书分正板书和副板书两种。正板书一般为教学中心内容的总结和概括，写在黑板的中心；副板书往往写在黑板的两侧。正板书是教师课前精心设计的，是教案的有机部分；副板书是教师授课过程中临时补充的文字或符号。教师即便使用多媒体（如PPT）辅助教学，也必须尽可能按照传统板书的要求加以使用，而不应该只是呆板地呈现在黑板上。

一、功能

板书是一种重要的教学手段，板书的好坏直接影响教师的教学效果。而且，板书对学生的影响也是全方位的。板书的优点是：可以体现教师的教学意图；揭示教材思路，突出教学重点和关键点，解决教学难点；便于集中学生的注意力；强化教学内容的直观性；便于学生巩固记忆；便于学生对教学内容形成整体印象；节省教学时间等。独具匠心的板书，既有利于教师传授知识，又能发展学生的智力；既能产生美感，陶冶学生的情操，又能影响学生形成良好的书写习惯；既能激发学生的学习兴趣，又能启迪学生的智慧，活跃学生的思维。精心设计的板书也被称为形式优美、重点突出、高度概括的微型教材。

板书的具体功能如图3-2所示。

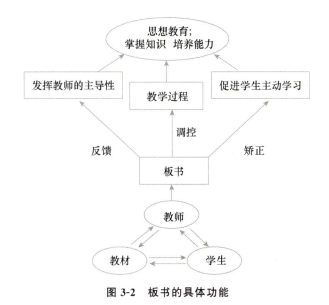

图 3-2 板书的具体功能

二、原则

（一）目的性

板书是为一定的教学目的服务的，偏离了教学目的的板书是毫无意义的板书。教师在设计板书时，要符合总的教学目的，体现教学意图；注意教材的特点和联系学生的实际；板书与讲解既要紧密结合，又必须有明确的目的性。

（二）简洁性

因为板书受到时间（教学时限）、空间（黑板）的限制，书写必须工整，所以教师在设计板书的过程中，应当抓住最本质、最重要的内容，做到少而精，以少胜多，以简驭繁。

（三）艺术性

教师要根据教材的特点设计板书。板书的设计要讲究艺术构思，做到形式多样化、内容系列化、结构整体化，以及表达情境化。充满趣味的板书，就像一幅美丽的图画，不仅给学生留下深刻的印象，形成理解和回忆的线索，而且给学生以美的享受，引起学生浓厚的学习兴趣，加深学生对所学知识的理解和记忆，增强学生思维的积极性和持续性。

（四）直观性

板书要依据教学内容的顺序与逻辑关系，做到层次分明、直观。板书的直观性表现在，能再现学生的思维过程；能用精炼的语句指导学生开展想象；能借用日常生活中熟悉的事物讲授教材中的内容，并帮助学生理解教学内容；教师在讲解完毕后，学生可以通过板书对所学内容一目了然，获得对知识的整体印象。

（五）启发性

板书不仅可以帮助学生学到教材上学不到的知识，还可以将知识归类，将内容串联、区别对比等。板书具有揭示旧知识与新知识之间的内在联系,把特殊典型的事例置于一般规律的形式之中以及寓抽象于具体之中的特点。

(六) 多样性

教学内容不同,板书形式也有所不同,即使不同教师教授同一个版本的教材,由于侧重点不同,板书的内容与形式也有所不同。

(七) 示范性

教师书写的板书要工整,必须遵循英文书写规律,做到书写规范、整齐。教师要把握英文书写的基本规则,字的大小以后排学生能看清楚为宜。教师书写的板书除了传授知识以外,还具有引导和训练学生养成良好的书写习惯的作用。

(八) 系统性

板书要能揭示教材内容的内在逻辑关系,这是从内容上对教师的板书语言提出的更高要求,对培养学生系统性、整体性和有逻辑性的英语思维能力十分重要。

(九) 计划性

板书是教师备课时不可忽视的一个重要环节,板书和口头讲述是同步进行的。教师在上课之前,对于板书内容出现的顺序、内容之间的呼应和联系,语句的详略、长短和取舍,布局位置的调整,符号的运用,板书与讲解的配合、与其他教学活动的配合等,都要进行周密、细致的考虑。

(十) 灵活性

教师设计的板书只有因势变通,在布局和内容上具有一定的灵活性,才能在教学时准确而灵活地运用板书。

(十一) 条理性

板书具有直观、形象、概括和层次分明的优势。如果要发挥板书的优势,则教师在设计板书时必须做到层次清楚、条理分明、主线清晰、枝蔓有序,用板书体现和加强讲解的作用。

(十二) 同步性

板书是教师在教学过程中自然而然形成的,而不是事先写出来的。板书的同步性表现在,板书与教学内容协调统一、与教师的讲解协调统一,以及与教师所使用的多媒体协调统一等。

(十三) 形象性

教师在书写板书的过程中需要运用线条、符号和图表等抽象材料。教师书写的板书要体现图表规范,具有直观性,从而吸引学生的注意力,达到教学目的。

总之，板书有法，但无定法。它是随着教学要求、教材特点、教师水平及学生实际情况的不同而变化的。板书设计的关键在于，教师要灵活运用、巧妙构思、大胆创新，这样才能取得良好的教学效果。

三、布局

板书的布局主要有以下三种：

（一）中心板

中心板的布局是以黑板中心为主板，自始至终保持整洁，板书内容不要轻易擦掉。黑板两侧留有少许板面，以辅助进行板书，随用随擦。

（二）两分板

两分板的布局是将黑板一分为二，左侧为主板，右侧为副板。

（三）三分板

三分板是以黑板左侧为主板，上课过程中板书内容始终保留；中间部分为副板，用作小标题的板书；右侧为机动板，供临时补充说明等。

四、形式

教学板书的形式很多，主要有以下八种：

（一）表格式板书

表格式板书适用于将语法项目或词语归纳列表，这种板书清晰直观、方便，易于学生进行练习。例如：

例 3.4：呈现句型结构的表格式板书（见表 3-3）。

表 3-3　呈现句型结构的表格式板书

How much bread/milk	do you	need?
How many eggs/cakes		want?
		have?

例 3.5：组织学生练习一般现在时第三人称单数的疑问句的表格式板书（见表 3-4）。

表 3-4　一般现在时第三人称单数疑问句的表格式板书

6:00	get up, wash
6:20	do morning exercises
7:00	have breakfast
7:30	go to school
8:00	have classes
12:00	have lunch
17:00	go home

（二）提纲式板书

提纲式板书是指把教学内容按照层次关系用简洁的语言和清晰的条理，列成一个提纲。这种板书内容层次分明、突出重点、易于掌握。例如：

例 3.6：词类提纲式板书。

1. 名词：可数名词（单数、复数）
2. 复数的构成
   (1) ＋s；
   (2) ＋es；
   (3) y → i＋es。

例 3.7：提纲式板书（见图 3-3）。

Madame Curie's Life	Madame Curie's Courage	Madame Curie's Virtues
1867：Born in Poland	1891：Arrived in Paris 1895：Married Pierre Curie 1898：Discovered polonium and radium 1903：Won the Nobel Prize in Physics 1906：Pierre Curie died in an accident	Marie Curie took her place and became the first female professor in the world 1911：Won the Nobel Prize in Chemistry

图 3-3　提纲式板书

（三）流程图式板书

流程图式板书是指将某一过程按照其组成部分的发展和联系，用文字、数字、线条、关系图和箭头等表示出来或进行分析、归纳和推理。例如：

例 3.8：流程图式板书（见图 3-4）。

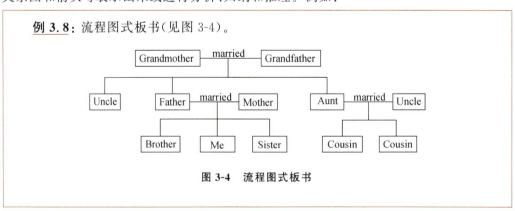

图 3-4　流程图式板书

（四）并列式板书

并列式板书是以多层横排出现的板书，各层之间的关系是并列的。并列式板书的特点是格式整齐、条理清楚。这种板书可以帮助学生加深理解和记忆。例如：

例 3.9：并列式板书。

1st　blind man→placed his hand→side→like a wall
2nd　blind man→grasped→(one of)tusks→like a spear
3rd　blind man→took hold of→nose→like a snake
4th　blind man→closed his arms→leg→like a tree
5th　blind man→caught hold of→ear→like a fan
6th　blind man→got hold of→tail→like a rope

（五）联想式板书

联想式板书的形式是以某一知识点为辐射源，把意义上或形式上有关联的一组词围绕中心词向四面八方辐射开来。教师采用联想式板书进行复习、学习词汇等，能收到事半功倍的效果。当下流行的思维导图即是联想式板书的一种创新形式。

（1）教师采用联想式板书进行复习、学习词汇。例如：

例 3.10：联想式板书 1（见图 3-5）。

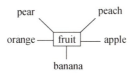

图 3-5　联想式板书 1

例 3.11：联想式板书 2（见图 3-6）。

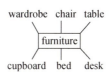

图 3-6　联想式板书 2

（2）教师采用联想式板书总结课文大意。例如：

例 3.12：联想式板书 3（见图 3-7）。

```
                  facial expressions
                          |
ways of touching ———  body language  ——— gestures
                          |
                   rules of distance
```

图 3-7　联想式板书 3

例 3.13：联想式板书 4（见图 3-8）。

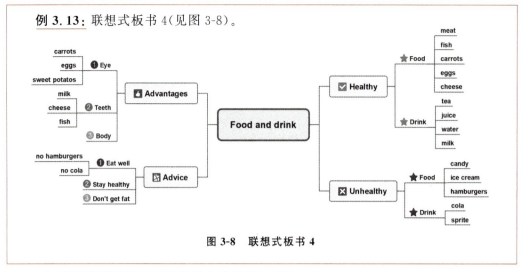

图 3-8　联想式板书 4

（3）教师采用联想式板书进行文化教学。例如：

例 3.14：联想式板书 5（见图 3-9）。

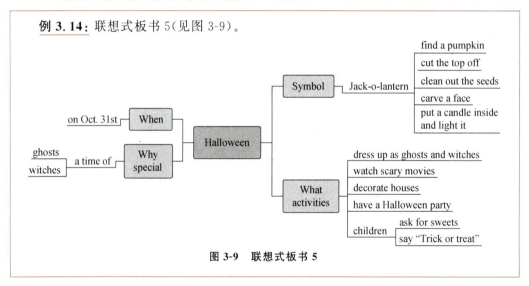

图 3-9　联想式板书 5

（六）直线式板书

直线式板书用于表达时间或逻辑线段，可以用于介绍和讲解时态。例如：

例 3.15：教师采用直线式板书讲授现在完成时（见图 3-10、图 3-11）。

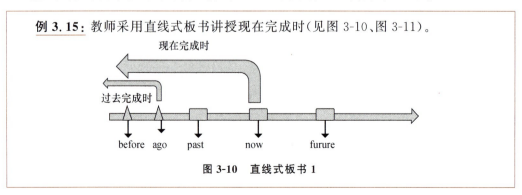

图 3-10　直线式板书 1

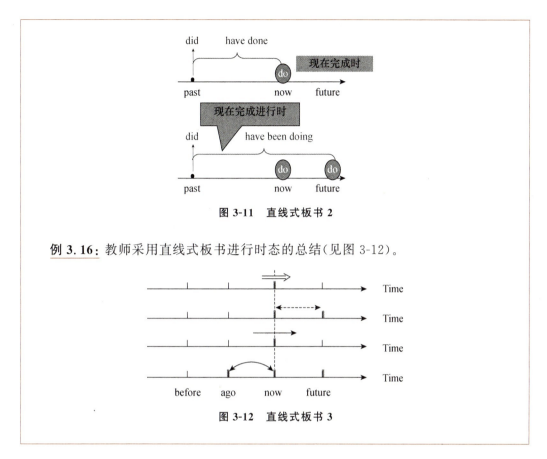

图 3-11　直线式板书 2

例 3.16：教师采用直线式板书进行时态的总结（见图 3-12）。

图 3-12　直线式板书 3

（七）斜线式板书

教师在讲授英语词汇时，可以用斜线来区分单词在意义上的细微差别。例如：

例 3.17：斜线式板书（见图 3-13）。

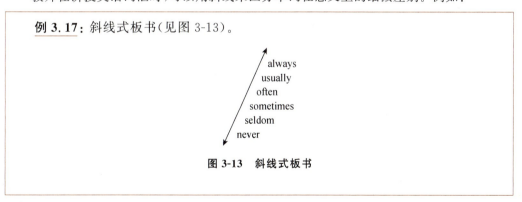

图 3-13　斜线式板书

（八）综合式板书

综合式板书是指教师将以上七种板书的形式任意组合，用于讲授所教的知识。例如：

例 3.18：教师将表格式板书和流程图式板书相结合讲授句型（见图 3-14）。

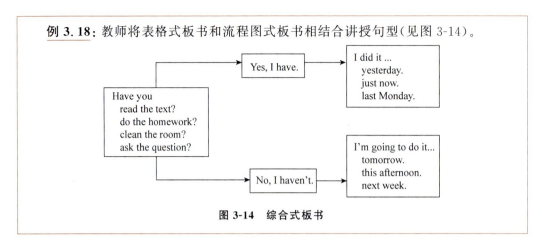

图 3-14　综合式板书

五、训练参考方法及参考评价标准

（1）以小组为单位演练本节中的任意两个例子。
（2）将选用的例子改写成教案。
（3）利用微格教学实验室进行教学模拟，参照表 3-5 进行点评。

表 3-5　板书技能评价参考标准

	指标	满分	得分
1	突出教学重点和难点	20	
2	提纲挈领，概括性强	10	
3	清晰、醒目，有条理性	15	
4	布局合理，不拥挤、不松散	15	
5	根据教学内容及其内在联系，设计灵活	15	
6	书写工整，正确，规范，不潦草	10	
7	与口头语言、教态相互配合	15	
	总分	100	

☞ 复习思考题

1. 举例说明板书的功能。
2. 板书的形式有哪些？
3. 为下面一组单词设计出恰当的板书形式：
　　house tree fish car bike family member clothes sports near close
4. 为下列句子设计直线式板书：
（1）I've lived here for 3 years.
（2）He had learned 2000 words by the end of last week.
5. 找出图 3-15、图 3-16 中板书设计的问题，并给出改进意见。

market
does
No he doesn't
station
mango
Does Peter like bananas
HW
p.6 Ex.3
Work
I go to the market
go
walk
mangoes
orange
she goes - we go

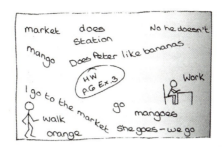

图 3-15　板书设计 1

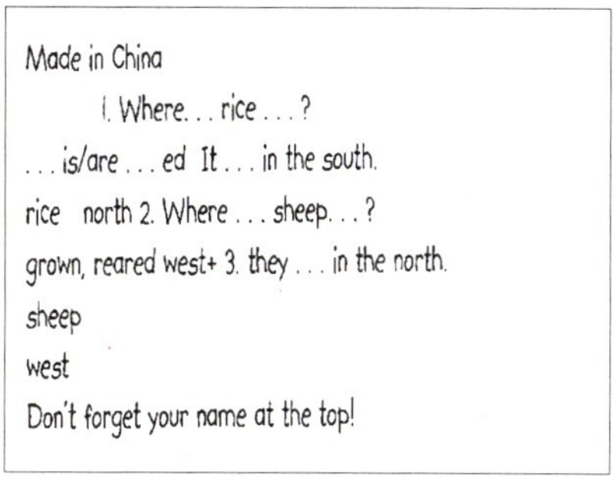

Made in China
1. Where... rice...?
...is/are...ed It... in the south.
rice north 2. Where... sheep...?
grown, reared west+ 3. they... in the north.
sheep
west
Don't forget your name at the top!

图 3-16　板书设计 2

第五节　导入技能

导入技能是指课堂教学活动开始时教师运用一定的方式创设学习情境，激发学生的学习兴趣，恰如其分地吸引学生注意力，使他们关心和联系课上所要涉猎的主题内容，从而引入新课的技能技巧。作为课堂教学的一个重要环节，导入一般从一堂课的开始进行，有时也贯穿在课堂教学之中。良好的开端是成功的一半，精彩的导入无疑会为课堂教学的顺利进行奠定良好的基础。因此，英语教师了解并熟练地掌握导入技能就显得尤为重要。

导入技能的训练目标包括：

（1）教师要了解和认识导入技能的重要作用以及教学导入要达到的效果。

（2）教师要熟悉导入方式的基本类型及中小学英语教学中常见的导入方式。

（3）教师要掌握导入方式的基本要求，在练习的基础上，能够逐步达到熟练、准确和迅速运用的程度。

一、功能

导入是课堂教学以及其他教育活动的起始环节，是在课堂教学活动开始时教师引导学生进入学习状态的行为方式。导入主要有以下功能：

（一）凝聚——指向作用

凝聚是指把学生的注意力集中到课堂教学活动上。学生在课前的活动、思绪是多种多样的。上课铃响后，教师需要及时地把他们的注意力从上节课（或课间其他活动）的思绪（或活动）中转移和集中到英语课堂教学上。新颖别致、生动形象的导入，能及时、有效地集中学生的注意力，把全班学生的注意力凝聚在教师身上，以及即将开始的教学内容上。

（二）激发——深化作用

激发是指教师能激发学生对新授课程内容的兴趣，燃起学生思维的火花，将学生思维引向教学主题。教师恰如其分、引人入胜地导入，能强烈地激发学生的学习兴趣，使学生对即将开始学习的新的教学内容产生积极的认知倾向。兴趣是最好的老师，是学生学习的内在驱动力。这种内在驱动力能明显地提高学生的学习效能。好的导入还能使学生在产生学习新课愿望的基础上，不断发展学习兴趣和提高认知水平。

（三）消惧——置信作用

消惧是指消除学生对英语新课的惧怕和怀疑心理，使学生对新课和教师产生友好感、亲切感。这是因为好的导入能增强新课的趣味性，使学生产生愉悦感和紧凑感，因而能够有心情愉快、情绪饱满、注意力集中和思维活跃的良好状态。此外，好的导入能使学生对教师产生尊重感和信任感，这是提高教师教学效果的重要前提。

（四）铺垫——拓展作用

好的导入能为整节课的顺利进行奠定良好的基础，并能由此使教学内容进一步拓展，把教学的演绎不断推向高潮，产生良好、积极的连锁反应。

由于导入行为具有上述作用，因此教师应重视课堂教学导入的训练，熟练掌握导入的技能技巧。

二、基本形式

教师要熟悉导入的基本形式，以便选择适合的课堂教学导入方式。

（一）直接导入

直接导入又称开门见山式导入，即教师在上课开始后，开门见山地介绍本节课的教学目标和要求、各个部分的教学内容和教学进程等，让学生了解本节课的学习内容以及要解决的问题，以此引起学生的有意注意。例如："Today we're going to talk about clothes. We're going to say what clothes people are wearing. Then, you're going to write about your clothes. And if there's time, we'll read something about clothes as well."

（二）复习式导入

复习式导入是最常用的课堂教学导入方式之一。它的特点是教师以学生在课堂上已经掌握的知识或在日常生活中已经积累的知识为基础，将其发展和深化，引导出新的教学内容，以达到温故知新的目的。英语学科的教学内容，章节之间、课文之间、单词之间都有一定的内在联系。因此，教师在讲授新知识时应考虑新旧知识之间的联系，更好地利用与新课内容有密切关系的、学生在课堂中已经掌握的知识，或者学生在日常生活中已经积累的知识，以此设计导入语，引出新的内容。这样的导入，不仅可以帮助学生巩固已学的知识，加强新旧知识之间的联系，使学生易于明确本节课的教学目的、任务和重点，而且也易于激发学生探求新知的欲望。

> **例 3.19**：复习式导入新课 1。
> 教师从复习情态动词 can 入手，导入新知识 can 的过去式 could：
> "Look, I can do a lot of things. What can I do? I can sing."（画出几个五线谱并鼓励学生和教师一起说出动词"sing"）"I can ride a bike."（画出小人骑自行车的简笔画并鼓励学生说出动词短语"ride a bike"）"I can swim."（画出游泳的简笔画并鼓励学生说出动词"swim"）"I can play tennis."（画出网球拍的简笔画并鼓励学生说出动词短语"play tennis"）"Ten years ago, I could sing, and I could ride a bike, but I could not swim. I could not play tennis."
>
> **例 3.20**：复习式导入新课 2。
> 教师在教学副词比较级、最高级时，可先带领学生复习已学过的形容词比较级、最高级。例如，教师利用图片来提问，请学生问答：
> T：Who is taller, Mike or Tom?
> Ss：Tom is taller than Mike.
> T：Who is the tallest, Mike, Tom or Jack?
> Ss：Jack is the tallest of the three.
> 在复习以上句型后，教师再利用另一幅三人跑步的图片，接着提问：
> T：Who runs faster, Mike or Tom?
> Ss：Tom runs faster than Mike.
> T：Who runs fastest, Mike, Tom or Jack?
> Ss：Jack runs fastest of all.
> 通过问答，教师引导学生体会并讲解形容词和副词的比较级、最高级，以及比较级和最高级的区别。

（三）提问式导入

提问式导入也是最常用的一种课堂教学导入方式。教师通过提出一些与新课内容有关的、学生已经了解的有趣的问题，激发学生想要了解该问题的好奇心，进而导入新课。

例 3.21：提问式导入新课 1。

T：Have you ever heard of Walt Disney?

S1：Yes, I have. He was a great filmmaker.

T：Do you know how Disney got idea for his first cartoon character?

例 3.22：提问式导入新课 2。

在导入宾语从句时，教师可以在 PPT 上展示一张遮住头像的照片让学生猜，从而引出宾语从句。

T：Do you know who she is?

Ss：We don't know.

T：Can you guess? I think she is a girl. Who do you think she is?

S1：I think she is your friend.

S2：I think she is a teacher.

S3：I think she is our Chinese teacher.

S4：I think she is your daughter.

……

教师在黑板上写出：I think she is a teacher = I think that she is a teacher.

（四）悬念式导入

悬念式导入是指教师利用上课前几分钟的最佳时机，通过设疑和制造悬念来吸引学生的注意力，从而把问题导入新课之中。

例 3.23：悬念式导入英文书信写作课。

T：As you know, friendship is one's dearest possession. But what can you usually do to keep in touch with your friend?

S1：I can phone/visit/go to see him…

T：Yes, but do you know how to write a letter in English?

例 3.24：悬念式导入新课。

T：I have just come back from Wuxi and I visited some famous places there. For example, I went to visit Taihu Lake because I heard that Taihu Lake is beautiful. There's a song called *Beauty of Taihu Lake*. Have you ever heard of this song?

(Students give answers.)

T：But when I saw Taihu Lake with my own eyes, I felt very disappointed. Do you know why?

S1：The water is dirty.

S2：The water is polluted.

T：Yes, you are right. The water is not clean. The water is polluted. Do you know how the water is polluted?

S3：People throw waste into the lake.

例 3.23 比教师开门见山提出"Now let's see what an English letter should be."的导入方式要好,因为这样既可以培养学生的口语表达能力,也可以调动学生的想象力。

(五) 直观演示式导入

直观演示式导入是指,教师让学生观察实物、模型、图表、图画、简笔画、多媒体或运用形象化的语言等,引起学生对即将讲授内容的关注,然后引导学生在观察中提出问题,使学生从解决问题入手,从而自然而然地过渡到课堂教学的导入方式。

> **例 3.25**:用实物导入新课。
>
> 例如,为了引起学生的兴趣,教师可将一个洋娃娃事先放在书包里,让学生猜。当学生猜不出来,教师拿出洋娃娃时,全班学生会哄堂大笑。这时,学生的情绪被调动起来,他们精神集中,好奇心被引发,教师便可以按步骤讲述课文。
>
> T:Look! What's this in English?
> Ss:It's a school bag.
> T:What's in it?
> Ss:There are some books.
> T:No.
> Ss:There are some apples.
> T:No.
> T:It's a toy, a doll.
> (Students Laugh.)
> T:She's a baby, a girl, Aunt Huang's baby. Aunt Huang's mother is ill. Aunt Huang must take her mother to the hospital. But she can't leave her baby by herself. Who can look after her?
> T:Can you, S1?
> S1:Sorry, I can't.
> T:What about you, S2?
> S2:Sorry,…
> T:But this boy can. I'll tell you a story. It's about a boy who looked after a baby on one Saturday afternoon…

这样设计的语境和情节,使书本中静止的知识变成有声有色的情境画面,转化为动态信息传递给学生。学生的几种感官同时被调动,他们会兴致高昂地学习。例如,教师可以播放迈克尔·杰克逊的 MV——*Earth Song* 来导入新课 *Save Our World*,相信每一名学生都会被宏大悲壮的画面所震撼,自觉去保护我们的绿色美好家园——地球。

(六) 情境式导入

情境式导入是指教师可以通过语言、简笔画或歌曲等创设情境来导入新课。

> **例 3.26**：情境式导入新课。
> 教师在讲授 have to 表示某种义务时，可以这样口头创建情境：
> Now Jim wants to go to the cinema. He telephones Bill, but can Bill go? I'm afraid he can't. Why not? Because he has a lot of work to do. Bill must do his homework after school.

（七）故事式导入

故事式导入是指教师适当地选讲与新课内容有关的故事、趣闻轶事等导入新课的一种方式。教师适当地讲授一些与新课有关的故事片段，不仅能引起学生的兴趣，使学生的注意力迅速集中，而且有利于培养学生的思维能力，加深学生对新课内容的理解。

> **例 3.27**：故事式导入新课。
> Marathon was a village on the plain of ancient Greece, northeast of Athens. In 490 BC, the Greek army defeated the Persians there. Then a soldier named Philippines was sent to bring the good news to the Athens. The soldier was so eager to tell the news to his fellow citizens that he ran very fast, and after he told the news to his fellow citizens, he died of exhaustion. It is to celebrate his heroism that the marathon competition was created.

（八）游戏式导入

游戏式导入是指教师在课前充分利用教材内容，精心设计一系列知识性和趣味性较强的听、说、读、写教学游戏。学生可以边做游戏，边学习新知识。

游戏的种类多种多样，如传话、捉迷藏、小哑剧和找朋友等，学生可以在游戏中开动脑筋、思考问题。

> **例 3.28**：教师用传话游戏导入新课。
> (1) 教师按座位把学生分成若干个纵列小组。
> (2) 把事先写好的句子发给每组的第一名学生。
> (3) 第一名学生把句子小声传给第二名学生，以此类推。
> (4) 每组最后一名学生说出该句是什么。教师问每组最后一名学生："What does he/she say?"然后，教师要求学生用"He/She says..."说出听到的句子，导入新课。

（九）名言警句式导入

名言警句对学生有启迪和警示作用。教师采用名言警句导入新课，不仅可以让学生积累一些英语名言警句，扩大学生的知识面，丰富学生的英语知识，加深他们对语言的理解，也有利于学生更进一步了解英美文化。

> **例 3.29**：名言警句式导入新课。
> 教师在讲授 Heroes 课文时，可以介绍邓亚萍从奥运冠军到剑桥博士，不断超越自我的故事，设计导语如下：
> "Where there is a will, there is a way." Have you ever heard a world champion of table tennis called Deng Yaping? Do you want to know more about her? Now open your books and try to make it clear how she showed her courage and strength.

（十）生活实例式导入

生活实例式导入是指教师利用学生生活中熟悉或关心的实例导入新课的一种方式。教师可以选取学生生活实际的某个层面、某个元素嵌入教学活动中，既能让学生接受，又能顺利引入新课。

> **例 3.30**：生活实例式导入新课。
> T：My nephew Peter has a problem. He wants to be a translator, but his English is not very good. Are you satisfied with your English?
> S1：My spoken English is too bad.
> S2：I can not memorize the words.
> S3：I am not good at writing compositions.
> T：You have so many problems. But don't worry. The lesson we're going to learn today will offer you solutions.

（十一）铺垫式导入

学生受认知能力和知识面的限制，他们对部分课文的背景不甚了解，如果教师直接进入新课的讲解，就会影响学生对课文内容的理解，不利于学生掌握知识。对此，教师可通过简要介绍有关背景或补充有关资料来导入新课。

> **例 3.31**：铺垫式导入新课。
> Walt Disney was a famous artist of America. He developed the most famous cartoon characters—Mickey Mouse and Donald Duck when he was in his thirties. He wanted to be an artist when he was young, and did not succeed. But he didn't give up. His family was poor at that time. He had to work in his father's garage. And finally, he succeeded. Now, do you know how he designed Mickey Mouse? Please read the text and find out the answer.

（十二）比较式导入

有些课的教学内容，表面上看很接近，但实际上是有区别的，有的学生容易把它们混淆起来。这类课采用比较式导入，既有利于教师运用已学知识促进学生对新知识的理解，又有利于学生区分新旧知识和新旧概念。

(十三) 测验导入

教师就上一节课或上一单元的重点内容进行测验,不仅有利于教师在短时间内全面了解学生对所学知识的掌握情况,而且有利于迅速集中学生的注意力。

(十四) 谜语式导入

谜语式导入是指教师让学生猜谜语,然后借用谜底引出新课。这种方法的优点在于,能引起学生的学习兴趣,集中学生的注意力,启迪学生的思维。

> **例 3.32**:教师在讲授 *My Classroom* 时,可以让学生猜教室中的设施,比如:
> An office worker doesn't get tired of making mistakes. Who is it? (谜底为 computer)

(十五) 辩论式导入

辩论式导入是指能够让学生身临其境、激发兴趣、明辨是非、提高能力的一种课堂教学导入方式。例如,教师在讲授 *Save Our World* 时,让学生就"People and nature are in harmony."和"People and nature are not in harmony."为题,展开激烈辩论,相信学生会受益匪浅。

(十六) 表演式导入

中小学英语教材中许多内容都可以改编成课本剧。教师可事先安排口语好的学生把课文改编成简单易懂的课本剧并在课堂上表演。教师从学生的表演中,逐渐导入新课。这种导课方式适用于故事性较强的课文。

三、原则和要求

课堂教学的导入类型是多种多样的,每个类型又包含若干种具体方式。教师在教学实践中选用哪种导入方式,应在考虑导入目的的基础上,遵循一定的原则和要求。课堂教学导入作为课堂教学的起始环节,要围绕教学目标来进行,不可喧宾夺主、舍本逐末。也就是说,课堂教学导入要以集中学生的注意力、激发学生对即将进行的课程学习兴趣、使学生明确新课的教学目标等为目的。教师在进行课堂教学导入时,要遵循以下原则:

(1) 短。即教师导入的语言要做到简短、明白、易懂,以生动有力、简洁明快的语言激发学生的学习兴趣和求知欲望。

(2) 新。即教师导入的语言要有新意,形式新颖,避免平铺直叙、千篇一律。否则,会使学生失去兴趣,产生导入"疲劳症",影响导入效果。但教师也不能过分夸张,更不能为迎合学生的好奇心理,而讲一些庸俗的东西。

(3) 精。即教师的导入语言要精练,讲解精彩,能抓住关键。切忌拖泥带水、词不达意、吞吞吐吐。

(4) 平。即教师导入的知识"坡度"不宜太大,由已知到未知的知识点要讲得准确,最好都在同一水平上或高出学生能够接受的程度,达到"跳一跳能够摘到桃子"的效果,这样易于使学生实现由已知到未知的转移。

（5）熟。即教师运用的导入方式、语言和动作的衔接、配合等要舒展自如、运用熟练。特别是教师在运用演示操作类导入时，一定要在课前进行预演，以避免课堂上出现演示操作不当、衔接不自如的现象。

（6）准。即教师导入的新旧知识衔接点要找准，语言要用准，不能随心所欲、漫无边际。导入的宗旨是为了新课教学，提高教学效果。因此，教师在运用导入时，一定要自然，要符合学生的心理特点、认知特点和教学内容的实际，不能为导入而导入，更不能在导入时牵强附会、信口开河，分散学生的注意力。

（7）快。即课堂教学要向时间要质量、要效益。因此，教师导入的时间不能太长，一般以 3 分钟为宜，尽量不要超过 5 分钟，以便教师有充足的时间释疑、解惑和操练等。

（8）活。课堂教学是师生的共同活动，教师在运用导入时，应充分调动学生学习的积极性和主动性，让师生的情感在上课伊始就得到交融。

四、训练参考方法及评价参考标准

（1）以小组为单位演练本节中的任意两个例子。
（2）将选用的两个例子改写成教案。
（3）利用微格教学实验室进行教学模拟，参照表 3-6 进行点评。

表 3-6　导入技能评价参考标准

	指标	满分	得分
1	导入目标明确	10	
2	导入内容与新知识联系密切	15	
3	导入方式灵活，自然进入新课	15	
4	能及时引起学生的兴趣，学生积极性高	10	
5	感情充沛，表达清晰	5	
6	衔接自然，运用自如	5	
7	用语规范、简洁、精炼，未使用母语	10	
8	交际性强	10	
9	时间适量	5	
10	以旧拓新，自然过渡到新语言材料的呈现	15	
	总分	100	

☞ **复习思考题**

1. 课堂教学导入技能在英语教学中的作用是什么？
2. 在英语教学中，你最喜欢采用哪一种（或几种）导入类型？为什么？

真题再现

1.【2019 上 初中】教学情境分析题:根据题目要求完成下列任务,用中文作答。

下面是某教师一节课导入环节的教学实录,单元话题为 Animals in Danger。

> T：Hi, class! Let's look at these pictures. Can you tell us what animals they are?
> Ss：Elephants!/Tigers!/Monkeys!
> T：Let's see what these animals can do. Can elephants swim?
> Ss：No.
> T：Can tigers swim?
> Ss：Yes.
> T：What animals do you like best? S1.
> S1：Pandas.
> T：Why do you like them?
> S1：Because they are cute.
> T：Great! Anyone else? Do you like tigers? S2.
> S2：Yes.
> T：Why?
> S2：Because they are brave.
> T：Can you tell us where they live?
> S2：In the zoo./In the forest./In the cage.
> T：Look!（pointing to the tiger in the cage）Why are they sad?
> S2：…

根据所给信息从下列三个方面作答：

(1) 分别举两个该教师运用封闭式提问和开放式提问的例子。

(2) 分析封闭式提问与开放式提问各自的一个优点和一个缺点。

(3) 分析该教师提问的两个特点。

2.【2018 下 面试 初中】

> 1. 题目：Describe Ways
> 2. 内容：
> A：Excuse me. Is there a hotel in the neighborhood?
> B：Yes, there is. Just go straight and turn left. It's down Bridge Street on the right. It's next to a supermarket.
> A：Thank you very much.
> B：You're welcome.
> 词汇：go straight, turn, down, next to.

3. 基本要求：
(1) 全英文授课；
(2) 重点练习词汇；
(3) 在教学过程中要配合相应的板书设计。

答辩题目

(1) 请谈谈你的导入环节。
(2) 在授课时你会用什么方法吸引学生的注意力？

第六节　呈现演示技能

一、呈现演示技能概述

呈现演示技能是指教师在课堂教学过程中，运用多种手段（如简笔画、挂图、手势、实物对话表演、音频和视频等）创设情境与环境，通过问答等方式来指导学生理解和掌握知识，传递教学信息的教学活动方式。

呈现演示技能是英语课堂教学的核心环节之一，也是 3P（即 Presentation，Practice，Production）教学模式的第一步。在呈现演示技能阶段，教师必须将教学内容按照学生的认知能力和规律组织、改造，使知识的意义清楚明了、简单易懂。对于一个新的英语知识，教师应明确呈现给学生以下内容：

(1) What does it mean?
(2) How and when is it used?
(3) What does it sound like?

学生对新语言材料的认识不是一步到位的，从感性认识到理性认识需要一个过程。教师运用呈现演示技能，可以让学生感知和理解新语言材料，因此，教师应想方设法让新知识在学生头脑中留下深刻印象，并通过精心创设的有意义的语境，帮助学生理解新知识。

二、功能

(1) 呈现演示技能是课堂教学的重要手段。在呈现演示的过程中，教师既是讲解员，又是示范表演者。教师要充分发挥主导作用，为学生创造一个良好的心理与认知环境，用自己的言行创设情境，并通过呈现演示技能来展示知识内部结构、相互关系和发展过程，帮助学生形成科学概念，更好地理解和运用语言。

(2) 呈现演示技能能调动学生学习的积极性，能给学生以感性、形象而具体的知识，使学生获得理解抽象知识所需的感性材料，有助于提高学生学习的兴趣。

(3) 呈现演示技能能加快学生学习的速度，有助于发展学生的观察力和形象思维能力。

（4）呈现演示技能有助于开发学生大脑的潜力，减轻学生学习的疲劳程度，提高教学效率。

三、基本形式

呈现演示技能的基本形式是情境创设，即教师在演示过程中充分利用形象，创设生动、具体的情境，激发学生的学习兴趣，从而引导学生从整体上理解和运用语言。情境创设可以用于呈现字母、词汇、句型、对话和课文等，具体方式包括实物、标本、模型、挂图、简笔画、多媒体、动作、面部表情、故事和游戏等。

（一）利用实物、标本和模型呈现演示

这类呈现演示的目的是使学生充分感知教学内容反映的主要事物，了解事物形态和结构的基本特征，获得对有关事物的直接感性认识。

> **例3.33**：利用实物介绍现在完成时。
> T：What's this?（拿出一个新包）
> Ss：It's a bag.
> T：Yes, it's a bag. It's my bag. Is this bag new?
> Ss：Yes, it is.
> T：It's a new bag. You see, I have just bought it. What's this?（从新包里取出一个新玻璃杯）
> Ss：It's a glass.
> T：Is it new?
> Ss：Yes, it's new.
> T：It's a new glass. I have just bought it. Look（往杯里倒一些水）, is there any water in the glass?
> Ss：Yes, there is.
> T：Now, there is some water in the glass.（把水喝光）There is no water left. I have just drunk it.

（二）利用挂图呈现演示

挂图是指挂起来看的大幅图表和图画等，包括正规的印刷品和教师自制的教学用图，是最早使用的教学手段。它不但制作简便，而且图的形式可以灵活多样，使用时不受地点条件的限制。因此，挂图是一种最经常使用的教学手段。

（三）利用简笔画呈现演示

在英语初级阶段的教学中，简笔画是一种最简便的直观教具。教师通过简笔画创设情境来介绍新语言，可以增强课堂教学的直观性、生动性和趣味性。

例 3.34：利用简笔画介绍比较级和最高级。

如图 3-17 所示，教师在黑板上画出三名学生到校的场景，并写出他们到校的时间：

> 7：45　S1 comes to school early.
> 7：30　S2 comes to school earlier than S1.
> 7：15　S3 comes to school the earliest of all.

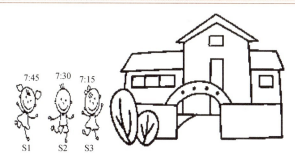

图 3-17　利用简笔画介绍比较级和最高级

例 3.35：利用简笔画介绍 so that 的用法（见图 3-18）。

T：Tomorrow will be a fine day. I'm going to the beach with my friends.
I'm going to take my swimming costume with me *so that* I can swim.
I'll take an umbrella *so that* I can sit in a shade.
I'll take a loudspeaker *so that* I can listen to some music on the beach.
I am going to take a camera with me *so that* I can take some beautiful pictures.
Could you tell me why I am going to take my swimming costume with me to the beach?
Ss：You are going to take your swimming costume with you *so that* you can swim. (Go on with the questions and then ask the students what they are going to take with them, if they want to go to the beach.)

图 3-18　利用简笔画介绍 so that 的用法

（四）利用多媒体呈现演示

利用多媒体创设情境并引出新语言，是吸引学生注意力、提高教学效果的新型课堂教学手段。

例 3.36：利用多媒体介绍现在完成时（见图 3-19）。

T：Now, please look at these two pictures. This is Mr. Black. Can you say something about these two pictures?

S1：Mr. Black was waiting for the bus from four to five o'clock.

S2：Mr. Black spent one hour in waiting for the bus.

S3：It took Mr. Black one hour to wait for the bus.

S4：The bus didn't come until five o'clock.

S5：The bus came at five o'clock.

T：Very good. Look at picture one. Mr. Black is waiting for the bus at four o'clock. Look at picture two. It's five o'clock. Mr. Black is still waiting for the bus, and the bus didn't come until five o'clock. So Mr. Black has been waiting for the bus for one hour.

图 3-19　利用多媒体介绍现在完成时

（五）利用动作和面部表情呈现演示

教师利用动作和面部表情介绍新知识，也可以收到较好的效果。

例 3.37：利用动作和面部表情介绍现在完成时。

T：Look at me. What am I doing?（做出开门的动作）

Ss：You are opening the door.

T：Yes, I am opening the door. What am I doing now?（做出开窗的动作）

Ss：You are opening the window.

T：Yes, I am opening the window. Well, look at the door. The door is open. I have opened the door. Look at the window. The window is open. I have opened the window.

（六）利用故事呈现演示

教师利用故事创设语境，介绍新知识，既能够激发学生的学习兴趣，调动学生的积极性，又能有效地进行语言操练和运用。

例 3.38：利用故事介绍 calm 的词性和用法。

One day, two boys got excited. They quarreled with each other. It seemed that they were going to fight. At the moment, our monitor came up and calmed them. He said: "Calm down! Calm down! Don't quarrel any more." The two boys became calm at last and stopped quarrelling.

(1) calm　　*vt*.　　　　half—calm
(2) calm　　*vi*.
(3) calm　　*adj*.

（七）利用游戏呈现演示

教师可以利用游戏引出新知识。比如，在讲授虚拟语气时，教师将学生分为两大组，并发给每名学生一张纸条。教师要求第一组的学生在纸条上用英语写出将来想成为什么样的人，第二组的学生写出将来想做的事情，并且他们可以充分发挥想象力写出他们的愿望。之后，教师把纸条收上来，从第一组和第二组的纸条中各抽出一张，用虚拟语气把两个人的想法读出来。教师采用这种方法介绍比较抽象的虚拟语气，将会收到意想不到的效果。尽管有些句子不是很合乎情理，但是学生们将会在欢笑中记住这难忘的一课。

例 3.39：利用游戏介绍虚拟语气。

一组	二组
I want to be a doctor.	I want to go abroad.
I want to be a hero.	I want to do nothing.
I want to be a president.	I want to fly in the sky.
…	…

T: If I were a doctor, I would go abroad.
　　If I were a hero, I would do nothing.
　　If I were a president, I would fly in the sky.
　　…

四、原则和要求

虽然不同的呈现演示有不同的特点，而且根据不同的教学目的又有不同的呈现演示时机和方法，但有一些共同的原则和要求需要教师在呈现演示时遵守和注意。

（一）目的明确，讲求实效

教师在备课过程中，需要根据教学内容和学生的认知特点对是否进行呈现、呈现什么、如何呈现等做出判断。因此，呈现演示必须有明确的目的，不能为呈现而呈现，而应该是系统的、综合性的，要服从和服务于教学内容。

（二）新旧知识，联系紧密

教师要充分运用学生已掌握的知识创设语境，调动学生的积极性，把新旧知识有机地结合起来,并采用各种方式启发他们的思维。这样才能让学生在新旧知识紧密联系在一起的情况下,在轻松愉快的气氛中体会学习英语的意义。

(三)恰当地选用呈现形式

教师在选择呈现演示的类型时,应考虑以下四种因素:一是学生的认知特点;二是教学内容的特点;三是时间因素;四是教学条件,即课堂的客观条件。

(四)坚持情境教学

情境通常可以分为视觉情境和听觉情境。视觉情境是指通过视觉感官呈现的情境,包括图像、色彩、形状和位置等元素。听觉情境是指通过听觉感官呈现的情境,包括声音、音乐和语音等元素。在情境教学中,教师可以通过创造生动、形象的教学情境,引导学生积极参与,增强学生的情感体验,帮助学生更好地理解和掌握知识。

(五)把握好呈现演示的时机

根据学生的学习心理和英语学科特点,教师呈现演示的时机有以下几种:

1. 离散时机

上课铃声响后,学生虽然坐在教室里,但心情还处于观望、等待的离散状态。此时,教师呈现出演示物,有利于及时集中学生的注意力,激发学生的学习兴趣和求知欲望。

2. 渴求时机

渴求时机是指教师在学生求知欲望强烈时呈现出演示物。这样利于学生认真观察,效果较好。

3. 疑难时机

疑难时机是指教师在教学重点、难点处呈现出演示物。这样可以使教学内容更具体化和形象化。

4. 升华时机

升华时机是指教师在将具体知识从归纳、概括上升为抽象知识时呈现出演示物。

5. 欲试时机

欲试时机是指教师在学生理解和掌握一定的知识、准备将知识转化为技能时,呈现出演示物,意在指导学生进行观察、运用知识。

6. 懈怠时机

懈怠时机是指教师在学生注意力开始分散、不易集中时,呈现演示物,意在减少前摄抑制和后摄抑制,扭转课堂被动的局面。

(六)呈现演示要与语言讲解紧密结合

在呈现演示阶段,教师的角色是示范表演者和讲解员。这一阶段,教师使用的语言是否规范,对学生有很大的影响。因此,教师要使用规范的语言、清楚的发音、正确的语调以及适当的语速,采用表演的方式创设情境,把要讲授的语言知识示范给学生,并适当地讲解语言的意义、功能和用法,对于提高学生的理解力和巩固知识有重要的作用。

五、训练参考方法及评价参考标准

(1)以小组为单位演练本节中的任意两个例子。

(2) 将选用的两个例子改写成教案。
(3) 利用微格教学实验室进行教学模拟,参照表 3-7 进行点评。

表 3-7　呈现演示技能评价参考标准

	指标	满分	得分
1	教学目的明确,重点、难点突出,主次分明	15	
2	语言难易适中,规范得体,简明扼要、流畅	10	
3	呈现演示形象、准确,活动连贯	15	
4	条理清晰,步骤得当	10	
5	用英语讲解,适当使用母语	5	
6	板书规范,富有启发性	5	
7	读音、拼写、结构、用法整体性强	10	
8	在交际和使用中呈现	15	
9	适当反馈检查,确信学生理解准确无误	5	
10	培养学生的观察力、注意力、想象力和思维力	10	
	总分	100	

☞ 复习思考题

1. 呈现演示技能的原则有哪些?
2. 请你为"have sth. done"句型设计几种呈现方法。

☞ 真题再现

1.【2015 上 初中】The first P in the PPP teaching model stands for _____, which aims to get learners to perceive the form and meaning of a structure.
   A. practice　　　B. production　　　C. presentation　　　D. preparation

2.【2018 上 初中】If a teacher shows students how to do an activity before they start doing it, he/she is using the technique of _____.
   A. presentation　　　B. demonstration　　　C. elicitation　　　D. evaluation

第七节　机械性操练技能

操练技能是指教师根据要在课堂上讲授的语言知识,设计不同的练习活动,组织学生用多种方法,对语言知识进行练习,并在有意义的各种练习活动中把所学的语言知识转化为能力的行为方式。

操练技能有多种分类方法,按照练习的三个阶段可分为:控制性操练技能、半控制性操练技能和无控制性操练技能。此外,也可根据练习的具体方法和活动特点分为三类:机械性操练技能、意义性操练技能和交际性操练技能。但无论如何分类,教师都要遵循由易到难、由简到繁的教学原则,引导学生进行练习,把语言练习推向语言交际,以达到英语教学的最终目的。

下面将介绍机械性操练技能、意义性操练技能和交际性操练技能。

一、机械性操练技能概述

机械性操练是指教师在呈现新的语言材料之后,组织学生进行以模仿记忆为主的控制性反复练习,包括跟读、朗读词语和句子,以及简单的替换练习等,其目的是帮助学生准确掌握句子的基本构成。机械性操练关注语言的形式而非意义,可以让学生形成正确的语言习惯,达到准确、熟练地掌握语言的形式与内容,为意义性操练和交际性操练打下基础。

二、功能

(1) 教师运用不同的机械性操练方法帮助学生正确掌握语音、语调等知识点,并做到发音准确,使学生通过大量的、多方式的操练,基本能够准确地说出所学的新知识。

(2) 教师通过大量循环式的机械性操练,使学生在基本理解的基础上能准确地掌握语言结构,实现语言运用的"动力定型"。

(3) 教师可以帮助学生逐步加深对所学知识的理解和认识,并能把所学知识逐渐转化为语言技能。

三、基本形式

(一) 全班操练

在教师的指导下,全班学生跟着教师重复朗读,练习"上口"。这种方法可以为那些因怕出错而不敢张口讲英语的学生创造一个"安全"的气氛。

(二) 半班操练

由教师把全班学生分为两大组,进行轮流问答操练。即半班提问,半班回答,然后角色对换后再进行操练。

(三) 分行操练

教师把全班学生按座位分成横行或竖列进行问答操练。在操练的过程中,教师要充分发挥指挥者的作用,利用手势或明确的指令来组织操练。

(四) 两人示范操练

学生在基本掌握了新知识以后,教师让两名学得较好的学生在全班进行示范操练。

(五) 两人一组操练

通过两人示范操练,全班学生基本了解如何练习,之后教师可以把学生按照两人一组进行划分,要求他们根据示范进行操练。

(六) 单独操练

教师要求学生单独进行个别操练,可以采取这种方法来检查操练的效果。

四、常用方法

（一）重复操练

教师说一句,学生重复一句。

> **例 3.40**：重复操练举例。
> T：He has gone to Beijing. Repeat, Class.
> Ss：He has gone to Beijing.
> T：S1, repeat.
> S1：He has gone to Beijing.

（二）连锁操练

教师要求学生进行快速的、连珠炮似的问答操练。可以要求第一行学生问,第二行学生答;然后第二行学生接着问,第三行学生答,以此类推。

> **例 3.41**：连锁操练举例。
> S1：（出示图片）What's he doing?
> S2：He's swimming.（出示图片）What's he doing?
> S3：He's dancing.（出示图片）What's she doing?
> S4：She's running.（出示图片）What's she doing?
> S5：She's riding a bicycle.

（三）替换操练

教师给学生提示替换词,学生根据提示做出快速反应,说出整个替换句。

1. 简单替换

> **例 3.42**：简单替换举例。
> T：He has gone to Beijing. —Shanghai.
> Ss：He has gone to Shanghai.
> T：My father.
> Ss：My father has gone to Beijing.

2. 变换替换

> **例 3.43**：变换替换举例。
> T：There is a book on the desk. —Pen.
> Ss：There is a pen on the desk.
> T：Two books.
> Ss：There are two books on the desk.
> T：Five pens, in the pencil-box.
> Ss：There are five pens in the pencil-box.

3. 渐进替换

例 3.44：渐进替换举例。

T：I come by bus. —She.
Ss：She comes by bus.
T：Foot.
Ss：She comes on foot.

（四）从后往前连锁操练

教师把一个较长的句子按意群划分成几个部分，由最后一部分开始，逐步往前进行领读操练。

例 3.45：从后往前连锁操练举例。

T：I'm trying to find a blue coat in size 42.
　　　5　　　　　4　　　3　　2　　　　1
Ss：I'm trying to find a blue coat in size 42.
T：38.
Ss：I'm trying to find a blue coat in size 38.
T：Cap.
Ss：I'm trying to find a cap in size 42.
T：Red.
Ss：I'm trying to find a red coat in size 42.
T：Look for.
Ss：I'm trying to look for a blue coat in size 42.
T：The lady.
Ss：The lady is trying to find a blue coat in size 42.

（五）扩充操练

教师为学生提供提示词，学生把提示词加到句子中，使句子得到扩充。

例 3.46：扩充操练举例。

T：We clean the room.
Ss：We clean the room.
T：Always.
Ss：We always clean the room.
T：Every day.
Ss：We clean the room every day.
T：On Sundays.
Ss：We clean the room on Sundays.

（六）转换操练

教师说一句学过的句型，让学生把它转换成新句型。例如，把一般现在时转换成一般过去时，把主动语态转换成被动语态，把进行时转换成完成时等。

> **例 3.47**：转换操练举例。
> T：Sam wanted to do it, but he didn't do it.
> Ss：Sam must have done it.
> T：Mary wanted to see the film, but she didn't see it.
> Ss：Mary must have seen the film.
> T：I wanted to attend the lesson, but I didn't attend it.
> Ss：You must have attended the lesson.

（七）并句操练

教师要求学生把两个简单句合并为一个较复杂的句子或复合句。

> **例 3.48**：并句操练举例。
> T：It may rain. He'll stay at home.
> Ss：If it rains, he'll stay at home.
> T：It may be sunny. We'll go to the park.
> Ss：If it's sunny, we'll go to the park.

（八）造句操练

教师在学生对新知识已基本熟悉后，让学生自由地操练。

> **例 3.49**：造句操练举例。
> I love/don't love… because…
> T：I love spring. S1, please.
> S1：I love spring because it's not too hot.
> T：S2, please.
> S2：I love spring because I like swimming.
> T：Not love winter. S3, please.
> S3：I don't love winter because it's too cold.

五、原则和要求

（一）机械性操练的目的性

教师要清晰、准确地交代操练的内容、方式和要求。

（二）设计程序的合理性

教师要根据不同的语言材料和不同程度的学生选择操练时间及适当的操练方式。

操练要由易到难、先简后繁、先合后分、循序渐进地进行。

（三）操练方法的灵活性

教师要根据学生的具体情况，灵活运用操练方法，适当地调整操练进度，不断变换操练形式，使学生始终保持思维活跃、积极参与的状态。

（四）学生参与的广泛性和多样性

教师要创造轻松的课堂气氛，让尽可能多的学生敢于开口、积极操练，时刻注意受训面要广，力争做到全覆盖、无死角。

（五）指挥作用的重要性

教师的角色是指挥者和组织者，教师对学生掌握语言的要求是"准确"，即要求学生准确无误地掌握语言结构。因此，教师在操练中要恰当地运用手势、眼神等手段，高效地指挥操练，及时、恰当地纠正学生的错误，准确地把握操练的时间和火候，尽可能做到让每个学生都能正确发音并能准确地运用语言结构，以保证高效率的教学。

六、训练参考方法及评价参考标准

（1）以小组为单位演练本节内容中的任意两个例子。
（2）将选用的两个例子改写成教案。
（3）利用微格教学实验室进行教学模拟，参照表3-8进行点评。

表3-8　机械性操练技能评价参考标准

	指标	满分	得分
1	目的明确，重点、难点突出	15	
2	指令简洁明了，学生反应迅速	15	
3	操练由易到难，先简后繁，循序渐进	15	
4	形式多样，方法得当	15	
5	时长适当	10	
6	因材施教	10	
7	及时发现问题，纠错得当	10	
8	课堂气氛活跃	10	
	总分	100	

☞ 复习思考题

1. 在实施机械性操练技能时应遵循哪些原则？
2. 机械性操练技能的基本形式有哪些？
3. 请你设计一个规范的机械性操练技能的教案，要求运用多种类型的机械性操练进行教学模拟。

☞ **真题再现**

1. 【2015 上 高中】The main objective of mechanical practice is to help learners to absorb thoroughly the _____ of a language item.

 A. meaning   B. function

 C. context   D. form

2. 【2014 下 高中】Which of the following focus(es) on accuracy in teaching grammar? _____

 A. Simulation.   B. Substitution drills.

 C. Role play.   D. Discussion.

3. 【2019 上 初中】Which of the following are controlled activities in an English class? _____

 A. Reporting, role-play and games.

 B. Reading aloud, dictation and translation.

 C. Role-play, problem solving and discussion.

 D. Information exchange, narration and interview.

4. 【2016 上 高中】教学情境分析题：根据题目要求完成下列任务，用中文作答。

下面是某高中教师的课堂教学片段。

T：Just now we got to know many different sports. For example …

Ss：Weight-lifting, fencing, aerobics, triathlon, shooting …

T：Great. Now, let's think about this question: How many types can these sports be divided into?

Ss：(Discuss with partners.)

T：For example, football, tennis and table-tennis. They belong to …

S1：Ball games.

T：Great. And then … How about rings? Double bars? Which type of sports do they belong to?

Ss：(Silent.)

T：(Write "gymnastics" on the blackboard.) Now read after me …

S2：Ms Xia, how to say "kua lan" in English? It is the honor of all our Chinese people.

T：Yeah, we really ought to know 110-hurdle race. By the way, which type do both running and 110-hurdle race belong to?

Ss：(Silent.)

T：Let me tell you, track and field sports. Read after me…

Ss：(Read after the teacher.)
　　T：Don't forget the sports that are done in the water—the water sports. So what are the different types of sports we've learnt today?
　　Ss：Ball games, gymnastics, track and field and water games.
　　T：Excellent!

根据上面所给信息,从下列两个方面作答：
(1) 该片段属于什么教学环节？其教学目的是什么？
(2) 该片段存在哪两个主要问题？请提出相应的改进建议。

第八节　意义性操练技能

一、意义性操练技能概述

意义性操练是指在机械性操练的基础上,教师组织学生对所学的语言材料进行多层次的真实意义的听、说、读、写活动,用以提高学生语言的熟练和流利程度,加强记忆,加深对重点、难点的理解,促进知识向能力转化,为形成交际能力打下基础。这种操练不再是模仿和重复孤立的词、词组和句子,而是运用词、词组和句子组织具有真实意义的对话,阅读课文回答问题以及写作文等。

二、功能

学生掌握语言的最终目的在于运用。学生运用语言的过程,也是其形成技能、把知识转化为能力的过程。在此过程中,教师有效地实施意义性操练,将对学生掌握所学语言起到重要的作用。

(一) 根据新知识结构,为学生提供形式多样的意义性操练和交际活动

各项练习活动都要有机地融合在有实际意义的语境中,使学生能够在教师精心营造的英语语言环境中练习所学知识。

(二) 教师在进行意义性操练的过程中,要使学生进一步透彻理解新知识

学生对新知识的理解和掌握不是一步到位的。教师在创设情境把新知识介绍给学生时,学生对新知识只是初步理解,通过机械性操练,学生加深了对新知识的理解和认识。而在意义性操练阶段,学生通过各种方式的练习,进一步理解和掌握新知识。

(三) 意义性操练关注的是语言的意义

意义性操练的目的是帮助学生在实践活动中逐步把掌握的语言知识转化为语言技能,并进一步使技能发展为交际能力,最终达到能够熟练运用所学的语言。

三、基本形式

（一）教师与学生之间的双边教学活动

教师与学生之间进行的双边教学活动，包括全班、半个班、小组、横行、竖列等形式。例如，为了练习过去时，教师在演示关门、开窗户和擦黑板等动作之后问学生："What did I do？"学生回答："You closed the door.""You opened the window."

（二）学生与学生之间的双边教学活动

学生与学生之间进行的双边教学活动，包括一个学生对全班其他学生、一部分学生对另一部分学生、一组学生对另一组学生、一行学生对另一行学生，以及男生对女生等形式。例如，为了练习现在进行时，教师让几个学生分别做出打篮球、唱歌、读书、喝水、写字和画画等动作，让一个学生（或部分学生）问："What is he/she doing？"另一个学生（或部分学生）答："He/She is playing basketball/singing/reading/drinking/writing/drawing…"

（三）两人练习和小组练习

这种形式的意义性操练可以使每个学生得到更多的独立练习机会，学生的注意力更集中，有利于学生之间、师生之间的帮助及辅导。

四、常用方法

意义性操练的形式和方法一定要与语言材料的内容有机结合。

（一）替换词操练

教师利用肢体语言、实物、简笔画、图片和课件等，让学生自由选用语言材料对词、词组和句子成分进行替换词操练。

> **例 3.50**：操练目标：练习"It's＋表示方位的介词短语做表语"的结构。
> S1：Excuse me. I can't find the clock. Can you see it，S2？
> S2：Yes，I can. It's on the wall. I can't find the book. Can you see it，S3？
> S3：Yes，I can. It's under the desk.

（二）情境对话

教师让学生自由选用挂图、PPT、教材插图、教室的情境或想象的一个情境，用新学的语言材料进行对话。

> **例 3.51**：操练目标：练习"介词短语做地点状语"的结构。
> S1：Where does… sit in the classroom?
> S2：He / She sits {at the front/back of the classroom.
> in the middle of the classroom.
> in the front/back row.
> on someone's right/left.

（三）问答操练

英语教材中设计了很多问答练习，教师可以根据语言的复杂程度，在各个阶段给予学生不同程度的问答操练。

> **例 3.52**：操练目标：练习句型"Can you...? Yes, I can / No, I can't."
> T: Now, give me true answers. Can you swim, S1?
> S1: Yes, I can.
> T: What about you? Can you swim, S2?
> S2: No, I can't.
> T: Now, listen. Can you drive a car, S3?
> S3: No, I can't.
> T: Now, can you remember the question? S4, ask S5, sing.
> S4: Can you sing?
> S5: Yes, I can.
> T: Good. Ask your own question, S6?
> S6: Can you speak English?
> T: Good. Who can answer, S7?
> S7: Yes, I can.

五、原则和要求

意义性操练技能是否运用得好，很大程度上取决于教师对操练方法的选择和组织得恰当合理。精心设计、巧妙安排的操练，能把学生的内在动力调动起来，并能充分发挥学生的积极性，使学生轻松愉快地掌握所学知识。反之，就达不到理想的教学效果。

（一）目的要明确

教师要根据教学大纲和教学内容有目的、有计划地设计每一项操练活动。操练方法的选择应与教学内容紧密联系，要突出重点、难点，要抓住内在的、本质的、规律的内容。

（二）形式要多样

根据学生的心理特点（如好奇、好动和注意力不能长时间集中等）和要求，教师可以采用形式多样的操练方法，防止重复出现同一种操练而使学生的感觉器官产生疲劳。采用形式多样的操练方法，既可以引起学生对意义性操练的兴趣，又可以培养学生灵活运用语言知识的技能。

（三）联系要紧密

教师在运用意义性操练过程中，一定要注意把新旧知识有机地联系起来，帮助学生温故知新，在复习旧知识的同时，达到掌握新知识并能熟练运用的目的。

（四）难易要适度

教师在运用意义性操练过程中，要注意操练的难易程度。教师要指导学生由浅入深、由简到繁地进行操练。

（五）要注重交际实践

语言是传递信息、交流思想感情的工具。学生运用语言的过程，也是形成技能和技巧，把知识转化成能力的过程。学生只有不断地运用语言进行交流，才能逐步掌握这一语言工具。

（六）意在创新

教师在设计和运用意义性操练的过程中，要充分发挥自己的想象力和创造力。教师不应只对现有知识进行系统的重复，而应该在实践的基础上，根据实际情况灵活运用教学原则，不断创造出有自己的特色和风格的意义性操练。

（七）组织要合理

教师是意义性操练活动的组织者。因此，教师既要从教学目的出发，全面设计、精心安排，有目的地组织每一项操练，又要在课前设计好每一项活动。在操练活动中，教师要起到管理者和监督者的作用，随时解决学生的问题，监督学生的操练活动，使操练活动始终按照设计的要求进行。

（八）要求要适当

教师在运用意义性操练过程中，对学生的语言错误要采取宽容的态度，只要不是原则性的错误，最好不要纠正，以免打断学生的话语，挫伤他们的积极性。

六、训练参考方法及评价参考标准

（1）以小组为单位演练本节中的任意两个例子。
（2）将选用的两个例子改写成教案。
（3）利用微格教学实验室进行教学模拟，参照表3-9进行点评。

表3-9 意义性操练技能评价参考标准

	指标	满分	得分
1	组织的操练是实际意义的理解和表达活动	15	
2	教师提供了条件和创造了情境	15	
3	教师的演示和提示起到示范作用	10	
4	操练的步骤、形式和方法恰当	10	
5	运用多种形式和手段调动学生的积极性和主动性	15	
6	监督和巡回检查，及时帮助学生	10	
7	纠错，但不打消学生的热情和积极性	5	
8	及时发现和表扬学生的创造性	10	
9	有效控制课堂秩序，及时调整训练方法	5	
10	准确地把握操练的时间和火候	5	
	总分	100	

☞ 复习思考题

1. 什么是意义性操练技能？其功能是什么？
2. 教师在实施意义性操练技能时，应遵循哪些原则？
3. 请你设计一个规范的意义性操练技能的教案，要求运用多种类型的意义性操练，并能体现出构成要素。

☞ 真题再现

【2021 上 高中】In English teaching, such mechanical activities as _____ may be helpful for teaching particular structures, but they should not be overused.

A. transformation and role-play
B. translation and word-matching
C. gap-filling and topic discussion
D. memorization and pattern drilling

第九节　交际性操练技能

一、交际性操练技能概述

交际性操练是在意义性操练的基础上，教师利用信息沟（即人们在掌握的信息方面存在的差距）使学生产生交际的需要，而后展开听、说、读、写的综合性活动。

二、功能

（1）交际性操练具有交际的真实目的、原因和需要。

（2）交际性操练可以获取某些信息，也可以告诉别人某些信息，而意义性操练是"明知故问"，不听答案也能知道答案的内容。因而，学生对交际性操练更感兴趣。

（3）在交际性操练中，学生更加自由地选用和创造性地运用已学过的语言材料，表达自己的想法和经历，或通过设想的情境进行角色扮演与表达。

（4）交际性操练是课堂语言实践活动的高层次要求，是培养学生实际交际能力的重要步骤和语言形式。

三、基本形式

（1）在交际性操练中，全班学生不可能以同样的语言形式和内容异口同声地回答问题，全班学生也不可能问教师同样的问题。因此，教师和全班学生的交际性操练只能是教师与每个学生进行练习。

（2）某个学生与全班学生的交际性操练。

（3）学生与学生的小组活动是交际性操练中最常见的形式。

四、常用方法

（一）猜测游戏

1. 猜人

> **例 3.53**：猜人游戏。
> S1：I have a good friend. Can you guess who my good friend is?
> S2：What does your friend do?
> S1：...
> S2：Is your friend a boy or a girl?
> S1：...
> S2：Where does he/she live?
> S1：...

2. 猜物

> **例 3.54**：猜物游戏。
> T：(Have a soft bag ready. Place an object in the bag, then get students to feel the bag and try to guess what the object is.)
> S1：Is it an apple?
> T：No, it isn't.
> S2：Is it an orange?
> T：No, it isn't.
> S3：Is it a pear?
> T：Yes, it is.

3. 猜图片（或屏幕）上的人或物

> **例 3.55**：猜图片游戏。
> 教师在讲"It may be a cat."句型时，出示一张画有〇的图片，然后提问："What do you think it is?"
> S1：It may be a sun.
> S2：It may be a cake.
> S3：It may be a zero.
> 然后，教师又出示一张画有□的图片，接着提问："What do you think it is?"
> S1：It may be an eraser.
> S2：It may be a radio.
> S3：It may be a book.

4. 猜做过的或者发生过的事情

例 3.56：猜做过的事情游戏。
T：Guess what I did last Sunday.
Ss：Did you go to see a film?
　　Did you go to the zoo?
　　Did you go shopping?
　　Did you go to the stadium to watch a football match?
T：Yes, I did. Guess how I went there.
Ss：Did you go by bus?
　　Did you go by car?
　　Did you walk?

（二）交流信息

学生可以交流的信息是多方面的。例如，购物清单、已买物品的价格和已进行的活动、各自的作息时间、对食物和物品的喜好，以及对某些事件的看法和意见等。学生可以通过写的方式（见表 3-10）以及在写的基础上用口头方式表达出来。

表 3-10　交际性操练活动：交流信息

TIME	A	B
Saturday evening		
Sunday morning		
Sunday afternoon		
Sunday evening		

（三）角色扮演

角色扮演是指教师将真实生活的情境带入课堂，让学生扮演情境中相应的角色，身临其境地做不同的事情，开展交际活动。在这种交际活动中，人物角色和情境必须在学生日常生活经验范围之内，学生只有对这些人物角色和情境比较熟悉，才能成功完成交际活动。

角色扮演的步骤如下：
（1）布置任务。
（2）准备活动。
（3）小组内排练和表演。
（4）公开表演。
（5）评价与反馈。

五、原则和要求

教师在进行交际性操练过程中，应遵循以下原则和要求：
（1）教师要设置信息沟，使学生产生交际的需要和动力。
（2）教师要先做示范，并在练习过程中对学生进行具体的指导。

(3) 教师要为练习准备必要的道具。
(4) 教师要协调运用听、说、读、写等多种活动。
(5) 练习的内容和组织形式要灵活多样。
(6) 教师要尽量减少对学生选用语言材料的控制。
(7) 交际性操练要全班参与，而不是少数几个人的行为。
(8) 教师要创造轻松、愉快、活泼的气氛，允许学生犯错误，要求学生尽量流利地运用语言，不要频繁纠错。

六、训练参考方法及评价参考标准

(1) 以小组为单位演练本节中的任意两个例子。
(2) 将选用的两个例子改写成教案。
(3) 利用微格教学实验室进行教学模拟，参照表 3-11 进行点评。

表 3-11　交际性操练技能评价参考标准

	指标	满分	得分
1	交代明确具体的信息沟	15	
2	学生熟知交际中的人和情境	10	
3	教师的指导和示范清楚明了	5	
4	教具等辅导手段准备充分	5	
5	练习内容和组织形式、方法协调	15	
6	创造生动活泼、愉快的气氛	15	
7	及时发现问题，随时帮扶	10	
8	反馈与评价准确及时	10	
9	练习活动涉及全班学生	10	
10	有效控制课堂秩序，保证学生完成任务	5	
	总分	100	

☞ 复习思考题

1. 交际性操练技能与机械性操练技能、意义性操练技能有何关系？
2. 设计一个规范的操练技能的教案，要求运用多种类型的操练形式，并能体现出构成要素。

☞ 真题再现

【2015 上 高中】Which of the following can be regarded as a communicative language task? _____

A. Information-gap activity.
B. Dictation.
C. Sentence transformation.
D. Blank-filling.

第十节 提问技能

一、提问技能

提问是教学过程中教师和学生之间常用的一种交流的教学技能。提问技能是指教师通过提出问题来检查和了解学生的理解程度,鼓励和引导学生深入思考问题,复习、巩固和运用所学的语言知识的一种教学手段。在课堂上,师生之间语言交流的最主要表现形式为"提问—回答"。因此,课堂提问是一种常规的教学手段,是课堂教学的重要环节。合理设计的提问是课堂教学得以顺利实施的关键。教师出色的提问能够引导学生探索所要达到目标的途径,培养学生获得知识,养成善于思考的习惯与能力。对于教师来说,提问是一种教学技能;对于学生来说,回答是一种学习策略。因此,教师要熟练地掌握课堂提问这门艺术,使课堂提问收到良好的效果。

下面是课堂提问失当的例子:

> 师:S1,看这些图画!这个人在做什么?
> S1:(想了一下)他在走路。
> 师:是的,很好!他正在走路,还有呢?
> S1:(怀疑地)他戴了一顶帽子。
> 师:不对,不对,坐下!S2,你告诉我。
> ……

虽然上面的教师提问只有两句话,但有以下几点错误:

(1) 先叫名字后提问,其他学生会无所事事。教师应该先提问,并迅速地扫视每一名学生的眼睛,暗示其准备回答提问,然后再指定回答提问的学生。

(2) 看图画也只叫了一名学生,其他学生可看可不看。

(3) 如果学生答对了,教师不必重复;如果学生答错了,教师可转述后纠错。

(4) 提问不清楚、不明确。例如,"这个人在做什么?""还有呢?"这样的问题,不能使学生准确了解教师具体提问是什么。

(5) "不对,不对,坐下!"教师对回答提问的学生评价过于粗暴。教师不能因为学生的回答不是自己心中所期待的答案,而断然否定学生,这样会伤学生的自尊心,破坏课堂教学。

(6) "你告诉我"既不是一个问题,也不是一个明确的指令,让另一名学生不知道该怎么回答。

二、功能

在教学过程中,教师运用提问可以达到许多不同的教学目的。归纳起来,提问技能主要有以下功能:

(1) 获取信息。教师在教学过程中常常需要及时了解学生理解所学知识的程度,哪些学生理解了？哪些学生掌握了？掌握了多少内容？等等。教师可以用提问的方式获得这些信息，利于及时调整教学的内容、进度和方式等。

（2）引导学生的注意力。教师不断地用巧妙的提问吸引学生的注意力，开启他们的思维。

（3）吸引学生对某些提问产生兴趣与好奇。教学的最大失败是学生厌学，教学的最大成功是学生乐学。心理学实验告诉我们，提问，特别是巧妙的提问，能够吸引学生集中精力、积极思考、振奋精神、提高兴致。

（4）分析学生可能存在的问题。教师在提问之后，可以通过分析学生的回答，准确了解学生在学习上存在的问题，有的放矢地组织教学。

（5）表达对学生的关心。师生之间的情感交流是提高学生学习积极性的重要因素。教师询问学生的家庭生活情况、对某些事情的看法和感受等，可以促进师生关系。

（6）了解学生的观点和态度。教师通过提问了解学生对教学活动的安排、家庭作业的布置、教学方法的使用等问题的意见和态度，可以使教师更有针对性地改进教学。

（7）鼓励学生参与课堂活动，创造活跃的课堂气氛。提问可以活跃课堂气氛，沟通师生间的情感，有助于课堂教学活动的顺利进行；提问还可以改变传统课堂中的师生角色。学生从完全被动地接受到主动参与。例如，教师可以提问："What's wrong with this sentence?"

（8）评估学生的语言掌握情况。提问是教师在课堂上评估、了解学生学习水平的快捷、简便、有效的方法之一。

（9）鼓励学生积极思考问题。教师可以提出一些适当的问题，引发学生深入思考，提高他们的思维能力。

三、基本形式

从广义上讲，提问是指任何有询问形式或询问功能的教学提示。根据提问的目的，课堂提问可以分为：课堂程序性提问、课文理解性提问和现实情境性提问。根据问题认知层次，课堂提问可以分为：记忆性提问、理解性提问、分析性提问、综合性提问和评价性提问。

（一）根据提问的目的分类

1. 课堂程序性提问

课堂程序性提问与课堂进展程序、课堂管理的指令有关，目的在于落实教学计划、实施课堂活动以及检查学生的学习状况，从而保障教学步骤的自然衔接和实施。课堂程序性提问在初级阶段的英语课堂提问中运用较多，多用于组织课堂教学活动。这类问题原则上宜短不宜长，多采用祈使句及其疑问变体等。例如，教师可以提问：

Please listen to the tape, then answer this question.
Do you have different ideas?

2. 课文理解性提问

课文理解性提问有三种类型：展示性提问、参考性提问和评估性提问。

（1）展示性提问。展示性提问是指教师根据具体教学内容进行的提问。这类提问只

要求学生对课文进行事实性的表层理解,并根据短时记忆或者查看课文找到答案。例如,教师可以提问:

What did the man do before he left the room?

Where did he go?

(2) 参考性提问。参考性提问是指教师根据课文相关信息进行的提问。这类提问没有现成的答案,学生要结合个人的知识和课文所提供的信息进行综合分析。例如,教师可以提问:

Can you tell the differences between the two cities?

(3) 评估性提问。评估性提问是指教师要求学生在理解语篇的基础上进行深层次的逻辑思考,运用所学语言知识就课文中的某个事件或观点发表自己的看法。例如,教师可以提问:

Do you like the story?

What kind of person do you think the man is?

What will happen to the girl?

3. 现实情境性提问

现实情境性提问是指教师根据学生的现实生活、现有知识或课堂上的情境状态等一些实际情况进行事实性提问,要求学生根据自己的实际情况进行回答。教师在组织现实情境性提问时,要注意问题的铺垫和过渡,充分利用追问和深问的提问技巧,使问题不流于形式。例如,教师可以提问:

Which city do you want to live in? Give me your reasons.

Who is your favourite singer?

(二) 根据问题认知层次分类

1. 记忆性提问

记忆性提问是指教师利用事实性问题,让学生追忆学过的基本内容。学生在回答时,需要对语言材料或内容做记忆性的复述。例如,教师可以提问:

When was he born?

Where was he born?

What did he do in 1924?

Where did he go in 1930?

How did he get there?

除了使用特殊疑问句以外,教师也可以使用其他句式,迅速准确地了解学生对所学知识记忆的情况。

由于记忆性提问主要用于检查学生的记忆情况,因此教师无法从中了解学生对所记住的内容是否完全理解。若教师要检查学生对内容的理解性,则选用理解性提问。

2. 理解性提问

理解性提问是指教师为了检查学生对所学知识的理解程度所提出的问题。学生在回答时,需要对讲述过的语言材料进行分析、归纳和总结。例如,教师可以提问:

Can you describe the story?

Can you retell the story?

Can you tell us the main idea of the story?

What are the differences between A and B?

3. 分析性提问

分析性提问是指教师为了让学生找出原因、结果和条件等所提出的问题。例如，教师可以提问：

Why were there so many trees in the village?

Why must they plant new trees if they cut trees?

How can they manage to keep their hills green?

这些提问在课文里没有现成的答案，学生需要从所提供的材料中找出答案。分析性提问可以帮助学生概括和整理所学的知识。当然，学生对分析性提问的回答要在记忆、理解的基础上才能完成。

4. 综合性提问

综合性提问是指教师为培养学生的综合性思维能力所提出的问题。学生要利用所掌握的知识进行分析，得出自己的结论或看法。综合性提问可以培养学生逻辑思维能力、综合能力以及想象力。例如，教师可以提问：

What goods can trees do for us?

Without trees, what would happen to the world?

What should we do to save trees?

5. 评价性提问

评价性提问是指教师为了培养学生的判断能力所提出的问题。这种提问可以让学生阐述观点、评判价值、提出原因，即重点不在"如何"而在"为什么"。例如，教师可以提问：

Why do we need to protect trees?

Why is it wrong to cut trees freely?

What do you think of the text? Why do you think so?

根据学生的认知水平，以上五类提问有些是低层次的，如记忆性提问、理解性提问；有些是高层次的，如分析性提问、综合性提问和评价性提问。低层次提问可以检查学生的记忆和理解情况，高层次提问可以引导学生深入思考。低层次提问往往有一个明确的、正确的答案，而高层次提问往往不具备唯一正确的答案。

此外，还有一种特别实用的分类方法，即 5W（What, When, Where, Who, Why）和 1H（How）问题。What 关键词常用来提问知识、回忆主要观点和内容；When 关键词常用来提问事件发生的时间顺序；Where 关键词常用来提问事件发生的地点；Who 关键词常用来提问谁是事件的当事人；How 关键词常用来提问事件的程序和过程；而 Why 关键词常用来提问事件发生的原因，这是最具挑战性的问题，学生只有清楚因果关系，才能正确回答。

四、原则与技巧

（一）难易适度、使用概念性问题

1. 提问必须符合学生的实际水平

提问过易，起不到锻炼学生思维和表达能力的作用；提问过难，容易挫伤学生的自信心，打击学生回答问题的积极性。按照提问的句式结构由易到难的四种典型疑问句是：一般疑问句、反义疑问句、选择疑问句和特殊疑问句。

2. 善于使用概念性问题

在检查学生理解程度时，教师往往喜欢说使用"Do you understand?"或"Are you clear?"等问句。学生不管是否真正理解，都倾向于回答："Yes, I do."或者"Yes, I am."因此，这种问题不能真正帮助教师了解学生的实际理解程度。教师可以使用概念性问题来提问，可以准确地了解学生是否真正地掌握课堂上所讲授的知识。

概念性问题是指将某个句子、词语和语法等内容的含义进行分解，找出其构成的简单概念，然后对这些概念进行提问。例如，教师在对"too... to..."短语的意义进行检查时，可以使用概念性问题："The box is too heavy for me to carry."

教师在这句话包含了两个概念："The box is heavy.""I cannot carry it."

教师可以将这两个概念转变为概念性问题："Is the box heavy?（Yes.）""Can you carry it?（No.）"如果学生能够正确回答这两个问题，则说明学生已经掌握"too... to..."的意义。

（二）提问真实、贴近实际

生活是知识的源泉，新课程标准倡导教师为学生创设真实的学习体验和学习活动。因此，在语言教学中，教师需要帮助学生创造运用语言的良好环境，尽量在课堂里用英语交际，最好从学生感兴趣的事物切入问题，提出一些真实性的问题，而不是为了练习疑问句而提问。例如，如果教师发现班级里缺少某个学生，则可以提问：

Who is absent today?

Why is he absent?

如果教师发现地上有一支铅笔，则可以问：

What's under your desk? Is there a pencil or a book under your desk?

Is this your pencil? Whose pencil is this?

What else can you see under your desk?

总之，用英语交际，提出真实问题是语言教学中行之有效的一种方法，这种问题比大量非真实的问题更有效。

（三）处理好提问的焦点

提问的焦点有两层含义：

1. 根据需要进行提问

教师要根据需要提问，或提得具体明确，或提得广泛笼统，目标必须明确。例如，

"What did you do yesterday evening?"比较广泛,因为昨晚做的事情很多,而"Did you do your homework yesterday evening?"提得十分具体。当然,笼统的问题和具体的问题各有各的功能。例如,教师在组织口语练习时,笼统的问题可以给学生更多的选择余地,给学生提供运用语言的机会;而具体问题在检查学生理解程度时,则会更有效。

2. 提问的数量

教师在提问时,最好每次只提出一个问题。一个问题应该只包含一个任务,若含有多项任务,必然会增加学生回答问题的难度。例如,问题"What have they done to help the sick man and why did they do so and what is their influence on other young people?"中包含几项任务,这不仅增加了学生回答问题的难度,还可能造成学生思维的混乱。如果教师把问题分解成三个小问题提出,则提问效果会更好。

（四）提问的分布要合理

通常,教师的提问方式可以分为以下四种:

(1) 教师提问让全班学生齐答,如果学生的回答不同,教师可以让个别学生单独回答。这种方式可以使课堂气氛更加活跃。一般来说,齐答问题的方式学生更愿意接受,因为"人多势众",说错了别人也听不出来。但是,教师在运用这种齐答问题的方式时,还要考虑其他因素,如课堂纪律、学生注意力驾驭等问题。如果教师过多运用这种形式,有可能使课堂秩序混乱,年轻的教师难以控制课堂局面,或者容易让"滥竽充数"的学生蒙混过关。

(2) 教师提问后停顿一段时间,让全体学生思考,然后再叫学生回答。这样,可以使全班学生都处于紧张状态,能够认真地思考问题,有利于教师控制课堂秩序。

(3) 教师先叫一个学生,再提问。教师在运用这种形式时,要严格地控制课堂秩序,没被叫到的学生不能回答问题。但是,这种方法很容易使没被叫到的学生放松注意力。

(4) 教师提问,让学生举手回答。这种形式可以鼓励语言能力强的学生。但是,它容易使语言能力强的学生"垄断"回答问题的机会,语言水平较低的学生会没有机会练习。

综上,教师在提问时不要只运用一种方式或过多地运用一种方式。教师要考虑具体目的和具体问题以及所教学生的实际能力,综合运用几种形式,以期达到预期效果。

（五）做好提示工作

有时学生对教师的提问没有任何反应,出现了冷场现象。为了避免这种情况的出现,有的教师干脆把答案直接告诉学生,这种做法效果并不好。为了提高提问的效果,教师要给出一些提示。学生有时回答不出来问题,是因为他们对问题本身没有完全理解。因此,教师可以用不同的形式重复问题,或者将问题简化和具体化。例如,教师说:"Can you elaborate on your answers?"若学生没有反应,教师应该立即给予提示:"Can you give some examples?""Can you say something about it?"再如,为了帮助有些语言水平较低、课堂上不够活跃的学生,教师在提问时应使用不同的句式来降低问题的难度。例如,当学生回答不出来问题"What are they doing?"时,教师可以降低问题的难度:"Are they cleaning the windows or dusting the tables?"(给出两种选择,降低了难度);"Apart from cleaning the windows, what else are they doing?"(排除了一种情况,减少了一种考虑);"They are dusting the tables, aren't they?"(反义疑问句使答案显而易见)。

五、训练参考方法及评价参考标准

(1) 以小组为单位演练本节中的任意两个例子。

(2) 将选用的两个例子改写成教案。

(3) 利用微格教学实验室进行教学模拟,参照表 3-12 进行点评。

表 3-12 提问技能评价参考标准

	指标	满分	得分
1	提问符合教学目标需要	15	
2	提问准确,目标具体	15	
3	思路明确,有条理性	15	
4	启发学生思考,激发学生的心智活动	15	
5	提问灵活,形式多样	10	
6	提问对象广泛,难易和复杂程度适当	10	
7	首先向全班学生提问,然后让学生回答,集中学生的注意力	10	
8	鼓励和督促学生的练习活动	10	
	总分	100	

☞ 复习思考题

1. 运用提问技能,列出尽可能多的鼓励学生回答问题的英语表达方式。

① You want your students to say something about their families.

② You want your students to describe their activities on the previous day.

③ You want your students to describe the city they live in.

2. 观摩一节英语课(或观看一节课的录像),分析提问技能在这节课中的运用。

3. 为以下句型设计概念性问题:

① I managed to do it.

② Helen used to smoke.

③ I wish I had a car.

☞ 真题再现

1.【2018 上 初中】Which of the following is a display question used by teachers in class? _____

A. If you were the girl in the story, would you behave like her?

B. Do you like this story *Girl the Thumb*, why or why not?

C. Do you agree that the girl was a kind-hearted person?

D. What happened to the girl at the end of the story?

2.【2016 上 初中】Which of the following types of questions are mostly used for checking literal comprehension of the text? _____

    A. Display questions.   B. Rhetorical questions.

    C. Evaluation questions.   D. Referential questions.

第十一节 纠错技能

纠错是指教师在英语教学过程中,对学生在听、说、读、写、译等实践活动中所出现的各种问题或错误,进行指导和帮助的一种方式。

一、功能

教师对待学生的语言错误应采取积极的态度,选择适当的时机进行纠错。学习英语就是一个不断犯错和改正的过程,而且有些错误是学习语言的必经阶段。因此,教师正确、巧妙地纠错能对学生形成良好的语言学习习惯,并能有效地提高其口语、书面表达能力。

二、基本形式

(一)直接纠错

直接纠错是指学生在进行语言训练或者语言实践出现错误时,教师打断学生,说出正确的形式,让学生复述。在机械性操练或者让学生读课文回答问题时,可以采用这种方法。

(二)间接纠错

1. 强调法

例 3.57:强调法示例。

T:When did you begin to study English?

S:I begin to study English two years ago.

T:(不指出错误,若无其事地继续发问)

You say you began to study English two years ago. I beg your pardon. When did you begin to study English?

S:I began to study English two years ago.

2. 追问法

例 3.58:追问法示例。

S:I am very interesting in sports.

T:Are you? That's good. I am very interested in sports, too. What particular sports are you interested in?

S:I am especially interested in playing football.

T:Very good.

3. 启发法

> **例 3.59**：启发法示例。
> S：Class, I am going to tell you a good news.
> T：A piece of good news! Really?
> S：Yes, I am going to tell you a piece of good news.
> T：That's good.

（三）同伴纠错

教师的纠错行为不能只针对班里的某个学生，而要使全班学生在其引导下，通过比较和争论得出正确答案，从个别错误中引出带普遍性的思维错误。

（四）书面作业的纠错

如果学生的书面作业有多处错误，并且每个错误都由教师直接纠正，必然会使学生感到气馁。最好的方法是，除了个别题需要教师给出正确的答案之外，一般可以由教师在其他错题旁标记符号或给予提示，让学生知道这些地方错了，并自己改正过来。

三、原则和要求

（一）选择性

学生在语言训练和语言实践中出现的错误有两大类，一类是习惯性错误，另一类是偶尔的口误或笔误。教师主要注意纠正学生的习惯性错误。如果教师见错就纠，则不利于调动学生的学习积极性。

（二）启发性

教师通过启发，让学生自行纠错，说出正确的形式，尽可能避免由教师直接给出正确答案。

（三）鼓励性

学生在语言训练和语言实践活动中出现错误是不可避免的，教师在纠正学生错误时应该重在鼓励，防止学生产生过分的焦虑和挫折感，而不能讽刺挖苦学生，伤害学生的自尊心、自信心和积极性。

（四）目的性

教师在诊断与纠正错误时，应以语言训练或语言实践的目的为重点。例如，在以教语音和语调为目的的语音课上，教师纠正的重点应放在语音和语调的错误上，不宜过多纠正语法错误。同样，在以掌握语法规则为目的的语法课上，教师纠正的重点应放在语法错误上，对语音和语调的错误应宽容些。

（五）策略性

学生在语言训练和语言实践活动中，体现的语言错误是多种多样的，导致错误的原因也有很多种。教师应该根据教学需要，讲究纠错策略、技巧和艺术性，注重纠错效果。例如，在语言交际过程中，教师一般不宜在学生正在交流时纠错，而应在学生交流结束或暂停时纠错。

四、训练参考方法及评价参考标准

（1）以小组为单位演练本节中的两个例子。
（2）将选用的两个例子改写成教案。
（3）利用微格教学实验室进行教学模拟，参照表 3-13 进行点评。

表 3-13　纠错技能评价参考标准

	指标	满分	得分
1	对学生的错误有良好的心态，从不大惊小怪	10	
2	在学生中创造宽松的纠错气氛，使每个学生不怕犯错误	15	
3	要善于捕捉学生表达中的错误，适当处理	10	
4	突出实践性，帮助学生顺利完成训练和表达	15	
5	启发学生纠错，具有交际性	10	
6	鼓励学生积极进行语言训练和语言实践活动	15	
7	纠错的目的性强，但不是看见错误就纠正	10	
8	纠错时要讲究策略	15	
	总分	100	

☞ 复习思考题

1. 在一节初中英语课堂上，教师问："When did you arrive?"学生回答："I arrive yesterday."教师应如何纠错？

2. 下面是一篇初中生的作文，请对这篇作文进行纠错：

> **My Best Friend**
>
> Do you know Andy? He is a student. He is tall and humorous. His black hair is short. He always wears happy and gives up the impression that good. He is always willing to out going. He is good at dancing. He always helps me out whenever I am in trouble. Once time. To my surprise she gives me a hug. He is very good and I hope we will be friends for ever.

☞ 真题再现

1.【2016 下 初中】

It is suggested that teachers should not interrupt students for error correction when the activity aims at _____.

  A. accuracy   B. fluency

  C. complexity   D. cohesion

2.【2016 下 高中】教学情境分析题：根据题目要求完成下列任务，用中文作答。

下面是某教师的课堂教学片段：

T：What did your mum do yesterday, Wang Lin?

S：My mum buyed the dress for me.

T：Oh, that is nice. Your mum bought it for you, did she?

S：Yes.

T：Where did she buy it?

S：She buyed it in town.

T：Oh, she bought it in town for you. Well, it is very nice.

请根据所给材料回答下列三个问题。

(1) 学生在对话中的语言错误是什么？

(2) 教师采用什么方式来纠正学生的错误？效果如何？

(3) 教师还可以采用哪些方式纠错？请举例说明。

第十二节 变 化 技 能

  变化是指教师在教学过程中通过教态的变化、信息传输渠道的变化和教学媒体的变化以及师生相互作用方式的变化，引起学生的注意，保持学生的学习兴趣，生动有效地传递知识和交流情感，促进学生学习的教学行为方式。

一、功能

教学中的变化技能是一种十分重要的教学技能，其主要功能如下：

(1) 引起并保持学生对有关教学内容的注意。

(2) 通过探索和调查新的情境，为学生提供运用好奇动机的机会。

(3) 迎合不同学生感官上的需要，促进学习。

(4) 鼓励学生积极参与不同认知水平的、有意义的活动，以提高学习效果。

(5) 通过生动有趣的教学及丰富多样化的学习环境，使学生热爱所在的学校、教师及英语学科。

二、基本形式

（一）教态的变化

教态的变化对激发和保持学生的注意力、传递信息及促进语言交际活动起着重要的作用。教态的变化主要涉及以下要素：

1. 声音的变化

声音的变化是指语调、音量、语速以及节奏等方面的变化。在教学中,教师适当加大音量、改变语速等可以突出教学重点。声音的变化还可用来暗示不听讲的学生,如降低音量,可以使学生安静下来专心听讲,这样做比一味地加大音量冲着学生喊叫,让学生安静下来效果要好得多,也更容易保护学生的自尊心。一般来说,教师在讲授时,声音的大小要以后排学生能够听得到为准。当学生进行小组活动时,教师进行个别辅导应该压低声音以免影响其他学生的活动。

教师在教学过程中声音的变化并不意味着怪腔怪调或加大音量对全班学生说:"Stop talking !"或者"Please be quiet !"也不应该用手拍桌子等方式吸引学生的注意力。这些方法一般不易奏效,不仅会影响学生的学习热情,而且会影响教师在学生中的威信。当教学内容发生变化时,教师可以使用语调、音量、语速以及节奏等方面的变化技巧引起学生的注意,加深他们对所学知识的印象。

> **例 3.60**:教师在从一般现在时的一般疑问句引入一般过去时的一般疑问句时,可以在使用动词 is 和 was 时加大音量和放慢语速,引起学生对一般现在时与一般过去时的注意。
>
> 例如:
> IS she there?
> Yes, she IS.
> WAS she there?
> Yes, she WAS.

2. 目光接触

眼睛是心灵之窗,这是人类情感交流的主要方式之一。教师与学生建立目光接触,可以提醒"走神儿"的学生专心听讲,增强学生对教师的信任感。此外,教师还可以从与学生的目光接触中获得反馈信息。比如,当学生听不懂或不耐烦时,眼睛就会发出情绪的信号。教师可以根据学生听讲的情况,辨析自己的教学效果,从而调整教学进度和方法,吸引学生的注意力。

> **例 3.61**:教师采用目光接触的方法请学生做口头练习。
> 步骤:
> ① 教师在黑板上写一个句子。
> ② 教师不叫学生的名字,而用与学生进行目光接触的方法示意某位学生进行口头练习。

3. 手势的变化

手势是英语课堂中师生进行交流的重要方式。手势可以表达情感、传递信息,以及增加教师有声语言的感染力,因此被称为第二语言。手势可用来指示视觉可及范围内的具体对象,如用手势代替或配合语言指示全班、半班或行列进行操练。用一个简单的手势可指示谁回答某个问题,谁来朗读某个对话,谁的答案有误,以及谁应该对某项内容进行重复练习等。此外,手势还可以帮助教师进行课堂管理。手势比用语言表达更易于被学生接受,每一位英语教师都应该采用或创造一套手势协助课堂管理。

> **例 3.62**:教师可采用如下手势协助课堂管理。
> 教师将手弯成杯状贴于耳后表示让学生听课。
> 教师举起手或拍手表示让学生暂停手中的事情或者让学生保持安静。
> 教师竖起大拇指表示表扬。
> 教师用手指指向喉咙表示发浊辅音。

4. 面部表情的变化

人的面部表情是内心世界的反映,教师的面部表情往往是学生注意力最集中的地方。有人把教师的微笑比作阳光、春风和桥梁,可以促进师生的情感交流。英语教师应学会利用表情的变化,表达自己的情感,传递非语言信息。比如,在学生回答问题后,教师说"坐下",如果是微笑着说,则是对学生的赞许和鼓励;如果是板着脸生气地说,则是对学生回答问题的否定和不满意。当学生取得成功时,教师用微笑给予鼓励和鞭策;当学生在学习上遇到困难时,教师用微笑鼓励他们战胜困难。当学生在学习中出现错误时,教师也应用微笑表示理解和期望。当然,严厉、严肃有时也是必要的,但要掌握好分寸。上面所说的面部表情是常规的面部表情,它应该是热情、亲切和友好的。随着教学内容和教学情境的变化,教师的面部表情应有所不同。

5. 身体位置的变化

教师在课堂教学中身体位置的变化有助于师生情感的交流和信息传递,使教学变得更有生气。如果教师一直站在教室的某个位置,课堂就会显得单调、沉闷。教师的身体恰当地移动能引起学生的注意,调动学生学习的积极性,提高课堂教学效果。

教师身体位置的变化应合乎教学内容的需要。在下列英语课堂教学中,教师应该站在教室的前面:

(1) 导入、呈现新的语言项目阶段。

(2) 控制性练习阶段。

(3) 提要求、发指令阶段。

这样做,教师可以看到每名学生在做什么或者在说些什么,通过手势及目光接触控制活动的进行,使学生们看到教师所使用的教具及模仿的动作,便于对个别学生进行帮助及纠正,集中学生的目光及注意力。

在进行成对或小组活动时,教师可以在不干扰学生活动的情况下在教室内进行巡视,也可以站在或坐在学生的活动圈附近,聆听学生的活动并给予必要的指导和帮助。学生在听录音或阅读课文时,教师应安静地站在一旁,如果教师来回走动,则会分散学生的注意力。另外,教师在板书后应离开黑板,否则会挡住学生的视线。教师走到学生中间可以使师生关系更密切,有利于师生之间的情感交流。

(二) 信息传输渠道的变化和教学媒体的变化

有研究表明,人的大脑每天通过五种感官接受外部信息,其比例分别为:味觉1%,触觉1.5%,嗅觉3.5%,听觉11%,视觉83%。这一研究结果对外语教学有着十分重要的意义,人们要获得对客观事物的全面了解,这五种感官必须协同活动才能完成。从信息传输理论来看,每种信息传输通道(与人类感官相对应)传递信息的效率不同,疲劳的程度也不同。因此,教师在教学中应适当地变换信息传输的通道,尽可能让学生交替地使用不同的感官,才能有效、全面地向学生传递教学信息。

1. 视觉教学媒体的变化

视觉教学媒体是指实物、图表、简笔画、PPT及视频等。视觉信息渠道在各个感官中的效率是最高的,视觉教学媒体的变化能引起学生的兴趣,让其积极参与课堂教学活动。

2. 听觉教学媒体的变化

虽然听觉渠道传递教学信息效率不如视觉渠道高,但学生不易疲劳。它能为学生展开想象留有充分的余地,在教学中使用效率最高。通常,中学课堂教学听觉渠道的使用约占70%,小学约占50%。因此,在英语课堂教学中,教师要更多地变化信息传输渠道、教学媒体和教学辅助材料等。只有这样做,才能更加集中学生的注意力,激发学生的学习兴趣。

(三)师生相互作用方式的变化

1. 教师与学生交流方式的变化

在课堂教学中,教师应采用多种方式与学生进行交流,了解学生的学习情况,以便及时获取教学信息反馈。教师与学生的交流方式包括教师与全体学生、教师与个别学生、学生与教师、学生与学生等。教师在教学中的作用是多种多样的:在复习阶段,教师是"强化记忆者",通过各种手段和方式(如提问、听写和小测验等)促使学生积极思考,认真回忆;在导入、呈现新的语言项目阶段,教师是"示范表演者"和"讲解员",运用不同的手段,如实物、简笔画及体态语言等,配合简单有效的语言向学生介绍新的语言项目;在操练阶段,教师对课堂教学活动进行组织,使课堂教学有序进行,教师是"乐队指挥"和"组织者";在练习阶段,教师则是"监听者"和"监督者";在课堂活动开展阶段,教师对活动的进程进行把握,保证其顺利有效地进行,教师是"调控者"和"导演";在对学生的表现进行评价和反馈的阶段,教师是"评价者"和"裁判员";当学生不知道该怎么回答时,教师应给予适当的提示,此时教师是"促进者"。

2. 学生活动安排的变化

教师所选择的教学活动形式对课堂教学效果有很大影响,教师应根据具体的教学内容选择学生的活动形式。就课堂教学的组织形式来说,教学活动主要有个别活动、结对活动、小组活动和全班活动。

(1) 个别活动主要适用于检查学生所学的知识、通过复习引入新课,以及检查学生对所学知识的运用能力。

(2) 结对活动常用于句型练习和对话练习。与个别活动相比,在结对活动中,学生可以获得较多的练习机会;与小组活动相比,它更省时、易控制,教师可以有更多的时间进行解答和举例。

结对活动形式多样,如学生可以进行自由对话、一问一答对话、一分钟对话、背诵课文对话等。此外,结对活动也可以模拟情境表演。

(3) 小组活动通常以四人小组的形式展开,不仅可以使学生在和谐气氛中进行交际、集思广益、开阔思路,也有助于学生消除心理障碍,大胆地说英语。

（4）全班活动具有省时间、效率高以及活动面大的特点，主要适用于固定句型的操练。在全班活动中，教师还可以引入竞争机制等，激励学生进行活动。全班活动的形式是多种多样的，教师要遵循课程标准的要求，从教学目标和教学实际出发，全面规划、统筹兼顾，有目的、有计划地设计和组织不同形式、不同要求的课堂语言实践活动。

变化活动形式可以采取做游戏、角色扮演、模拟、讨论、看电影、看视频等多种形式的活动，也可以根据活动形式及内容的不同来变化课堂的安排方式。比如，把桌椅摆成圆形或半圆形，在学生做四人一组的活动时，可以请同桌的两名学生和后桌的两名学生组成一组。

三、原则和要求

（一）目的性和针对性

教师要针对学生的兴趣、能力、认知特点以及教学内容等，选择适当的变化形式。教师在设计变化时，要有明显的目的性和针对性，从实际出发，有的放矢。过多的和盲目的变化不仅不能促进学生的学习，反而会引起负面的干扰作用。

（二）课前计划和课上灵活运用相结合

对于在教学过程中采用的主要变化，教师要在上课前做好设计和计划，但有时还需要根据课堂上的具体情况，及时、灵活、恰当地变化。

（三）连续性

教师在运用各种变化时，要注意使各种变化之间的连接流畅、有连续性，过渡要自然，使前后教学内容有机地连贯起来。

四、训练参考方法及评价参考标准

（1）以小组为单位演练本节中的两个例子。
（2）将选用的两个例子改写成教案。
（3）利用微格教学实验室进行教学模拟，参照表3-14进行点评。

表3-14　变化技能评价参考标准

	指标	满分	得分
1	声音的变化，即语调、音量、语速以及节奏等方面的变化合理	10	
2	在目光接触过程中形成互动	10	
3	手势的变化能够表达情感，传递信息，增加有声语言的感染力	10	
4	面部表情的变化能促进师生的情感交流	10	
5	身体位置的变化有助于师生情感的交流和信息传递，使教学变得更有生气	15	
6	信息传输渠道和教学媒体的变化符合要求	15	
7	教学活动形式能根据具体的教学内容选择学生的活动形式	15	
8	变化符合教学目标的需要	15	
	总分	100	

复习思考题

1. 不同的变化技能在英语教学中的作用是什么?
2. 在英语词汇教学中,教师如何选用动作或手势来教授单词,使得学生易于理解单词的意思?
3. 在英语教学中,教师常用哪些手势进行课堂管理?

真题再现

1.【2017 上 初中】For more advanced learners, group work may be more appropriate than pair work for tasks that are _____.

A. linguistically simple
B. structurally controlled
C. cognitively challenging
D. thematically non-demanding

2.【2018 上 高中】The advantages of pair and group work include all of the following EXCEPT _____.

A. interaction with peers
B. variety and dynamism
C. an increase in language practice
D. opportunities to guarantee accuracy

3.【2018 上 初中】Which of the following practices is most likely to encourage students' cooperation in learning? _____

A. Doing a project.　　　　　　B. Having a dictation.
C. Taking a test.　　　　　　　D. Copying a text.

第十三节　强 化 技 能

强化是指通过改变环境的刺激因素来增强个体某种行为的过程。强化技能是指教师在教学中为鼓励学生在语言学习中的某种行为而做出的积极反应,即奖励性、鼓励性的反应,是教师必备的教学技能。

一、功能

强化技能可以帮助教师达到以下目的:

(1) 提高和保持学生学习的注意力。比如,在教学过程中,教师对教学重点可以使用不同声调,或在黑板上加用彩色粉笔,或在屏幕中呈现特殊画面等,以引起学生的注意。

(2) 教师表扬和鼓励学生的学习行为,包括点滴进步,都可以促进学生学习的积极性和学习热情。

（3）激发并使学生保持很高的学习动机，成就感可以激发学生的学习动机。

（4）控制学生中干扰学习的行为、鼓励有利于学习的行为、鼓励注意听讲的行为、鼓励积极举手发言的行为等，这样做是对不注意听讲、保持沉默行为的一种间接批评和否定，能对干扰学习的行为起到抑制的作用。

（5）逐渐弱化外部影响，强调自我强化，培养学生的自控能力。开始时，运用适当的、适量的强化可以帮助教师达到其最终目的，使用强化技能的最终目的是培养学生良好的学习行为和学习习惯。

二、基本形式

强化技能可以分为言语强化和非言语强化。

（一）言语强化

言语强化是指教师用言语对学生某种行为或活动进行鼓励，使其继续重现该种行为和活动。言语强化进一步分为认可和赞扬。认可是指通过言语表示同意，如"Yes.""Mm-hmm.""Ok.""Right.""Fine.""I see.""I completely agree with you.""Good job!""Well done!""Excellent!""What a bright idea!"等表示支持或鼓励学生的话。

有时，教师在黑板上、屏幕上或作业本上也可以使用言语强化，如写评语或鼓励语等。

（二）非言语强化

非言语强化包括微笑、点头、目光接触、触摸、手势、姿势、距离和语调等。微笑、点头、目光接触可以表示对学生赞许、肯定和认可等。触摸（如轻拍学生的背或肩）可以表示对学生鼓励。手势（如竖大拇指）和姿势（如身体前倾靠近学生）也可以表示对学生鼓励或感兴趣。身体与学生的距离（如走近学生座位旁）可以表示对学生的好感或感兴趣。最后，语调也可以表达教师对学生的态度，如使用不同的语调来说"That's interesting."可以表示对学生感兴趣，也可以表示讥讽。

非言语强化还可以通过课堂活动来表达和实现，这种强化形式被称为活动强化。它的基本概念是用学生喜爱的某种活动形式作为对学生某种学习行为的鼓励或奖赏。比如，学生的作业完成得好，就让他们听一首英文歌曲，或看一段英文视频，或做某种游戏加以鼓励。

前面介绍的强化技能的类型可以通过不同的形式灵活运用：

（1）教师除了对个别学生的行为进行强化，还可以对全组、全班学生进行强化。

（2）教师对学生行为往往立即做出强化反应，有时不妨稍后进行强化，但要向学生讲明或用言语提示：强化很快会进行，但不是没有。这种延缓的强化有时也能起到"吊胃口"的良好效果。

（3）部分强化也称局部强化，是指强化学生学习行为中的某一部分，而不是全盘接受。局部强化本质上是避免负强化或批评。例如，"You spoke very well, but please speak a little louder next time."这句话起到了局部强化的作用。

（4）教师针对某个学生具体的能力和操作水平进行强化，有时比泛泛的、不指名或不具体的强化效果更好。比如，教师提到某个学生名字和他的具体表现，从而有针对性地强化。

三、原则和要求

（1）教师在强化学生行为时，要真诚、热情，使学生感受到教师的赞扬是发自肺腑的而并非应付或挖苦。如果教师对一个学生平淡的回答给予高度的赞扬，就会被学生理解为在挖苦自己。

（2）教师要努力避免负强化，即避免批评或惩罚。这并不意味着对学生不正确或不适当的学习行为应该忽视，而是提倡对学生正确的、适当的表现或操作进行正强化。

（3）教师要利用灵活多变的方式进行强化。重复一种强化方式或一种风格强化会使强化失去或降低作用。比如，不断使用"Very good!""Very nice!"或者小红旗等，会使强化的作用减弱，因为这些反复使用的词语变成了习惯性的言语后，就失去了评价性的内涵，最终会丧失强化的作用。

（4）教师可以对某种行为的强化在初始时频率可以高一些，然后逐渐减少。研究表明，经过开始一段时间的强化，强化的频率可以适当减低而不会影响期望的行为。如果撤销全部强化，则会使期望的行为消退。

四、训练参考方法及评价参考标准

（1）选用中小学英语教材中某一单元的内容，以小组为单位对强化技能进行演练。
（2）将选用的内容改写成教案。
（3）利用微格教学实验室进行教学模拟，参照表 3-15 进行点评。

表 3-15　强化技能评价参考标准

	指标	满分	得分
1	强化练习有明确的目的，操练形式多样	20	
2	全面把握新旧知识，以及语言材料之间的内在联系	20	
3	善于捕捉学生的疑问，提问富有启发性	10	
4	听、说、读、写交替进行，多种感官和思维相结合	10	
5	注重把握强化的时机，循序渐进巩固知识和技能	15	
6	善于启发和引导学生总结归纳，进行自我检测	15	
7	帮助学生形成良好的学习习惯，促进语言思维的发展	10	
	总分	100	

☞ 复习思考题

1. 简述什么是强化技能。
2. 你能想出多少种非言语强化的方式（如手势、姿势和触摸等）？
3. 通过语句进行强化，教师可以说："Yes.""OK.""Mm-hmm.""Right.""Fine.""I see.""Good!""Correct!"等。请再想出十种强化语句，然后与其他同学对照后补充。之后，将这些强化语句列成一个表，供今后教学参考。

第十四节 结束技能

结束技能是指教师在完成一定的教学内容或活动后,通过总结、归纳及实践活动,使学生所学的知识形成体系,稳固地纳入学生的认知结构并转化、升华的行为方式。结束技能不仅广泛地应用于一个单元、一节新课的结尾,也常用于讲授新概念、新知识的结尾。

一、功能

一节课不仅要有良好的开端,而且要有耐人寻味的结尾,正所谓"编筐编篓,重在收口"。如果一节英语课只有引人入胜的导入部分和环环紧扣的中间部分而缺少富有韵味的结尾部分,就不能得到预期的教学效果,算不上一节完整、成功的英语课。结束技能的重要作用有:

（1）总结、归纳所学的语言知识和技能,理清头绪,明确重点和难点,加深理解记忆,形成知识网络,加强学习和运用等。

（2）及时得到教学情况反馈,检查学习效果,从而把握教学进度,提高教学效率。

（3）拓宽、延伸教学内容,将学生所学的语言知识与现实生活情境结合起来,激发学生旺盛的求知欲望和浓厚的学习兴趣。

二、基本形式

（一）归纳概括式

教师引导学生利用准确简练的语言和图表等,对课堂所讲的语言知识和技能进行归纳和概括,揭示各部分知识的联系、结构和主线,强化语言知识重点。

> **例 3.63**：讲授一篇关于美国总统林肯的传记。
> 教学重点：使学生记住林肯一生的重大事件。
> 结束方法：该篇文章结束前,教师要求学生将文中的重要年代写在黑板上,帮助学生记住林肯一生中的重大事件及其主要经历。
>
> 1809：born.
> 1818：his mother died.
> 1818—1860：working in a store, then as a lawyer.
> 1861：president.
> 1864：president again.
> 1865：shot dead.

（二）比较分析式

比较异同是英语教学,特别是语法教学中不可缺少的方法。教师采用列表、提问、总结及图示等方法,引导学生将新学的语言知识与已学的语言知识进行比较,分析它们各自的本质特征及它们的内在联系,找出相同点和不同点,更加准确、深刻地理解所学知识。

> **例 3.64**：教师在讲授现在完成时态时,可以边写边说:"Now I'm writing on the blackboard."写完后说:"I have written some words on the blackboard."这时,教师可在黑板上板书"have written",紧接着说:"I wrote on the blackboard a moment ago."之后,教师再从 wrote 和 written 中启发学生找出过去式和过去分词在音、形、义上的差别。同时,教师让学生观察不规则动词表,让他们归纳不规则动词的变化规律(如总结出几种类型:AAA、ABA、ABB 和 ABC 等),然后用表格的形式列出现在完成时与一般过去时的区别。

(三)活动延伸式

教师可根据教学内容组织全班活动或小组活动,通过角色表演、讨论、复述、竞赛或游戏等多种形式的口头和笔头练习活动,让学生对所学的知识进行巩固练习。

> **例 3.65**：教师在讲完祈使句后,可以组织学生做游戏。例如,教师快速说出:"Touch your nose/head/mouth.""Put up your hands."等,学生听到后做动作,动作最快、最准的学生获胜。

(四)讨论总结式

学生是学习的主体。在教学过程中,教师应自始至终调动学生学习的积极性,鼓励他们积极参与课堂教学活动。例如,在学习了关于居里夫人的文章后,教师可以引导学生讨论:"Do you want to be Madame Curie and devote yourself to scientific research?"不仅使学生学到语言知识,而且对人生和未来进行思考。又如,教师可以根据课文内容引导学生讨论爱护树木、保护环境的重要性等,从而使学生学到的语言知识得以融会贯通,达到拓展的目的。

(五)设置悬念式

在课堂教学结束时,教师可以结合教学内容提出一些富有启发性的问题,从而引发学生思考,对所学的内容进行迁移,为学习新知识做好铺垫,培养学生的思考、分析和总结的学习能力。

> **例 3.66**：在讲解时间状语从句和动名词的关系时,教师可以设置如下思考题:
> After I had finished my homework, I went to bed.
> T:这个句子的主句和从句的主语相同,如果把从句的主语去掉,after 还是连词吗?如果不连接句子,那么 after 是什么词呢?
> Ss:介词。
> T:对,介词后面的动词是什么形式呢?同学们可以思考一下。

三、原则和要求

（1）及时性。课堂教学中任何一个相对独立的阶段结束时，教师都要及时总结和巩固所教的知识，以便让学生获得良好的学习效果。

（2）连续性。教师要注意把学生原有的知识、新学的知识以及将要学习的知识联系起来，保持教学上的连续性。

（3）恰当性和灵活性。教师在设计结束活动时，要考虑情境教学的需要和学生的实际水平，或者归纳总结、强调重点，或者留下悬念、引人遐思，或者含蓄深远，或者回味无穷，或者新旧联系、铺路搭桥。

（4）概括性。课程的结束应紧扣教学内容，做到首尾呼应。结论要精炼，方法要突出。理想的结束活动，应当既是对导课设疑的总结性回答，又是导课内容的延续和升华，帮助学生形成系统的、有效的知识网络。

（5）实践性和迁移性。教师在教学结束时要安排适当的学生实践活动，通过真实情境的语言活动，实现技能的形成和知识的迁移，加强对知识的理解和运用。

四、训练参考方法及评价参考标准

（1）以小组为单位演练本节中的任意两个例子。

（2）将选用的两个例子改写成教案。

（3）利用微格教学实验室进行教学模拟，参照表 3-16 进行点评。

表 3-16　结束技能评价参考标准

	指标	满分	得分
1	能及时对所学知识进行回忆，使之条理化	15	
2	归纳紧扣教学目标，提示知识结构和重点	10	
3	当重要的语言点等结束时，进行总结深化和提高	15	
4	结束时提出问题或采取其他形式检查学生学习	20	
5	归纳总结简明扼要	10	
6	对部分内容进行拓展延伸，进一步启发学生的思维	20	
7	结束方式可适当采取多种形式，既巩固知识，又余味无穷	10	
	总分	100	

☞ 复习思考题

1. 一节课的结束部分应包括哪些内容？什么样的结束方法更能调动学生的积极性？
2. 在不同课型的教学中是否都采用同样的结束方法？为什么？
3. 观看优秀教师的教学录像，注意学习他们结束课程的具体方法。
4. 选择教材中的一篇课文，针对内容选择一种结束方法，并设计一份 5~8 分钟的微课教案，在设计微课教案时要考虑：

① 所选择的结束方法是否概括本节课的重点与结构？

② 所选择的结束方法是否都有明确的目的？是否能强化学生对所学内容的理解？

③ 所进行的总结与实践活动，是否能使学生在知识、智力和能力方面都有所提高？

第四章

英语语言知识教学技能技巧

☞ 学习完本章,应该做到:

◎ 熟悉英语语言知识教学技能;
◎ 了解相关概念及英语语言知识教学的特点和教学原则;
◎ 掌握不同语言知识教学的技巧、方法和教学设计。

☞ 学习本章时,重点内容为:

熟记和掌握语音教学技能、词汇教学技能、句型教学技能、语法教学技能、语篇教学技能的基本知识、原则和方法,特别注意这些教学技能在教学实践中的实际运用。

☞ 学习本章时,具体方法为:

本章分五小节,包括教学原则、教学内容、教学模式与方法、课型示例、训练参考方法及评价参考标准等主要内容。在学习过程中,要遵循具体教学原则,根据每一个英语语言知识教学的特点进行教学设计,课后可根据复习思考题和真题再现,进行复习、反思和训练,以便检测学习效果。此外,还应注意语言教学的整体性及教学方法在实践中的创新。

第一节 语音教学技能

语言教学的目的是培养学生运用语言的能力。语音是语言三要素之一,是语言教学的起点与关键,也是英语教师一项最重要的基本功。语音教学的目的是培养学生形成正确的发音方式以及自然流畅的语流和语调。语音教学包含哪些内容?教多少?怎样教?先教什么后教什么?这些问题都值得英语教师认真思考。

一、教学原则

语音教学应遵循准确性原则、长期性原则、综合性原则、针对性原则、趣味性原则、交际性原则和真实性原则。

(一)准确性原则

准确性是语音教学的首要原则,教师要确保自身发音准确,同时通过多样化的教学方法和手段,引导学生进行大量的模仿、重复和听读等练习,形成良好的发音习惯,打下扎实的语音基础。

(二)长期性原则

语音教学是贯穿于中小学各个阶段的基础教学任务。教师应根据各个阶段的教学内容、教学任务和教学要求,对语音教学常抓不懈、贯彻始终。

（三）综合性原则

语音教学并不是孤立的发音教学，教师应该将音素、音标、单词、句子、语义和语境等各个层面结合起来，将语音教学融入有意义、有情境和任务性的语言训练中。同时，教师不要单纯追求单音的准确性，要注意语义与语境、语流与语调的结合。

（四）针对性原则

语音教学的重点应该放在有标记的语音特征上，针对不同学生的具体发音情况采用相应的教学方法。

（五）趣味性原则

为了避免语音教学的乏味性，教师可以根据不同阶段学生的心理和生理特点，采用恰当的教学方法，如游戏、比赛、英语说唱、英语绕口令、全身反应法教学和趣配音展示等，让学生寓学于乐。此外，教师还可以借助图片和动画等手段，使语音教学趣味化。

（六）交际性原则

教师在语音教学中，将语音置于特定的交际语境之中，让学生体会、分析语音的交际含义。学生在交际中使用所学的语音知识，掌握正确的语调、重音和节奏等技巧，准确表达自己的交际意图。

（七）真实性原则

教师应让学生大量接触真实的、自然的语言，让学生在实践中学、在实践中练、在实践中用。

二、单音教学

教师在单音教学中可以采用以下方法：

（一）英汉语音对比

英语音标与汉语拼音之间存在着相似和不同之处。教师通过对比，可以使学生从中找到规律，便于英语语音的学习。一方面，教师要分析汉语中哪些语音现象是学习英语语音的有利因素，起到正迁移的作用。学生借助已有的汉语拼音知识学习相关的英语语音，就会减轻学习的负担，同时，也有助于提高学生的学习兴趣，避免呆板枯燥地死记规则、硬背语音知识等。另一方面，教师更要找出汉语中哪些语音现象对英语学习起干扰作用，即主要表现为两种语言中的小同大异或大同小异，解决负迁移导致的学习难点。教师在教学中需要反复对比汉语拼音和英语音标，认真讲解它们的不同之处，提醒学生注意。学生通过不断地模仿和练习发音，体会语音发音特点，为英语学习打下良好的基础。

（二）英语语音对比

英语语音之间的对比主要集中在一些近似音标在口形、牙床和舌位等方面。例如，元音中的/e/和/æ/，/ʌ/和/ɑː/，辅音中的/v/和/w/，/s/和/θ/等。如果让学生孤立地听这些近似音标，学生就不容易察觉出它们之间的区别。但是经过对比，再加以适当的讲解和示范，这些音标各自的特点就显现出来。有比较才有区别，教师可以通过最小对立体比较发音，揭示近似音的难点所在，有利于学生掌握要领，养成良好和正确的发音习惯。最小对立体示例如表 4-1 所示。

表 4-1 最小对立体示例

/eɪ/	/aɪ/
pay	pie
train	try
lane	line
main	mine
wait	white
tame	time
lake	like

（三）听音

英语语音教学的目的是培养学生良好的听音和发音的能力。听音是语音教学的根本方法，是学习发音的第一步。听音是发音的先导，听准了，才能模仿得像，发音准确。发音又是对听音的检查和巩固，只听音而不发音，很难说明是否听清、听准，也无法将听觉表象固定下来。听音可以分阶段、分层次地进行。对于初始阶段的学生，听的重点应落在字母、音标及单音教学上，教师可以采用如下听音教学：

（1）当教师读音标或单词时，学生静听，并注意观察教师的口形。
（2）当教师读音标或单词时，学生出示相应的音标或单词卡片。
（3）将板书的音标或单词编号，在教师读音标或单词后，学生说出相应的编号。

（四）模仿

语音训练实质上是听和说有机结合的模仿性的实践活动。听音并模仿是语音教学的一个重要方法。先听音，后模仿，听清、发准是语音教学的基本步骤。模仿可以集体进行，也可以分组、分行进行，还可以单独进行。虽然集体模仿可以节省时间，但不能检测出个体发音的差异。这就需要单独模仿训练，纠正个别学生的发音错误并使其他学生引以为戒。

教师在讲授英语语音时，首先要保证自己的发音准确，语流、语调规范，同时要抓住教学的关键点，讲解简明扼要。

（五）拼读

单音教学包括音素、字母、音标和拼读等方面。音标教学可以采用"听—模仿—正音—辨音—对比—拼读"的教学方法。此外，也可以采用音素、字母、音标同步的教学方法。以字母 i 为例：教师先示范发音，学生静听之后进行集体模仿与个别模仿。教师指出字母 i 的音、形与汉语拼音中 i 的异同，同时教 /aɪ/ 中所包含的音素的读音。这样，就可以把字母教学、音素教学和国际音标的教学直观地结合起来。在教学生读音之后，教师给出例词，使学生进一步掌握字母音与形的联系并结合单词记忆，如：b—i—k—e→bike

/baɪk/,字母 i 在开音节中读作/aɪ/,字母 e 不发音,字母 b 和 k 分别读作 /b//k/。学生根据读音规则试着朗读,很容易学会发音。在单音教学中,拼读是比较关键的一个环节。许多学生在音素、字母、音标等方面都掌握得很好,但由于缺乏拼读能力,只能够机械地背诵单词,久而久之便会感到力不从心,从而产生厌学心理。因此,在培养学生的拼读习惯时,使用语音规则划分音节和记忆单词的拼写能力是语音教学中的重点内容。

三、语流、语调教学

语音教学并不是单纯地教完 48 个音素就结束了,还应包括语流、语调的教学,这是中小学语音教学长期而艰巨的任务。语流包括意群、停顿、连读和失去爆破等;语调包括句子重音、节奏和声调等。学好英语的语流和语调可以使英语口语更地道、更标准。学习音素、字母、音标和拼读,最终是要把这些知识应用在大段的文章与日常交际中,要与听、说、读、写相结合。

(一) 语流教学

1. 意群和停顿

教师可以结合课文或长句子讲解意群和停顿的意义和规律,通过示范朗读和带读,帮助学生模仿体会,逐步学会意群和停顿,养成规范的朗读习惯。

> **例 4.1**:意群和停顿示例。
> (1) I can't hear,/Tom.
>   I can't hear Tom.
> (2) Five plus six/times seven/equals seventy-seven. (5+6)×7 = 77
>   Five plus/six times seven/equals forty-seven. 5+(6×7)=47

2. 连读和失去爆破

连读是指在同一个意群中,前一个词以辅音音素开头,后一个词以元音音素开头,在朗读时,习惯上将这两个音素拼在一起读出来,这种语音现象叫做连读。失去爆破是指当一个爆破音和另一个爆破音相遇时,第一个爆破音常常"失去爆破"或"特殊爆破"。学生经过大量规范的模仿,语音和语调初步形成。在养成良好的朗读习惯以后,教师可以结合歌曲、语篇、对话和配音等形式,引导学生体会连读和失去爆破对语流的影响。同时,教师还可以组织口语活动,让学生反复练习,不断提高语言技巧和水平。

> **例 4.2**:辅音和元音的连读示例。
> (1) Look‿out‿of.
> (2) Not‿at‿all.
> (3) Good‿idea.

(二) 语调教学

1. 重音

英语重音分为单词重音和句子重音。每一个英语单词,至少有一个音节读得重而清楚,而其他的音节轻而含糊。读得重而清楚的音节,叫作单词重音,也叫作重读音节。在英语单词教学中,教师要特别注意对单词重音的练习,单词重音读得不准或错误,会导致发音错误。

句子重音是学生学会朗读的重要环节。语句一方面有表情达意的作用,另一方面也是节奏和语调的基础和骨架。句子重音的一般规律为:在非强调句子中,实词一般有句子重音,虚词无句子重音。

重音的发音训练越早越好,教师可以采用如下教学方法:

> **例 4.3**:句子"Tom gives me a book."中重音部位不同,可表达不同的含义。
> (1) Tom gives me a book. (It is Tom who gives me a book, not someone else.)
> (2) Tom gives me a book. (Tom doesn't lend me a book. He gives it to me.)
> (3) Tom gives me a book. (It is me that Tom gives the book, not another person.)
> (4) Tom gives me a book. (It is the book that Tom gives me, not other subjects.)
>
> **例 4.4**:单词的重音教学示例(见图 4-1)。
>
> **Word stress:**
> 1. banana   = di – da – di
> 2. pronunciation = di – di – da – di
> 3. table   = da – di
> 4. because   = di – da
> 5. examination   = di – di – di – da – di
> 6. fat   = da
>
> 图 4-1 单词的重音教学示例

2. 节奏

节奏是指在英语交际或朗读时出现的一系列音节所特有的轻重、长短和快慢的现象。

在英语节奏教学中,教师要突出两个特点:一是英语连贯语篇重读音节之间的时距大致相等;二是重读音节和非重读音节交替出现。

教师在进行节奏教学时,要尽量采用直观教学手段帮助学生掌握英语语言的节奏感,感受语音教学的美感。学生在初步掌握英语语言的节奏感后,教师可以让学生用手打着节拍模仿练习。

> **例 4.5**:教师可以采用下面的方法帮助学生练习节奏。
> (1) 用声音表示重读音节和非重读音节。
> a kilo of sugar = di—da—di—da—di
> (2) 像乐队指挥那样,用手势表示重读和弱读。
> 'English is 'interesting.
> The 'English book is 'interesting.
> The 'English book is very 'interesting.

3. 声调

在英语句子中,声调对于句子表情达意起到重要的作用。声调不同,所起的作用和效果也不一样。声调一般有升调、降调、升降调、降升调和平调五种调型。升调和降调是最基本的声调,升调常用于一般疑问句、选择疑问句的前半句、陈述句并列多项中除了最后一个并列项的所有项和称呼语中;降调常用于陈述句、祈使句、特殊疑问句和感叹句中。

例 4.6:声调示例。

S1: I'm Xiao Li . (I'm introducing myself.)

S2: Yes? (Go ahead, I'm listening.)

S1: I'm from class 1. (Now, more about myself.)

S2: How nice! (I see, tell me more.)

英语语音教学不能仅限于入门阶段,而应贯穿教学的全过程。在初始阶段,教师可以结合字母、单词和句子进行语音教学,逐渐过渡到拼读规则、语流和语调的教学,为学生进一步学好英语打下良好的基础。

四、课型示例

Teaching Plan

Teaching content:minimal pair /θ/ and /ð/

Lesson type:Phonetics

Teaching aim:To practise two consonants /θ/ and /ð/

Teaching procedures:

Step 1 Repeat after the teacher.

T:Please listen to me attentively and repeat after me — /θ/.

Ss:/θ/.

…

T:/ð/

Ss:/ð/

…

Step 2 Talk with the teacher.

S1:Sank you, Teacher.

T:Say—thank you.

S1:Thank you.

T:Good. You're welcome.

Step 3 Practice while listening to the tape.

/θ/	/ð/
thick	this
thin	that
think	these
three	those
thirteen	there
both	then
path	they
teeth	father
bath	mother

Step 4 Compare and practice the pair.

/θ/	/s/
thank	sank
thick	sick
thin	sin
thing	sing
think	sink
thought	sort
thumb	some
mouth	mouse

Step 5 Summary.

When you say /θ/ and /ð/, you could use a mirror to see if you have placed the tip of your tongue between your teeth. If you find this difficult, please try putting your fingers in front of your mouth and touching it with your tongue like this. (Teacher shows with his/her tongue and teeth.)

Step 6 Tongue twisters.

Practice the tongue twisters.

(1) Through thick and thin.

(2) Three hundred and thirty-three.

(3) This is something new.

(4) That means one thing over there.

(5) These and those mean two or more,

(6) Those are far and these are near.

五、训练参考方法及评价参考标准

利用微格教学实验室,以小组为单位对本节的课型示例进行教学模拟,参照表4-2进行点评。

表 4-2 语言教学技能评价参考标准

	指标	满分	得分
1	明确语音教学的目的	10	
2	训练方法运用恰当、自如,训练形式多样	15	
3	语音准确,语调规范	10	
4	语言表述清晰、自然流畅,语速适中,声音洪亮	10	
5	教学由易到难,先简后繁,循序渐进	15	
6	概括和总结得科学、合理	10	
7	能熟练用英语组织教学,语言应用得体,讲授科学、正确、简明	15	
8	时间利用有效,完成教学任务,达到预期目标	15	
	总分	100	

☞ 复习思考题

1. 如何进行语音对比?
2. 语音教学有哪些常用方法?结合中小学教材中的相关内容谈一谈实施步骤。

☞ 真题再现

1.【2016 下 高中】When teachers teach pronunciation to students, which suggestion is useless? _____

A. Use hands and arms to conduct choral pronunciation practice.
B. Move around the classroom when doing choral practice.
C. Try to use visual aids.
D. Rely on explanations.

2.【2017 下 初中】教学情境分析题:根据题目要求完成下列任务,用中文作答。

下面是一位初中英语教师在语音教学中使用的练习。

Teacher's instruction:

Look at the words on the blackboard(见表 4-3).
Tick the word you hear in each sentence.

Teacher's reading:

1. I don't like these sports.
2. These pots are very dirty.
3. Look at that white cord on the water.
4. Mr. Smith was short.

Students tick the words they hear:

表 4-3 黑板上的单词

A	B
1. spots	1. sports
2. pots	2. ports
3. cod	3. cord
4. shot	4. short

根据上面所提供的教学情境,从下面四个方面作答:
(1) 该片段的教学目的是什么?
(2) 该教师采用了哪两种教学方法?
(3) 该教学片段体现了哪两个语音教学的原则?
(4) 列出能恰当体现语音教学原则的其他三种方法。

第二节　词汇教学技能

词汇是构成语言的三要素之一,人的思维活动是借助语言中的词汇进行的。没有词汇,就没有语言,人与人之间的交流正是通过由词汇构成的句子完成的。

一个人掌握的词汇量多少直接影响着他的语言表达能力。词汇教学是英语教学中的一个重要环节。词汇教学的内容主要包括词义、词汇信息(词的拼写和发音等)、用法以及词汇学习策略等。因此,词汇教学的任务不仅要使学生学到一定数量的单词和习语,而且还要使学生掌握学习词汇的方法,培养学生学习词汇的能力。教师要充分重视词汇教学中存在的两大困难:一是拼写形式方面的困难;二是词的用法方面的困难。词汇教学一方面要与语音教学、语法教学、听说教学、阅读教学和情境教学等形式相结合,以句为单位,注意词不离句,句不离文;另一方面又要在听、说、读、写中体现出来,音、形、义相结合,充分运用整体教学的方法,精讲多练,使学生在大量的语言实践中领会和掌握词义及其用法。

一、教学原则

(一) 系统性原则

系统性原则主要关注词汇的形音联系、形义联系、结构联系、语义联系和用法联系等。教师在进行词汇教学时,要注意给学生展示词汇之间的系统性和联系性,使学生掌握词汇在各方面变化和转化的规律,化机械性记忆为理解性记忆。例如,读音规则、字母组合发音等可以使词汇的形音联系起来;学习词根、词缀及合成词等与构词法相关的知识,有助于学生建立形义联系和结构联系;利用词与词之间的同义、反义、上下义等关系以及词义搭配和句法搭配等来分析、理解和掌握词汇的规律,有助于学生建立语义联系和用法联系。

（二）文化性原则

语言是文化的载体，词汇问题往往是文化问题，也是思维方式问题。词汇结构和词义结构都与该语言的文化相连。因此，词汇教学不能孤立地停留在词汇的字面意义上，还要引导学生了解词汇的文化意义，从而有效地进行跨文化交际。

（三）情境性原则

词汇的呈现应具有直观性、情境性和趣味性。直观性是指教师利用实物、图画、图表、动作等解释某些单词的意义。情境性要求教师在具体情境中呈现单词，在真实情境中教单词，这样可以帮助学生更好地理解和使用单词。此外，教师在听力或阅读中学会词的意义、推理单词的用法，把词汇教学融入语篇阅读教学之中，也是很好的教学方法。

（四）运用原则

运用原则是指词汇教学不能只停留在讲授层面，教师必须为学生创设具体运用词汇的条件和语境，让学生在运用中加深对词汇意义的理解，掌握词汇的用法和功能，进而恰当得体地运用词汇表情达意。

二、呈现方法

词汇呈现的过程中需要关注音、形、义。其中，义是指词汇意义，它包括词的外延意义和内涵意义。外延意义也称概念意义，用来表示词语与所指客观世界中的实体之间的关系，是指词的字面意义，也是词典中的意义或释义。内涵意义是指隐含或附加在概念意义中的意义，它反映了人们对于某个词汇的情感联系。例如，dog 一词，其外延意义是"狗"，是指动物，常常用来表达"忠诚""友谊"的内涵意义。

（一）拼读法

英语作为拼音文字，字母和读音之间是有一定规律可循的，就是我们通常所说的读音规则。英语的读音规则分为：

(1) 元音字母在重读音节及非重读音节中的读音。
(2) 元音字母组合在重读音节及非重读音节中的读音。
(3) 辅音字母的读音。
(4) 辅音字母组合的读音。

教师在使用拼读法教学时，应让学生熟练掌握读音规则，并通过大量的例词进行更直观、形象的讲解。在教学中，教师通常采用讲解法和归纳法。

例如，教师在教授元音字母 a 在开音节中读作 /eɪ/ 的发音时，首先给出 name 这个单词；其次在讲解发音规则时，指出"元音＋辅音＋不发音的 e"字母组合中的元音字母发字母本音；最后列举新单词，如 grade, late 和 same 等，并结合实例进行练习。此外，教师还可以用归纳法对学生已学过的单词归纳总结出相关的读音规则，然后利用这一读音规则试读未出现过的新词。例如，学生通过学习 team, please, read 和 tea 之后，得出元音字母组合 ea 一般读作 /iː/。当学生遇到 easy, cheap, leave 和 pea 等词时，就可以正确地读出它们的发音。教师使用拼读规则进行教学,可以培养学生自学单词的能力。

(二) 词义对比法

词义对比法教学可分为三种:同义词释义、反义词对比和归纳对比。教师在讲解词义时,应坚持"尽量使用英语,适当利用母语"教学的原则。

1. 同义词释义

英语中大量的词汇都有与其意义相对应的词。利用同义词释义讲解词汇是教学中常用的一种方法。

> **例 4.7**:采用同义词释义方法教学。
> (1) She is a bright girl. Here "bright" means "clever".
> (2) Wear:This word means "put on". We can say:"He is wearing a blue coat. The students are wearing their school uniforms."

2. 反义词对比

反义词对比与同义词释义恰恰相反,教师通过对比不同单词的意义,也能收到良好的教学效果。

> **例 4.8**:采用反义词对比方法教学。
> (1) Dear:This word means "not cheap".
> We can say:"The refrigerator is very dear, but the desk is very cheap."
> (2) The job is difficult.
> Here "difficult" means "not easy".
> It is difficult. Most people can't do it well.

3. 归纳对比

随着学生词汇量的增多,教师要及时对所学的词汇进行比较,找出区别,发现规律,从而深化词汇教学,如对介词的归纳比较等。

例 4.9:采用归纳对比方法教学(见图 4-2)。

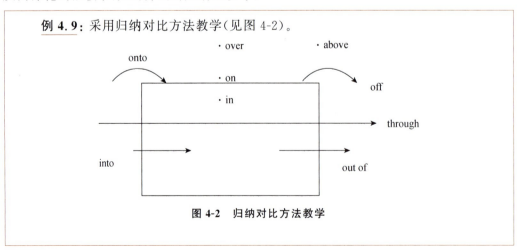

图 4-2 归纳对比方法教学

（三）构词法

英语词汇的构成是有一定规律的，教师应尽早向学生介绍英语构词法中一些简单的知识，如转化、合成和派生等，帮助学生理解和记忆单词。例如，教师在讲 sun 和 sunny 时，可以简单介绍名词派生为形容词的规律，并多举一些实例。再如，教师可以教学生"unfair"一词中的"un"means"not"，"unfair"means"not fair"；"retell"一词中的"re"means "again"，"retell" means "to tell again"。

这种构词法的引入特别适用于稍有难度的词汇教学。

> **例 4.10**：在学习 decide，decision 时，教师可以充分利用构词法规律。
> T：The Chinese word for "decide" is "决定"。（教师在黑板上写出 decide 和 decision）If you have decided to do something, it means you have made a decision. So can you tell the difference between "decide" and "decision"?
> S1："Decide" is a verb, while "decision" is its noun form.
> T：That is right. Let's look at another example："protect" and "protection". Can you make a rule out of these examples?

（四）同音对比法

英语中也有一些词汇（如 sun 和 son，pear 和 pair 等）具有相同的读音，不同的词义。教师通过对比同音词，可以使学生掌握大量单词的发音而不致混淆它们的意义。

> **例 4.11**：教师采用同音对比法教"mouth"和"mouse"。
> T：Look at my face. This is my mouth. Pay attention to my tongue. Mouth, /θ/. Read after me, please. /θ/—/θ/—mouth.
> Ss：/θ/—/θ/—mouth.
> T：Look at the picture. This is an animal. It's a mouse. Read after me, please. /s/—/s/—mouse.
> Ss：/s/—/s/—mouse.
> T：Good. Show me your mouth.（教师指着图片中的老鼠）Which animal can eat a mouse?
> …

（五）英汉释义法

英汉释义法包含两个方面：一种是用英语释义；另外一种是用汉语释义。有时，这两种方法可以综合起来运用。

1. 用英语释义

教师应该尽量用学生已掌握的单词解释新词汇的意思，培养学生听说英语和用英语思维的能力。但教师要注意不同阶段采用不同的方法。

（1）用实物介绍词汇。教师用实物介绍词汇，有助于学生把英语单词同实物直接联系，增强语言的真实性和形象感，易于调动和保持学生的学习兴趣。

例 4.12：教师采用实物介绍 handbag。

T：Look, this is a handbag.（教师指着自己带来的手提包）

　　A handbag.

Ss：A handbag.

T：（教师指着手提包）What is this?

Ss：It is a handbag.

（2）用简笔画、图片和动画等形式介绍词汇。有些英语词汇无法用实物引出，教师可以借助简笔画、图片和动画等引出新词汇。

例 4.13：教师采用图片及简笔画介绍 husband 和 wife。

T：（教师拿出带有小鸡的图片或画出小鸡的简笔画）They are…

Ss：Chickens.

T：（教师把 chicken 写在黑板上）Their father is a…

Ss：A cock.

T：Their mother is a…

Ss：A hen.

T：（教师在黑板上写出 cock 和 hen）

　　Then the hen is the cock's…

Ss：Wife.

T：Very good, wife. How do you spell it?（学生拼读，教师在黑板上写出"wife"）

T：Then, the cock is the hen's …

Ss：（学生们没有回答正确）

T：Well, the cock is the hen's husband. Clear?（教师在黑板上写出"husband"）

（3）用形体语言介绍词汇。在学习语言的过程中，学生的各种感官的参与是非常必要的。学生参与学习的感官越多，记忆越深。教师要根据学生的认知特点，设计多感官参与的语言实践活动，让学生在丰富有趣的情境中，围绕主题意义，通过感知、模仿、观察、思考、交流和展示等活动，感受英语学习的乐趣。许多感情词（sad, happy, anger, cry 和 laugh 等）及动作词（walk, swim, eat, run, stand 和 jump 等）都可以用这种方法引出。

例 4.14：教师采用形体语言介绍 read 和 write。

T：Look, I am reading.（教师做出读书的动作）Read.

Ss：Read.

T：What are you doing?

Ss：I am reading.

T：I am writing the word "read".（教师在黑板上写出"read"）Please write the word "read".（教师做写字动作。在学生写字的时候，教师在黑板上写出"write"。）

T：Please read the word "write".

Ss：Write.

(4) 用下定义法介绍词汇。教师借助下定义法介绍词汇，不仅有助于提高学生的阅读理解能力，而且有助于提高学生的表达能力。

> **例 4.15**：教师采用下定义法介绍 hospital 和 author。
> A hospital is a place where doctors and nurses work.
> An author is a man who writes a book for reading.

(5) 用举例法介绍词汇。举例的目的是通过创设一种情境，使词义变得明晰，同时也展示该词与其他词的搭配关系，使学生产生联想，推测词义。这种方法可用于解释一些意义抽象的词汇。

> **例 4.16**：教师采用举例法介绍 retire 和 lazy。
> Mr. Li was a worker, he is over sixty. He is too old to work. He is retired now.
> I have a brother. He is very lazy. /He got up late, and then he did nothing all day. I told him: "Don't be so lazy! Do some work!"

2. 用汉语释义

教师在英语教学中应尽量避免使用母语，但有时遇到一些较抽象、很难解释的英语词汇时，如 love, war 和 air 等，用英语解释只会让学生越听越糊涂。此时，教师可以直接用汉语解释，这样不仅可以节省时间，而且解释得清晰明确。但这种方法不利于培养学生用英语思考的能力，教师要尽量少用。

词汇教学不能孤立于课文和语境之外进行，教师要结合语音、语法、听、说、读、写等教学方法，让学生多读、多接触，以巩固记忆。

三、词的记忆和巩固

德国心理学家艾宾浩斯认为，保持和遗忘是时间的函数，他根据实验的结果绘成描述遗忘进程的曲线，为英语词汇教学提供了科学的理论依据。研究发现，遗忘的进程并不是均匀的，在最初识记后的短时间内遗忘速度最快，以后则缓慢递减。因此，学生在学习英语时，要遵循记忆和遗忘规律，采取强化措施与遗忘作斗争。

（一）重视瞬时记忆

记忆可分为瞬时记忆和长时记忆。虽然瞬时记忆保持的时间短暂，却是长时记忆的基础。教师在课堂上进行瞬时记忆训练，可以激发学生积极思考、认真听讲，以及主动分析英语词汇的特征，从而加深感知印象，提高记忆效率，为长时记忆奠定基础。但多数教师和学生把学习词汇和记忆词汇截然分为两步：课内学词汇，课后记词汇。教师要指导学生采用"耳听—口读—手写—脑想"联合记忆的形式提高记忆效果，既能当堂理解和掌握所学的词汇，又能瞬时记住所学的词汇，为日后长时记忆打下良好基础。

（二）及时复习

复习是防止遗忘的最基本措施，词汇教学要加强复习的科学性和计划性。这主要表现在复习时间和复习内容的安排上。在时间的安排上,一要及时,二要合理。复习应在出现遗忘征兆而尚未遗忘的这段时间进行,而不能在记忆消退之后进行,否则将事倍功半,甚至前功尽弃。在内容的安排上,学生要分清主次,要以日常使用率高而教材中复现率低的词语为重点,每次复习的词汇量不宜太多。

(三) 多种形式巩固

学生在学习完词汇之后,教师要指导和帮助学生用多种形式和方法复习巩固所学的词汇。通常,教师可采用集中复习词汇与分散复习词汇相结合的方法。集中复习词汇主要是在一个单元结束后、期中或期末对本阶段所学的词汇集中整理,结合复习以往所学的词汇,通过归类比较,强化记忆并加深认识。分散复习词汇是指教师结合语音、词汇、语法的教学以及听、说、读、写的训练活动,有意识、有计划地设计教学活动,帮助学生复习所学的词汇。

四、课型示例

Teaching Plan

Teaching content:Sports

Lesson type:Vocabulary

Teaching aims:

(1) To elicit the related words about sports, leading students to learn about other sports on the basis of mastering vocabulary such as wrestling, horse-riding, sailing and shooting.

(2) To enable the students to grasp the sentence pattern:prefer A to B.

Teaching procedures:

Step 1 Revision

T:What are the events (sports) for Sports Day on the playground?

S1:The 100-meter race, the high jump.

T:And then?

S1:The long jump, the relay race and the girls' 400 meters.

T:Very good. What would you say to Lin Tao if he won the race?

S1:Congratulations.

T:That is right. What if he lost the race?

S1:Bad luck.

Step 2 Warm-up

T:Apart from the above-mentioned events, can you name some other sports? (Allow students to discuss for 1 to 2 minutes.)

S2:Basketball, volleyball and football.

T:And then?

S2: Baseball, swimming, boating and bowling.

T: And then?

S2: Horse-riding and wrestling.

T: Do you know wrestling?

Step 3 Presentation and practice

(Using pictures in the book to elicit related words.)

T: What is this sport? (pointing to the picture of wrestling)

S3: It is wrestling.

T: Yes, it's wrestling. How about this one? (pointing to the picture of sailing)

S3: It's sailing. It is surfing.

T: Yes, it is sailing. Is it surfing? Oh, it really looks like surfing. Do you know surfing? (pointing to the picture of surfing)

T: This is surfing.

S3: Surfing.

T: What is this sport? (pointing to the picture of shooting)

S3: It is shooting.

T: Which do you prefer, or which do you like better, shooting or swimming?

S3: I like swimming better.

T: That means you prefer swimming to shooting. Please say it this way: I prefer swimming to shooting."

S3: I prefer swimming to shooting.

T: Which do you prefer, wrestling or skiing?

S3: I prefer skiing to wrestling.

T: How about surfing and wrestling?

S3: I like neither of them.

T: That means you prefer neither of them.

In this way, the teacher uses pictures and the elicitation method to elicit the following sports-related vocabulary(见图 4-3):

图 4-3　sports-related vocabulary

五、训练参考方法及评价参考标准

利用微格教学实验室,以小组为单位对本节的课型示例进行教学模拟,参照表 4-4 进行点评。

表 4-4　词汇教学技能评价参考标准

	指标	满分	得分
1	明确词汇教学的目的	10	
2	训练方法运用恰当、自如	10	
3	训练形式多样	10	
4	概括、总结得科学、合理	10	
5	词汇读音准确	10	
6	关注多种语音现象:如连读失去爆破等	10	
7	词汇拼写正确	10	
8	词汇用法及含义讲解清楚	10	
9	合理使用例句,难度适宜	10	
10	词汇拓展学习,如同义词、反义词、词根词缀分析、词性变换以及英语国家文化等	10	
	总分	100	

☞ 复习思考题

1. 词汇教学有哪些常用的呈现方法?

2. 写一个教授 carry,fetch,bring 和 take 的教案,以小组为单位进行教学,然后进行点评。

3. "教单词是教师的任务,背单词是学生的事",这句话对吗?请简要解释说明。

☞ 真题再现

1.【2017 上 高中】If someone says, "I know the word," he should not only understand its meaning but also be able to pronounce, spell, and _____ it.

　　A. explain　　　B. recognize　　　C. memorize　　　D. use

2.【2018 上 高中】Which of the following should a teacher avoid when his/her focus is on developing students' ability to use words appropriately? _____

　　A. Teaching both the spoken and written form.
　　B. Teaching words in context and giving examples.
　　C. Presenting the form, meaning, and use of a word.
　　D. Asking students to memorize bilingual word lists.

第三节　句型教学技能

句型又称句式，是从无数个句子中概括出来的句子模型或模式。句型类似数学公式，具有高度的代表性和概括性。每一种句型都反映一定的语言现象，蕴含着一定的语法规则。以句型为依据所衍生或生成的句子数量是无限的。

在中小学英语教学中，英语句型操练与语法教学既相辅相成，是一个有机结合的统一体，又有各自的特点与任务。就教学过程而言，在句型练习的基础上学习英语语法知识，在学习英语语法知识的过程中进行英语句型操练，是"实践—理论—再实践"模式逐步深化的过程。虽然句型教学与语法教学有关，但句型教学是一个相对独立的教学领域。

一、教学原则

（一）新旧联系，归纳比较

新句型的学习可以旧句型的复习为基础，用新旧对比、以旧带新的方法进行句型教学。这样，既能加深学生对过去所学知识的印象，达到温故而知新的目的，也能使他们容易接受新的知识，提高学习效率。在新句型的学习过程中，教师有意识地把学习过的旧句型和新句型进行比较，区别他们之间的不同。学生在新旧句型的对比中，对新句型的构成、用法和意义有所认识，并积极接受新的句型。例如，学生学过并熟练使用"used to do"的句型后，教师在教"be used to doing"的新句型时，就可先操练一下前者，然后引出后者。在学生对新句型熟练之后，教师再对比两者的相同点，归纳出两者的用法。

（二）句型新、单词旧和句型熟、单词生

教师在教新句型时，尽可能不使用生词，减少学生的陌生感和学习负担，列举、替换、提示和回答都应如此。这样做可以使学生的注意力完全集中于句型，保证操练活动快速有效地进行。当学生已经练熟新句型并可以脱口而出时，教师就可以利用新句型的上下文联系和情境联系来教生词，确保教学的递进性。

（三）适量练习，狠抓基本句型

句型是学习语法的基础阶段，它是独立的，与语法规则和例句有关，但不能等同。教师一定要认清语法规则是知识性的概括，而句型则是模式性的结构，是为使用语言进行交际服务的。教师在教学中要遵循精讲多练、多听多说以及结合语境的原则，帮助学生掌握句型的替换点，培养他们的听说能力及英语思维能力，做到活学活用。

（四）操练方法多样，循序渐进

句型教学使词法和句法等零散的、抽象的内容缩减为句子模式，使其变得更为直观。因此，学生必须通过大量的操练才能掌握。操练应该形式多样、方法灵活、由浅入深、循序渐进。

二、教学方法

（一）情境呈现

教师在进行句型教学时，应该利用多种媒体（实物、图片、多媒体、动作、表情和语调等）巧妙地设置情境，通过视、听、说等活动呈现新句型，让学生感受句型应用的场合和意义。教师通过句型教学只能使学生掌握句子的结构，这仅仅是句型教学的基本内容，句型教学的最终目的是为语法教学打下一个良好的基础，因为只有把句型放到具体的语境中才能表达句子完整的思想内容。因此，教师在讲完新句型之后，要努力为学生创设情境，在具体的语言环境中呈现句型，使学生对句型产生深刻的印象，增强感知理解。

1. 课堂情境

教师要充分利用课堂中的真实情境，教师、学生和各种物品都是课堂上信手拈来的最真实、最简单、最直观的情境。教师要善于利用和学会使用课堂情境，在形象与句型之间建立直接的联系，使教学形象、直观、快捷、方便而又生动有趣，并通过新旧知识的联系，讲解新句型的含义，调动学生的学习兴趣。这样学生就能把所学习的句型真正用到实际生活中，做到在真实情境中运用。

> **例 4.17**：在教 too... to（太……而不能）和 enough... to（足够……而能）这两个结构时，教师首先创设情境，在情境中提出例句。
>
> T：Can you tell the difference between them?（教师让班上最高和最矮的学生站到讲台前。）
>
> S：S1 is tall, but S2 is short.
>
> T：（教师表示同意并转身指着黑板上方对讲台前的两名学生说：）
> Try your best to reach the top.
>
> （个子高的学生能够够到黑板上方，而个子矮的学生却够不到，教师接着说：）
>
> S1 is tall enough to reach the top. S2 is too short to reach the top of the blackboard.
>
> 教师用同样的办法请一个强壮的男生和一个弱小的女生搬动较重的桌子，引出句子：
>
> S3 is strong enough to move the teacher's desk, but S4 is too weak to move it.

2. 生活情境

生活是丰富多彩的，学生渴望用英语表达的事物很多。因此，教师在句型教学中要善于从学生生活中寻找话题、创设情境，多谈及学生喜闻乐见的具体事物，尽量补充反映学生生活的时尚、鲜活的内容。学生不仅可以在生活中运用到句型，而且能产生运用英语表达的成就感。

3. 图表教学

英语中有些新句型可以用图表来介绍。句型的结构图可以直观、清晰和准确地展现句型概念，教师通过板书设计，清晰表现出逻辑关系，使学生牢固地掌握句型构成。句型结构可以由一个例句引出更多的例句,教师可以逐步扩展,让学生反复模仿、操练和替换,直到熟能生巧。例如,教师在讲解感叹句后,可以设计感叹句句型结构表(见表 4-5),进行总结归纳。

表 4-5 感叹句句型结构表

What	a(an)	形容词 a.	可数名词单数 cn	主语 s	谓语√	!
		形容词 a.	不可数名词 un	主语 s	谓语√	!
			可数名词复数 cns	主语 s	谓语√	!
How		形容词		主语	谓语	!
		副词		主语	谓语	!
		—		主语	动词	……	!

4. 图画情境

中小学英语教材几乎每课都配有插图,插图内容都与教学内容有关,一幅图画就是一个特定的情境。教师可以把相关主题的图片用多媒体的形式展示给学生,让他们看图说话,同时,教师给学生提供表达所需的词汇和基本句式。学生需要综合运用所学的语法句型和词汇知识描述画面、表达思想。学生在看图说话时还可以学到很多新的词语和表达方法,训练自己用英语思考,提高口语表达能力。

5. 语言情境

在学生具备一定的听说能力之后,教师在课堂上可用语言创设情境,通过生动形象的语言描述,让学生想象自己处在某一特定情境之中,用教师规定的句型进行会话练习。例如,教师在讲解"look forward to"时,可以描述一个学生期盼的场景,如奥运会、假期和旅游等具体情境,让学生体会句型所表达的心情与句式的结构和用法。

(二)强化操练

强化句型的操练是句型教学的重要环节。句型教学需要通过大量的操练,使学生理解,直到会用。因此,在课堂教学过程中,教师应引导学生对新的句型进行反复、形式多样的操练,使学生加深对新句型的理解和记忆。操练形式应多样化,切忌单一呆板,这样,不仅能增强教学的趣味性,激发学生的学习热情,而且也有助于拓宽学生的知识面和视野。

1. 循序渐进

句型操练要循序渐进,由浅入深。学生在学习句型之初,要从机械性操练开始,通过反复练习,才能达到熟练的程度。机械性操练之初是简单的机械替换练习,教师可以抓住句型中的关键点对学生进行反复不断的严格训练。在句型操练过程中,教师还可以将词汇复习和词组用法与句型操练结合起来,逐渐过渡到意义性操练,最后进行交际性操练。

2. 方法多样

对于学生没有掌握的句型,如果教师还使用原来的方法操练句型,学生就会失去兴趣,达不到预期效果。因此,教师要掌握操练教学技能,通过多样化的操练方法,提高学生的学习效率。

3. 灵活运用

即使教师课堂情景创设得再好,也不能完全代替千变万化的真实生活情境。为了防止句型操练脱离实际生活,教师应该在教学当中有意识地将学生引导到生活情境中,鼓励他们运用所学的句型结构描述事物、表达思想、进行交际性操练,不断提高他们运用所学语言的实际能力,达到最终掌握句型的目的,使语言逐渐产生真实意义,贴近实际、贴近生活,做到学以致用。

三、课型示例

Teaching Plan

Teaching content: Sentence pattern "would like $+n.$/to do"

Lesson type: Sentence pattern

Teaching aim: To enable the students to use sentence pattern: would like $+n.$/to do.

Teaching procedures:

Step 1 Presentation

T: Boys and girls, look at the teacher's desk. There is a pear and an apple on it. What do I want, do you know? I want an apple. That means I would like an apple. I can say: I'd like an apple. Here, I would like = I'd like. (The teacher writes the sentence on the blackboard.)

The teacher writes "would like $+n.$/to do" on the blackboard, reads and asks questions.

T: S1, what would you like, a pear or an apple?

(The teacher takes out an apple and a pear.)

S1: I would like an apple.

T: S2, what about you?

S2: I would like a pear.

T: S3, would you like a pear or an apple?

S3: I'd like a pear, too.

T: That's good. Now let's look at these sentences. If you want something, you can use this sentence pattern:

| Subject + would like + object |

It is just like the usage of "want", i.e.,

| Subject + want + object |

Step 2 Practice

T: Next let's do some exercises with the new sentence pattern. Pen.

Ss: I would like a pen.

T: Pencil/Lily.

Ss: Lily would like a pencil.

T: Tea/Mr. King.

Ss: Mr. King would like some tea.

(The teacher lists more exercises so that students can master the sentence pattern in repeated exercises.)

T: Next please listen to me. I want an apple and I want to eat the apple. That means: I would like to eat the apple. Boys and girls, what would you like to eat?

Ss: We would like to eat a pear.

T: OK. If you want to do something, you can use these sentence patterns:

Subject ＋ would like ＋ to do ...

It is the same as:

Subject ＋ want ＋ to do ...

T: Now let's do some exercises. Drink a cup of tea.

Ss: I would like to drink a cup of tea.

T: Watch /TV /Tom.

Ss: Tom would like to watch TV.

T: Eat/rice/she.

Ss: She'd like to eat some rice.

Step 3 Production

T: Next please look at this picture.

This is a shop. Tom and Mary are in the shop. What would they like to buy? Please think it over and prepare a dialogue with your neighbor. Be sure to use the new sentence patterns.

(Allow students to prepare for 3～5 minutes, and then perform a role-play.)

S4: Hi, Tom. How are you?

S5: Hello, Mary. I'm fine, thank you. What would you like?

S4: I'd like to buy a kite. I want to fly it with my friend, Jim. What would you like?

S5: Oh. I'd like to buy a new pen. Mine is broken.

S4: I think the black one is good. You can buy it.

S5: Thank you.

S4: It's five o'clock. I must go. Bye-bye.

S5: Good bye.

四、训练参考方法及评价参考标准

利用微格教学实验室，以小组为单位对本节的课型示例进行教学模拟，参照表4-6进行点评。

表 4-6　句型教学技能评价参考标准

	指标	满分	得分
1	明确句型教学的目的	15	
2	训练方法运用恰当、自如	20	
3	操练形式多样	20	
4	概括和总结等科学、合理,蕴含一定的语法规则	20	
5	教学由易到难,先简后繁,循序渐进	15	
6	注意与相近句型的区别	10	
	总分	100	

☞ 复习思考题

1. 句型教学有哪些常见方法?
2. 结合实例说明如何理解并使用图表教学法进行句型教学。

☞ 真题再现

【2015 下 高中】If a teacher asks students to collect, compare and analyze certain sentence patterns, he/she aims at developing students' _____.

A. discourse awareness

B. cultural awareness

C. strategic competence

D. linguistic competence

第四节　语法教学技能

语法是词的形态变化和用词造句的规则总和,是语言的"骨架"。语法是帮助人们表达信息、传递意义的重要工具。人们在学习和运用语言的过程中,自觉或不自觉地学习和运用语法。语法教学是外语教学的一个重要组成部分,中学英语教学的目的是使学生通过掌握基础语法知识,更好地进行听、说、读、写等语言实践活动,培养学生的基本语言技能和综合语言运用能力,使其最终能够正确运用英语进行交际。因此,中小学英语语法是实践语法,而不是让学生学习理论语法,死记硬背语法规则。

一、教学原则

目前,中小学语法的名称已从 grammar 改为 language usage,进而又改为 language in use。这些名称的变化反映了英语教学对语言以及语法的本质及功能的深化,强调语法知识与情境相融合,注重实际运用,突出实际,使语法教学方法向语境化和功能化发展。

美国语言学家布朗提出了进行语法教学的几点原则:

(1) 置于有意义的交际语境中。
(2) 为交际目的做出积极贡献。
(3) 用流利的口语进行交际,同时力求语法的准确性。
(4) 不要教给学生过多的语法术语。
上面的原则可以概括为以下两条:
(1) 不能孤立地学语法。
(2) 不能抛开语法训练听、说、读、写技能和语言运用能力。
因此,中小学英语语法教学应该遵循以下教学原则:

(一) 系统性原则

语法是语言系统的体现,语法教学要依据教材中的语法系统,同时也必须符合语法发展的规律。语法是为听、说、读、写技能服务的,语法教学应该在听、说、读、写的活动中加以培养。教师应从视、听、说入手,通过设计和创造真实的交际性语言环境,使语法融入听、说、读、写当中,避免学生为了考试而学习语法。

(二) 交际性原则

中小学的语法教学目的有两个:一是培养学生的语法意识,二是为听、说、读、写技能的发展提供支持,为交际能力的培养打下语言基础。因此,中小学语法教学应该贯彻交际性原则,在交际活动中将零散的语法点和真实有效的语境结合起来,使学生在活动中感知、理解和运用语言,发展语法技能。

(三) 综合性原则

综合性原则包括以下内容:
(1) 归纳与演绎相结合。语法教学不能只采用单一的教学方式,两者应该有机结合,以归纳为主。
(2) 隐性与显性相结合。语言学习过程本来就是隐性和显性的结合,语法教学也必须遵循语言学习的规律,教师应以隐性教学为主,适当采用显性教学方式,通过隐性教学培养学生的语言使用能力,增强其语法意识。

二、教学内容

每一种语言材料都包含一定的语法项目,美国语言学教授弗里曼建议教师指导学生掌握使用语言的形式和结构,语言的运用功能。
(1) 语言的形式和结构,包括词法和句法等。
(2) 语义包括语法形式或者语法结构的意义。
(3) 语言的运用是指语言在上下文或者语篇中的功能。
教师在语法教学中,要把语法的形式、结构、语义和语言的运用功能清晰地教给学生,帮助学生在语境中感知和归纳语法的形式、结构、意义和用法。教师不仅要进行机械性操练,更要进行意义性操练和交际性操练,最终使学生掌握语法的得体性和得当性。

三、教学方法

（一）归纳法

归纳法是指教师先让学生接触含有语法规则的语境，逐步渗透具体的语言现象，在学生观察大量语言现象的基础上总结语法规则，再以所总结的语法规则指导学生进行语言实践，使学生深化认识、提高实践能力。归纳法是从具体到抽象，是"实践—理论—再实践"的认识过程。通常，归纳法包括以下几个步骤。

1. 观察

教师提出有代表性的例词或例句，使学生理解它们。

> **例 4.18**：教师在讲解现在进行时态时，可以利用教室中的真实情境引出例句。
> T：Boys and girls, please look at me.
> What am I doing?
> I am standing.（教师板书）
> What are you doing?
> You are sitting.（教师板书）
> S1, please stand up. Look! What is S1 doing?
> He is standing, too.（教师板书）

2. 分析

教师引导学生找出例词或例句在形式与用法上的异同点。承接例 4.18，教师带领学生朗读黑板上的例句，并用彩色粉笔标出助动词和现在分词，引导学生观察例句构成并发现规律。

3. 归纳

教师在学生总结的基础上，归纳出语法规则，即现在进行时的定义、构成及现在分词的变化形式，培养学生通过观察、思考和分析后总结概括的能力。

4. 再观察、再印证

教师归纳出语法规则之后，再补充几组例句，做进一步的观察和分析，以检验学生对语法规则的理解。

5. 练习

教师进行有关语法点的练习，让学生在反复练习中加深理解，培养学生对语法点的使用和活用能力。

（二）演绎法

演绎法是指教师先让学生接触和理解语法规则，然后举例词、例句以验证语法规则。演绎法是由抽象到具体，是理论到实践的认识过程。这种教学方式讲解清楚、易于理解，比较适合高年级学生和成人的学习。通常，演绎法包括以下几个步骤：

1. 提出语法规则

教师提出并讲解语法规则。

2. 示例

教师提出例词和例句,引导学生进行观察、分析和对比。此步骤可以同"1. 提出语法规则"交替使用,使讲解与例词、例句融为一体,便于学生理解和掌握。

3. 解释语法规则

教师通过以上两个步骤的实施,进一步解释语法规则。

4. 练习

教师指导学生进行语法练习,通过各种操练活动,使学生活用所学的语法点,做到熟能生巧。同时,学生运用语法规则进行创造性的语言交际活动,在实践运用中做到语句表述自然流畅、准确规范。

归纳法与演绎法是相互联系的,二者相互补充。单纯的归纳,往往迂回烦琐,费时费力。使用归纳法教授语法,对学生和教师的要求都很高,教师必须引导学生主动学习,愿意动脑,否则学生对规则的印象不深刻;演绎法注重形式而非使用,学生处于被动学习的状态,单纯使用演绎法容易形成灌输式教学,枯燥无味。教师仅使用演绎法教授语法,容易让学生对教师产生依赖性,学到的语言知识也容易遗忘。

教师可以针对不同难易程度的语言点和不同阶段的学生,采用不同的方法。一般来说,教师在低年级教授比较简单的语法项目时,宜用归纳法;在高年级教授比较复杂或较为抽象的语法项目时,宜用演绎法。在多数情况下,教师将归纳法与演绎法结合起来使用,即采用"归纳→演绎→归纳"或"演绎→归纳→演绎"的交互教学法,便于学生理解和掌握所学的语法。

(三)情境法

英语教学中有些语法项目用语言讲解很难使学生准确理解,此时教师可以利用图片、简笔画、实物、多媒体和视频等手段使其形象化、直观化,将语法应用于实践中。例如,教师在讲授比较级和最高级时,可以请三名学生按照体态胖瘦、个头高矮的顺序依次站立。

教师边说边板书这两组例句(见图4-4):

图4-4 板书:形容词与副词的比较级、最高级

然后,教师分别在 tall, taller, tallest, thin, thinner 和 thinnest 下面划线。教师在反复领读几遍之后,讲解语言点,组织学生练习。在操练过程中,教师应鼓励学生利用现有的物品和周围的人和物进行对比。教师在进行情境法教学时,应调动学生使用手势以及利用实物等手段,创造真实的语言环境,让学生在轻松活泼的氛围中展开学习。

(四)纠错法

教师可以有意识地利用学生出现的错误,及时给予纠正。例如,学生在了解"形容词+er"的基本构成之后,教师让他们翻译句子"这幅画比那幅画美",有些学生会译成:"This picture is beautifuler than that one."这时,教师将错误纠正过来,再给学生举出更多的例句,让他们自己发现区别。纠错法能让学生记忆更深刻,语言掌握得更扎实牢固。

(五) 对比法

对比法教学分为英语语法对比和英汉语法对比。学生在学习了一些语法规则之后，在一段时间内就会产生"越学越糊涂"的感觉。为了避免这种现象的发生，教师应在学生学了一段时间的语法之后，组织学生观察和对比所学的语法，有针对性地解决语法混淆的问题。

（1）英语语法对比可以使学生找出各种语法间的内在联系，以掌握其特征和用法。例如，时态之间的比较，for 和 since 在完成时句子中的区别等。

（2）英汉语法对比可以使学生看到二者之间的差异，有意识地避免母语的干扰。例如，"书包在桌子上"这句话译为英语应该是："The bag is on the desk."但是由于学生受到汉语的影响，常常会错译为："The bag on the desk."这时，教师应该向学生详细讲解"介词不能用作谓语"。教师帮助学生分析和理解语法项目的特点，有利于学生对语法规则的学习。

除了上面介绍的几种语法教学方法之外，还有许多其他的教学方法。在教学中，教师应结合实际，综合运用多种教学方法，达到最佳教学效果。但无论哪种教学方法，都要求教师做到精讲多练，以练为主，让学生在练习中提升语法的实际运用能力。

四、课型示例一（归纳法）

Teaching Plan

Teaching content：The present perfect tense
Lesson type：Grammar
Teaching aims：
(1) To enable students to understand the present perfect tense.
(2) To help students use the present perfect tense to talk about their daily life.
Teaching procedures：
Step 1 Revision
(Review the words about food, drink and fruit, using picture cards or real objects.)
Step 2 Presentation
(1) Building up a situation
T：Look, what am I doing?
(The teacher drinks some water.)
Ss：You're drinking water.
T：S1, drink some water. (The teacher gives the empty bottle to S1.)
S1：I'm sorry I can't.
T：Why doesn't he drink any water?
Ss：Because there's no water in the bottle.

T: Why isn't there any water in the bottle? Because I **have drunk** the water, there's no water in it.

(More examples: Clean the blackboard and close the door.)

(2) Introducing the new language items

T: Look at the bottle. Is it full? Is it empty? Why is it empty?

Ss: You have drunk the water.

(The teacher writes the sentence on the blackboard.)

T: Look at the blackboard. Is it dirty? Is it clean? Why is it clean?

Ss: S2 has cleaned the blackboard.

(The teacher writes the sentence on the blackboard.)

T: Look at the door. Is it open? Is it closed? Why is it closed?

Ss: S3 has closed the door.

(The teacher writes the sentence on the blackboard.)

T: Good. Can you find out something similar among the sentences on the blackboard?

Ss: Sb. have/has done sth.

(The teacher writes the sentence pattern on the blackboard.)

T: This is what we are going to learn today: The present perfect tense. It is used to describe something happened in the past, and it has some influence on the present.

(3) Introducing the adverbial of time

T: When did I start to teach you?

Ss: Two years ago.

T: I have taught you for 2 years. I can also say: I have taught you since you came to this school.

T: The adverbials of time for the present perfect tense usually include:

Group 1: for some time, since ...

Group 2: already, just, never, ever, yet ...

Group 3: by now, up till now, so far ...

(The teacher writes the adverbial of time on the blackboard.)

Step 3 Drill

According to the picture cards, the teacher asks students to do some drilling activities.

(1) Repetition(The whole class repeat after the teacher.)

(2) Substitution(I have played basketball for 5 years.)

(3) Combination(based on the PPT)

(4) Asking concept questions to check the students' understanding of the new structure:

Tom has played basketball for 5 years.

① Does Tom play basketball now? (Yes.)
② Did he play basketball in the past? (Yes.)
③ When did he start to play basketball? (5 years ago.)
④ Is he going to play basketball in the future? (We don't know.)

Step 4 Practice

(1) Providing a table for students to practice the new structure in groups (见表 4-7). Each group has one table. Students ask each other about something they are proud of. For example: "How many books have you read? How long have you learned the erhu?"

表 4-7　Table for practice

Subject	have/has (not)	just/already/ever/never	done sth.	for.../since...
Lily and Lucy	have	already	won 5 prizes	
Martin	has		learned painting	for 2 years

(2) (The teacher hands out cards with several fruit patterns to the students and asks them to pretend to eat.) The teacher asks some questions.

T: What did you have just now?

Ss: I had a peach.

T: Do you want a peach now?

Ss: No.

T: Why not?

Ss: Because I have had one peach.

(Students talk with their partners, offering some food or drink and asking if they want to eat or drink.)

Step 5 Consolidation

(1) Summary of the new language items, including the structure, meaning and function of the present perfect tense. (The teacher can explain the grammar in Chinese if it is necessary.)

sb. have/has done sth. for.../since...

(2) Homework: Ask your parents about the achievements they are proud of, and make sentences with the present perfect tense. (E.g. I have learned English for 7 years and I can speak English very well.)

五、课型示例二(演绎法)

Teaching Plan

Teaching content:An introduction to the attributive clause
Lesson type:Grammar
Teaching aims:

1. To enable the students to understand the definition, structure and relative pronouns of the attributive clause.

2. To help the students speak and write a short passage using the attributive clause.

Teaching procedures:

Step 1 Presentation

1. Definition of the attributive clause

(Review the definition of attribute, and then explain the definition of the attributive clause.)

T:If the attribute is a "sentence", it is called "an attributive clause", for example:
I know the girl. The girl is in red. (two simple sentences)
→I know the girl who is in red. (an attributive clause)

2. Structure of the attributive clause

T:The structure of the attributive clause is:antecedent + relative + attributive clause(见图 4-5).

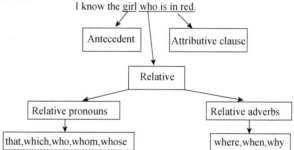

图 4-5　Structure of the attributive clause

3. A summary of relative pronouns and usages

T:Generally speaking, attributive clauses are judged by antecedents and there are three basic uses, which can be summarized as follows(见表 4-8):

表 4-8　Attributive clauses

	Word form	Modified antecedents	Components in clauses
Relational pronouns	who	person	subject, object, predicate
	whom	person	object
	which	thing	subject, object, predicate
	that	person or thing	subject, object, predicate
	whose	person or thing	attributive

T: (Give examples to illustrate the rule.)

The dictionary is mine. The dictionary is on the desk. The dictionary which/that is on the desk is mine.

He is the man. I saw him yesterday. He is the man who/whom/that I saw yesterday.

There is a student. The student wants to talk to you. There is a student who/that wants to talk to you.

They all run over to help the woman. The woman's car had broken down. They all run over to help the woman whose car had broken down.

Step 2 Practice

1. Mechanical drill—combination and substitution

(1) Combination

T: Mary is a girl. She has long hair. Who can combine the two simple sentences into an attributive clause? S1?

S1: Mary is a girl who has long hair.

(2) Substitution

T: This is the day that/which I'll never forget. S2.

S2: This is the teacher that/who/whom I'll never forget.

T: S3.

S3: These are the teachers that/who/whom I'll never forget.

…

2. Meaningful drill—talking about a picture

T: Look at the picture(见图 4-6). Do you know this movie?

图 4-6　Poster for *Harry Potter*

Ss: Yes. It's *Harry Potter*.

T: Good. Which one is Harry Potter?

Ss: The one in the middle.

T: Right. Does he wear glasses?

Ss: Yes.

T: So how can we describe Harry Potter with the attributive clause we've just learned? S4.

S4: The boy who wears glasses is Harry Potter.

T: Excellent! S5.

S5: The boy who is in the middle is Harry Potter.

...

T: Do you know the girl?

...

3. Communicative drill—describing and guessing

T: Now, let's play a game. I describe and you guess. This is a girl who dances very well in our class.

Ss: She is S6.

T: Good. S6, now you describe a person or a thing.

S6: This is something that is placed near the window.

Ss: It's a pot of flowers.

...

Step 3 Production

1. Dialogue

T: Please make a dialogue with your partner: What kind of people do you like?

S7: What kind of people do you like, S7?

S8: I like the people who often smile. A smile makes me feel warm and happy. What about you?

S7: I like the people who read a lot of books. I like reading and I can talk about the books with them.

...

2. Find someone who

T: "Find someone who" is a very popular little survey. I'll give you a chart（见图 4-7）now and you will fill the chart with proper names. You can walk around the classroom, ask your classmates for information with attributive clauses, get the answers you want, and then report the chart to the class.

- a boy who is in black
- tall, big eyes, handsome
- strong, confident, friendly
- like listening to music
- read a novel by Charles Dickens

图 4-7　Find someone who

3. Writing

Write a composition with the title *My Best Friend*, using at least 3 attributive clauses.

六、训练参考方法及评价参考标准

利用微格教学实验室,以小组为单位对本节的课型示例进行教学模拟,参照表 4-9 进行点评。

表 4-9　语法教学技能评价参考标准

	指标	满分	得分
1	语法教学目的明确	10	
2	语法呈现简洁明了,清晰易懂,方法得当	20	
3	讲、练结合,以练为主	10	
4	操练活动设计得循序渐进	20	
5	举例具有代表性和针对性	10	
6	善于创设情境	20	
7	注意新旧语法的结合与比较	10	
	总分	100	

☞ 复习思考题

1. 中学英语语法教学有哪些常用方法?
2. 写一个教授"过去进行时"的教案,以小组为单位进行教学,然后进行点评。

☞ 真题再现

1.【2015 上 初中】The _____ method is more fitted to the explicit presentation of grammar when the basic structure is being identified.

A. inductive
B. contrastive
C. comparative
D. deductive

2.【2016 上 初中】"Underlining all the past form verbs in the dialogue" is a typical exercise focusing on _____.

A. use
B. form
C. meaning
D. function

3.【2016 上 初中】Which of the following activities may be more appropriate to help students practice a new structure immediately after presentation in class? _____

A. Role play.
B. Group discussion.
C. Pattern drill.
D. Written homework.

第五节　语篇教学技能

语篇教学的定义可以从"形式和功能"两个角度来看：从结构方面看，语篇是大于句子的语言单位；从功能方面看，语篇是使用中的语言。语篇教学是相对于以词汇和句子结构为中心的教学而言的。语篇可以是对话，也可以是独白，它包括书面语，也包括口语。英语教学的最终目的是使学生能用英语交流思想和获取信息。思想的交流和信息的获取都是在一定的环境中进行的，语言使用的环境既包括语言方面的知识，也包括文化背景和认知等方面的知识。教师进行语篇教学时，可以让学生从理解整篇内容入手，运用所学语言和知识，浏览和捕捉重要的语言线索，对所读文章获得一个总体印象，然后分段找出中心思想和重要信息，对文章进行深层次的理解（包括对语篇功能和结构的理解），以培养学生的语篇能力。

一、语篇分类

语篇通常分为会话语篇和段落语篇。

（一）会话语篇

会话语篇也称口头语篇，是指一段对话，包括日常会话、电话交谈、访谈、演讲和辩论等，一般在口语课中出现。会话语篇的特点是口语化和生活化，难度水平较低，常用表达较多。

（二）段落语篇

段落语篇也称书面语篇，是指一个叙述性段落，一般在阅读课或语法课中出现。段落语篇的特点是书面化和正式化，难度水平不确定，会有一定的生词量。

常见的基本语篇为记叙文、议论文、描述文和说明文等，各种语篇的结构、动词时态运用、代词、连词和冠词等在语篇材料中也有其特点，教学方法也会有所不同。

二、整体教学的特点

教师应该对各种语篇保持高度的敏感性，注意语篇的结构和构成，各种时态在语言材料中的意义，以及作者的意图等。教师要特别注意语篇的体裁、使用场合，交际过程中人物的关系，以及语言材料构成部分之间的联系等。传统的英语教学往往着眼于孤立的词汇或语法的讲解、分析和运用，采用逐句逐段的句式、块式或流水账式的教学方法。整体教学体现了现代语言教学方法中语篇整体教学的思想，把语篇作为教学基本单位，从整体出发，把握感知、理解、记忆和运用等几个环节，使学生在整体语言情境中学习语言，将语言知识、语言功能和语言情境结合起来。通过教师的引导和学生的活动，既对整体语篇透彻理解，又同时进行语言知识的概括总结和语言技能的训练，培养学生综合运用英语的能力。

（一）语言整体

整体教学认为，语言是一个整体，但并不等于各部分相加所得的和，而是大于各部分相加的和。语言作为一个整体，不能分割为一个个独立的部分，语言各部分（语音、语法和词汇）本身没有意义，是整体（语篇）给各个部分带来了意义。语言不应当被分解成语音、语法和词汇；语言技能也不应当被孤立地分解成听、说、读、写等，任何孤立的学习和训练都会使语言失去完整性。

（二）学生整体

整体教学把学生作为语言的使用者和建构者，认为教师不是给学生传授知识技能，而是与学生共同合作创造、发现知识和训练技能。英语学习是连续的、发展的、互动的、建构的过程，故英语教学要以学生为中心，使学生的学习活动成为一个整体。

（三）教材整体

教材整体的基本形式是通过对教材的整体处理，使学生从事真实而有意义的语言活动。教材整体的技巧主要体现在把教材中的一节课或几节课的语言材料作为教学活动的基础内容，从而在教材处理上保持篇章整体，而不是分割成语法、单词和语篇，更不是把听、说、读、写拆分开训练。中小学教材中的模块和单元的内容安排正是语篇整体教学思想的体现。

（四）理解整体

理解整体是落实教与学整体材料的技巧，也是材料整体的目的。它是指输入的语言材料是整体的，储存的材料也是整体的。理解整体并不排斥把整体划分为部分而加以操练，只是不主张在未进行整体输入之前就分析，并且在操练部分材料时，要求照顾到与整体的联系。抓住整体语言材料的线索有以下几种方法：

（1）从结构上抓线索。这种方法是划分段落或按自然段落逐段理解，然后整合各段的意义，进而掌握整体。

（2）从功能上抓线索。这种方法由教师提出关键词，让学生串联关键词而抓住整体材料的线索。通常由教师提问，学生回答，设计的问题本身就是线索。

（3）从情节上抓线索。最常见的做法是由教师介绍背景和主要情节，也可利用插图或思维导图表示情节，还可通过逻辑推理掌握线索及其发展脉络。

（4）从感知过程中抓线索。这种方法可以帮助学生快速抓住语篇整体，其做法是运用快速阅读、扫读和寻读等阅读技能，引导学生快读、快听，"不求甚解地读书"，从而快速抓住语篇的文本大意。在初学阶段，教师可在听、读之前给学生提供少数关键词辅助学生整体理解。

（五）活动整体

活动整体是指通过整体设计各种教学活动，把语言材料、学生和教学活动作为一个整体,紧紧围绕课堂的教学目标,一环扣一环,把课堂学习活动推向高潮,使课堂教学活动突出整体教学的思路。

三、整体教学模式与方法

整体教学模式是指教师利用课文提供的语言材料,帮助学生理解课文大意、语言形式和篇章结构等,在处理各个部分时,能够达到局部不离整体,整体寓于局部之中,把内容理解放在第一位,语言形式放在第二位。整体教学模式流程如图4-8所示。

图 4-8　整体教学模式流程

传统教学模式流程如图4-9所示。

图 4-9　传统教学模式流程

(一) 线索教学法

中小学教材中常见的记叙文以记人叙事为主,有个人经历、新闻消息、讲述故事的小短文和小说等。教师在设计整体阅读教学活动时,应抓住六个要素,即5W1H(Who, When, Where, Why, What, How),以时间顺序展开阅读,快速抓住文章大意。

(二) 视、听、说教学法

在入门阶段,阅读教学宜采用从视、听、说入手的方法,这种方法比较适用于对话教学。通常,教师可以采用以下教学步骤:

1. 介绍

教师通过提问、启发或有目的的展示,利用学生已掌握的词汇和句型向学生介绍对话的内容或与对话内容相关的背景知识,然后给学生设计一两个简单、浅显的问题,并要求学生带着问题听对话录音。这一步骤既能让学生积极思考,又能培养学生的听力,有助于理解语篇内容。

2. 细节理解

学生根据听到的信息回答问题,可以检验他们对课文的整体理解程度。教师围绕课文内容,再设计一些细节问题,反复播放录音2~3遍,使学生进一步关注对话中的细节信息,完整回答教师的提问,加深学生对对话的理解。

3. 难点处理

教师总结知识点,在对话理解的过程中处理新句型、新语法和新词语。

4. 朗读

为了加深学生对对话的理解,教师可以让学生跟读、朗读和分角色朗读,从整体上再一次掌握和理解语言知识。同时,教师还可以纠正学生的不良发音及语调,使他们的语音、语调和语气准确并接近文本中的真实对话效果。

5. 巩固

在前四个步骤的基础上,进行综合性的巩固操练活动。教师要设置新的语境,鼓励学生发挥想象力,尝试使用新知识,使学生进一步灵活运用英语,创造性地进行语言交流活动。

(三) 阅读教学法

阅读教学法适用于短文类的课文。这种方法主要是从阅读入手,培养学生听、说、读、写的技能。通常,教师可以采用以下教学步骤:

1. 默读

教师要求学生带着问题以较快的速度默读课文(默读课文可以在课上进行,也可以事先预读),然后找出问题相应的答案和文中的新词汇。

2. 提问

学生默读之后,教师要求学生回答问题,以检测他们对课文的理解程度。教师设置的问题要有层次性,活动设置要多样化,比如设置段落排序、填表格、填空和判断等问题;帮助学生从整体了解到细节理解。同时,教师要鼓励学生根据上下文猜测新词汇的意思,引导学生在语篇中学习猜词技能,这一步骤重点培养学生的多种阅读技能。

3. 讲解

在学生整体了解课文的基础上,教师领读并讲解生词和习惯用语。这里的讲解可以是教师直接对生词和习惯用语加以解释,也可以鼓励学生推测它们的意思,培养学生独立思考和阅读的能力。

4. 训练

教师要引导学生围绕课文进行多样化的听、说、读、写的综合训练,以阅读带动听、说、读、写能力的协调发展。

5. 拓展

拓展属于读后活动,活动形式可以多样化,目的是使学生深入了解语篇内容,熟练掌握语言结构,巩固所学内容。教师可以组织学生根据课文进行角色表演、填空练习、复述、转述和辩论等活动,培养他们用英语表达思想和情感的能力。

(四) 背景知识教学法

英语教材涉及的题材比较广泛,体现了时代性、思想性和知识性,背景知识教学法不仅有利于学生掌握文章梗概,而且有利于教师在教学内容中渗透思想教育的因素,有利于提高学生的文化素养,培养学生良好的道德情感,形成正确的世界观、人生观和价值观。

四、课型示例

Teaching Plan

Teaching content: In or out

Lesson type: Reading

Teaching aims:

1. Knowledge aims

(1) Words: bark, press, paw, latch, expert, develop, habit, remove.

(2) Phrases: every time, become an expert at doing sth.

(3) Grammar: the adverbial clause of result and the adverbial clause of purpose introduced by "so that".

2. Ability aims

To enable students to ask and answer questions and describe daily activities using the adverbial clause of result and the adverbial clause of purpose introduced by "so that".

Teaching procedures:

Step 1 Warm-up and lead in

Show some pictures of cute or funny dogs and ask questions.

E. g. Do you have a pet?

What do you think of the dogs?

Do the dogs sometimes have strange habits?

Step 2 Presentation of new words

(1) Show a saying and let students guess the meaning.

E. g. A barking dog seldom bites.

(2) Show some pictures on the PPT and explain the words in the context.

E. g. That dog always barks at me because he wants to open the door.

(3) Compare the synonyms.

E. g. latch and lock; habit and custom

(4) Collocations.

E. g. fall into the habit of doing sth. ; develop/ form a habit

Step 3 Text comprehension

(1) Questions about the text.

E. g. How many bad habits did the dog develop?

What are the bad habits?

What did my husband do?

What were the results?

(2) Group discussion.

Why do you think Rex finally disappeared?

Step 4 Grammar presentation and practice

(1) Compare the sentences and find out the similarities:

This time he was barking so that someone would let him out.

Let's sit in the front so that we can see clearly.

He worked day and night so that he could succeed.

Rule: so that + adverbial clause of purpose (usu. with auxiliary verb in the clause).

(2) Read the sentences and find out the rules:

We hurried so that we caught the train.

The player was so tired that she could not stand.

Rex got so annoyed (that) we have not seen him since.

Rule: so that + adverbial clause of result (so that; so... that; so...).

(3) Compare the two sentences:

He studied hard so that he could get more knowledge.

He studied hard so that he got more knowledge.

(4) Combine the sentences and find out which type of adverbial clause they belong to:

We start out early. We want to avoid traffic.

→We start out early so that we can avoid traffic.

I moved to the front of the bus. I wanted to get a good view of the countryside.

→I moved to the front of the bus so that I could get a good view of the countryside.

He left the letter on the table. He wanted me to see it.

→He left the letter on the table so that I might see it.

The sentences above are adverbial clauses of purpose.

He spoke loudly. Everybody heard him.

→He spoke so loudly that everybody heard him.

It was cold. They put on coats.

→It was so cold that they put on coats.

The sentences above are adverbial clauses of result.

Step 5 Summary and homework

Summary: Ask students to think about what they have learned today. And then make a summary.

> Homework：
> (1) Give the story another ending.
> (2) Survey：Why do you study hard?
> Ask at least four classmates "Why do you study hard?" and write down the result, and report the survey to the whole class. (Students should answer the questions with adverbial clauses introduced by "so that".)

五、训练参考方法及评价参考标准

利用微格教学实验室，以小组为单位对本节的课型示例进行教学模拟，参照表 4-10 进行点评。

表 4-10 语篇教学技能评价标准

	指标	满分	得分
1	教学设计合理，体现语篇整体教学思路	20	
2	能对学生进行听、说、读、写技能训练和语言知识教学	20	
3	教学模式合理、问题设置有层次性	20	
4	能够运用多媒体等教学手段设置情境，辅助教学	20	
5	结合教学，有针对性地对学生进行思想教育	20	
	总分	100	

复习思考题

1. 语篇教学有哪些常用方法？
2. 结合教材说明初中高年级语篇教学应如何开展？

真题再现

1.【2015 上 初中】If a teacher asks students to concentrate on such features as structure, coherence and cohesion of a text, he/she aims at developing students' _____.
   A. strategic competence   B. cultural awareness
   C. communicative competence D. discourse awareness

2.【2015 下 初中】When a teacher asks students to rearrange a set of sentences into a logical paragraph, he/she is trying to draw their attention to _____.
   A. grammar   B. vocabulary
   C. sentence patterns D. textual coherence

3. 【2017 上高中】Which of the following tasks fails to develop students' skill of recognizing discourse patterns? _____

  A. Analyzing the structure of difficult sentences.

  B. Checking the logic of the author's arguments.

  C. Getting the scrambled sentences into a paragraph.

  D. Marking out common openers to stories and jokes.

 第五章

英语语言技能训练技巧

☞ 学习完本章,应该做到:

◎ 熟悉英语语言技能;
◎ 了解相关概念及教学原则;
◎ 掌握不同语言技能的教学技巧、教学方法和教学设计。

☞ 学习本章时,重点内容为:

记忆与理解听力教学技能、口语教学技能、阅读教学技能和写作教学技能的基本知识,特别要注意对各项技能的运用。

☞ 学习本章时,具体方法为:

本章分四节,按照听力教学技能—口语教学技能—阅读教学技能—写作教学技能的顺序展开。在学习过程中,要遵循具体教学原则,根据不同技能课型的特点开展教学活动。课后,可根据复习思考题和真题再现进行复习、反思和训练,检测学习效果。在学习本章时,不仅要重视语言技能的整体性及各项技能的综合运用,而且要注重实践中的教学创新。

第一节 听力教学技能

听、说是人类语言交际活动中最活跃、最方便的一种形式。语言教学中的听,实质是理解和吸收口头信息的交际能力。英语听力既是实现英语交际的基本技能,又是广泛接收有声语言素材的学习技能。教师加强听力训练不但有助于学生克服"聋哑英语",同时对学生的阅读和写作能力也有促进作用。听力技能贯穿于整个教学过程,既是英语教学的内容之一,又是教师组织课堂教学、教授英语知识的重要手段。因此,听力教学技能是教师的必备技能。

一、教学原则

教师在进行听力教学时,要遵循以下教学原则:

(1) 树立提高学生使用听力策略的意识,让学生明白使用听力策略的作用和价值。

(2) 充分利用音像手段(如多媒体等各种音频设备)和软件资料进行大量的听力训练。

(3) 在设计听力活动时,要循序渐进。从控制性练习,过渡到半控制性练习,再到无控制性练习。正确判断听力材料和任务的难易程度,注重微技能训练,由浅入深、由简到繁,语速由慢到快,句子由短到长,逐步提高。

(4) 尽量将听与说、读、写等活动结合起来进行训练,侧重于意义理解。

(5) 结合语音和语调的训练,特别是朗读技巧(如语调、停顿、辅音连缀、连读、句子重音、单词重音等)来训练听力。

(6) 注重听前、听中和听后的任务设置,让学生明确听的目的和具体任务。

(7) 把培养听力技能作为教学的主要目标,做到分析性听和综合性听相结合。

(8) 布置适量课外听力训练,做到课上训练与课下训练、分散训练与集中训练相结合。

(9) 熟练掌握课堂用语,尽可能用英语组织教学。

(10) 重视听前活动的设计,创设轻松愉悦的课堂气氛,减轻学生听力的紧张感与压力。

二、教学模式

与其他技能相比,听力技能是最常用的语言输入和交际技能,同时也是学生较难掌握的英语语言技能之一。教师要引导学生全面认识听力理解的过程,提高听力技能。

(一) 自下而上的听力教学模式

自下而上的听力教学模式强调语言知识(如语音、词汇和语法等)对听力理解的影响。学生通过语言知识理解所听内容。因此,教师在进行听力教学之前,可以安排适当的词汇和语法知识的讲解。

(二) 自上而下的听力教学模式

自上而下的听力教学模式常利用学生已有的语言背景知识获取信息。该模式侧重语言背景知识的作用。教师在进行听力教学之前不进行有关语音、词汇和语法的教学,而是重视激活学生的语言背景知识,引导学生预测所听内容,在不断预测和印证过程中,对所听内容进行选择加工,同时训练语言听力技巧。

(三) 交互式的听力教学模式

交互式的听力教学模式不仅可以教会学生自下而上地处理所听内容,而且可以教会学生利用已有的语言背景知识理解所听内容,引导学生学会运用自上而下和自下而上相互交替的模式理解输入的信息。

三、教学过程

在教学实施阶段,教师可以采用PWP模式进行教学,即遵循听前(Pre-listening)、听中(While-listening)和听后(Post-listening)的教学步骤设计一系列活动。

(一) 听前阶段

听前阶段的活动形式多种多样。教师可以借助图片、视频和实物等,通过设问、讨论和角色扮演等活动,激发学生的观察能力、描述能力和思维想象能力,帮助学生树立情境、引起兴趣、推测材料内容,引导学生讨论相关话题,扫清语言和文化障碍。

教师可采用以下几种方式,让学生对所听内容进行预测:

(1) 根据文章内容，介绍相关的背景知识，使学生对历史文化等知识更加了解。

(2) 利用图片和影像等吸引学生的注意力，激发学生对画面潜在的观察能力、描述能力和思维能力，产生听的兴趣和愿望。

(3) 提供关键词汇或生活相关的问题，让学生预测所听的主要内容。

(4) 通过讨论标题和头脑风暴等方式，提出一些开放性问题，锻炼学生的想象能力与分析问题的能力，同时进行听前预测。

(5) 采用视听手段，利用图片、照片和多媒体等形式，引导学生讨论相关话题，扫清语言和文化障碍。

(二) 听中阶段

在听中阶段，教师要引导学生运用恰当的听力策略，帮助学生理解所听内容，这也是听力教学的关键阶段。这一阶段要培养学生泛听主旨、精听细节的能力。教师要巧妙设计各类活动，帮助学生理解所听内容的大意和抓住细节。在每次听力教学开始之前，教师要清楚交代听力任务和听力目标，让学生带着目的去听。

教师可采取以下几种练习方式：

(1) 为了培养学生概括和提取主要信息的能力，可以让他们边听边记，提取主要信息。

(2) 为了引导学生辨别所听内容的脉络、整理信息线索，可以设计一些决定情节发生的排序练习。

(3) 为了多层次、多角度地锻炼学生对所听内容的理解，可采用信息转换，如图文转化、行为表现和判断对错等练习方式。

(4) 为了培养听力教学技能，听中阶段最重要的目标就是要培养学生泛听主旨、精听细节的能力。

① 泛听是让学生初步听文章，了解文章的主旨大意等基本信息，如时间、地点、原因和方式等，并回答问题。

② 精听是通过听文章，让学生再把文章中的内容感知一遍，同时可以加深他们对文章细节的深入了解。教师可以通过一些练习来检验学生听的效果（如填空、判断对错和提问等练习方式）。

为了保持学生对听力课堂的兴趣，教师设计的语言任务应该由易到难、泛精结合。教师要引导学生第一遍听主旨大意，抓住内容要点和前后线索；第二遍听一些具体的信息，也就是听细节，明确主题句、关键词和信号词等。

(三) 听后阶段

在听后阶段，教师要对听力练习进行总结和归纳，帮助学生巩固听力信息和技能，使学生明白语言点的意义和功能。此外，教师也要通过深层次的活动，如讨论、对话、续写、采访、角色扮演和辩论等活动，帮助学生吸收所学知识；适当拓展语言能力，把听力技能和口语、读写活动有效结合；在课上和课下利用听力技能促进语言能力的全面提升；

等等。

在听后阶段,教师可采取以下几种练习方式:

(1) 根据所听信息进行深入思考讨论,将听力与口语、阅读、写作相关联。

(2) 为了培养学生的合作学习和表达能力,教师可以开展对话、角色扮演和辩论等活动。

(3) 为了发挥学生的推理想象能力,教师可以设计一些对信息进行复述扩展、文章改编和故事续接的任务。

(4) 为了增强学生的书面表达能力,教师可以让学生根据记录的摘要和补充练习,完成一些相关的仿写、续写和评论等写作练习。

四、教学方法

精心设计和选择有效的听力训练方法能够提高听力教学效果。教师可以根据不同的听力材料,采用不同的训练方式。教师要精心设计教学环节和教学活动,逐步培养学生的各项英语听力微技能。中小学课堂常采用的听力教学方法有:

(一) 听—看

学生边看黑板或屏幕上的图画、视频,边听教师讲解,教师要引导学生讨论相关话题,预测听力材料的主要内容。

(二) 听—指

如果听力材料复杂、人物多,教师就可以采取这种教学方法。教师可以预先将与听力内容相关的图片无顺序地粘贴在黑板上或以多媒体的形式呈现出来,然后播放录音,让学生根据听到的信息,正确地排出图片的顺序。

(三) 听—画

这种教学方法比较适合低年级学生,学生根据一组英语录音或教师范读,能够画出并描绘出所听的内容。

(四) 听—动

教师根据所听的内容发出指令,要求学生做出相应的行动或表情,如"Show me how David felt when he met Jane at the airport."此外,教师在课堂上向学生发出的指令也应属于此类,如"Come to the front.""Go back to your seat."等。

(五) 听—演

这是一种接近于交际情境的训练方法。学生可以通过角色扮演、模仿和想象等,对听到的信息做出相应的动作和表情,教师应鼓励学生在真实的场景中创造性地反映自己的生活经验,从而理解听力材料。

（六）听—模仿

学生缺乏朗读技巧(如连读、弱读和语调等)可能造成听音上的障碍,因此,教师应带读或让学生跟着音频模仿。这种练习不仅有利于学生克服听音不准的毛病,而且有利于提高他们的语音和语调水平。

（七）听—复述

复述可以分为机械性复述和创造性复述。机械性复述是指让学生听完一句复述一句。如果学生没听懂,就反复听或切分成意群来听。精听有利于学生弄清语流中单词的发音。创造性复述可锻炼学生的短期记忆能力和口头表达能力,有利于提高他们的口语水平。

（八）听—答

教师针对所听内容进行提问,要求学生口头回答,这种教学方法可以贯穿教学的全过程。

（九）听—猜

学生在听前根据教师的"导听问题"提示,结合所学的知识对所听内容进行预测。一般来说,这种教学方法常用于听前教学活动。

（十）听—写

中学英语教材中的每个单元都有听力练习,并配有相应的听力训练音频。教师在播放录音之前,可以简单介绍情境,问几个一般性的问题,然后让学生快速看懂问题,带着问题听录音,学生也可以边听边写。这种教学方法可以训练学生的精听能力和反应能力。

（十一）听写

听写是训练听力、拼写技能的常用方法,可用于教学或检查教学效果。教师可采用下列听写步骤:

(1) 教师完整地朗读听写材料,学生听而不写,只要求听懂大意。
(2) 教师根据意群朗读,中间稍有停顿,学生边听边写。
(3) 教师用正常语速朗读,学生边听边检查所写内容。

（十二）听—译

教师可以要求学生根据听到的内容进行口译。初始阶段应逐句听译,然后过渡到逐段听译和整篇听译。

五、课型示例

Teaching Plan

Teaching content: At one with nature

Lesson type: Listening

Teaching aims:

1. Knowledge aim

To enable students to learn about the Arctic and the life of Inuit people in the Arctic.

2. Skill aims

(1) To enable students to learn to record important information while listening to recordings.

(2) To enable students to appropriately use the expressions of strengths and weaknesses in the listening texts to discuss the benefits and drawbacks of tourism.

3. Emotion aim

To enable students to recognize the importance of respecting nature, utilizing it reasonably, and living in harmony with nature.

Teaching procedures:

Step 1 Lead-in

The teacher plays a video about the Arctic and guides students to focus on the topic "the Arctic".

Step 2 Before-listening activities

(1) Activity 1: Obtaining background information about the Arctic

T: Please read the following culture notes (见图 5-1) about the Arctic and find out the answers to the 4 questions, and then present the information about the Arctic on the map.

- Around four million people live in the Arctic region, of whom around 170 000 are Inuits.
- In the Arctic, the temperature can reach as low as −70 ℃.
- The Arctic includes parts of eight countries: Canada, Russia, the United States, Denmark, Norway, Iceland, Sweden and Finland.

图 5-1 **Background information about the Arctic**

Questions:

① Where is the Arctic?

② Who lives there?

③ How many countries are there in the Arctic?

④ What's the weather like in the Arctic?

(2) Activity 2：Learning some listening tips

T：When you hear a word that you don't know，how do you feel and what do you do?

Ss：…

T：When you hear a word that you don't recognize，don't panic! Try to note down how it sounds，and keep listening. When you have finished listening，try to work out the meaning from the context of the word.

Step 3 While-listening activities

(1) Activity 1：Grasping the main idea through visualization

T：Listen to the audio and choose the pictures(见图 5-2) that are mentioned.

图 5-2　Pictures of the first listening

(2) Activity 2：Obtaining detailed information through filling in the table

T：Listen to the audio again and complete the table (见表 5-1). Before listening to the audio，you can underline the key words and predict the content of the audio.

表 5-1　Advantages and disadvantages of Inuit life

Inuit life	Advantages	Disadvantages
Housing	Igloos are quite warm inside and it's easy to find the __1__.	Igloos can only __2__ for around 50 days.
Food	Eating a lot of fish and meat keeps our bodies strong so that we can __3__.	The __4__ makes it difficult for us to grow enough vegetables and fruit.
Polar night	It gives us more __5__ to be with our family and friends.	Life can be __6__ sometimes.
Tourism	It brings more money and __7__.	Our environment is being __8__.

(3) Activity 3：Noting down the sentence patterns

T：Listen and note down the sentence patterns the girl uses to discuss advantages and disadvantages. (The teacher plays the audio and the students take notes.) What are the sentence patterns?

S1：On the one hand，… ，but on the other(hand)，…

S2：The downside is that…，but the good thing is…

S3：The advantage to this is that…，but the disadvantage is that…

Step 4　Post-listening activities

(1) Activity 1：Discussion and speaking

T：Let's watch some videos about some places of interest. Compare the differences before and after tourists go there, and tell us your feelings about pollution or other problems caused by tourism. Let's take Erhai Lake in Yunnan Province as an example. What do you think of the tourism there? What benefits did local people get? What problems did they have to face? What are your suggestions?

Ss：…

(2) Activity 2：Summary

T：You have done a very good job in this class. What have you learned?

S4：We have learned some basic information about the life of the Inuits.

S5：We have also grasped how to describe the advantages and disadvantages of something.

S6：We understand the importance of living in harmony with nature better.

Step 5　Homework

(1) To introduce the life in the Arctic to your friends.

(2) To write a short passage expressing your opinions (benefits, problems and suggestions) about the tourism in your hometown.

六、训练参考方法及评价参考标准

利用微格教学实验室，以小组为单位对本节的课型示例进行教学模拟，参照表 5-2 进行点评。

表 5-2　听力教学技能评价参考标准

	指标	满分	得分
1	能用英语组织听力教学	10	
2	能熟练运用音像设备和软件进行听力教学	20	
3	善于发现听音过程中的难点并进行针对性训练	20	
4	教学方法多样、符合学生实际	20	
5	注意听音技能的传授和训练	10	
6	注意听与说、读、写等活动的结合	10	
7	掌握听力教学技能，问题设置合理，有层次和递进性	10	
	总分	100	

☞ 复习思考题

1. 听与说、读、写基本技能的关系如何？在教学中怎样配合？

2. 填空题

(1) Generally speaking, there are three main steps in English listening class：_____，_____，_____.

(2) Commonly, two approaches are frequently used to describe different processes of listening. They are _____ and _____.

3. 判断对错

(1) For listening skills, our aim is to help students get comprehensible, focused output and purposeful listening tasks. The process of listening is often thought of as active.

(2) The bottom-up model assumes that listening is a process of decoding the sounds that one hears in a linear fashion, from the smallest meaningful units to complex texts.

(3) In the top-down model, listening for gist and making use of the contextual clues and background knowledge to construct meaning are not emphasized.

☞ 真题再现

1.【2016 上 初中】Which of the following activities can help develop the skill of listening for gist? _____

A. Listen and find out where Jim lives.
B. Listen and decide on the best title for the passage.
C. Listen and underline the words the speaker stresses.
D. Listen to two words and tell if they are the same.

2.【2013 下 初中】If a teacher attempts to implement the top-down model to teach listening, he is likely to present _____.

A. new words after playing the tape
B. new words before playing the tape
C. background information after playing the tape
D. background information before playing the tape

3.【2017 上 初中 面试】

> 题目：New school life
>
> 内容：How about your school life in New York? I think I didn't feel very well in Beijing. I'm tired and didn't enjoy the school life because I have too much headaches. I'm stressed out because my Putonghua isn't improving. I study late every night, but it is still not improving. I didn't feel well because I have got a cold. Oh, by the way, my host family is very nice!
>
> 基本要求：
> (1) 请完整朗读这篇听力材料；
> (2) 全英语试讲；
> (3) 适当配以板书。
>
> 答辩题目
>
> (1) 你在本堂课中的情感态度价值观目标是什么？
> (2) 你认为听前活动主要包括什么？

第二节 口语教学技能

英语口语是指用英语进行口头表达和传递信息的交际形式,学生说英语是从听到说,由不自主到自主的发展过程。听是说的准备,在听的阶段,即使学生不开口说,也在进行积极的酝酿,是一个积极的沉默期,一旦听的刺激达到一定程度,学生的发音器官就会越来越活跃,会产生主动开口说的动机和愿望。口语教学是指教师在英语教学中对学生进行英语口头表达能力的训练。近年来,随着英语课程改革的不断深化,口语教学在英语教学中的地位也愈发重要,所占比重也越来越大。因此,掌握口语教学的技能是上好英语课的关键,教师应明确不同阶段的口语教学目标,有效实施口语教学。

一、教学原则

(一)结合学生的年龄特点和认知水平设计活动

口语训练活动应多种多样,内容要兼顾知识性、层次性和趣味性。教师在学生开口表达之前要做好内容和形式上的铺垫,根据学生的年龄特点,多设计一些具有挑战性的话题。教师要充分发挥作用,扮演好组织者、引导者、协调者和帮助者的角色。

(二)在语境中教口语

教师在课堂上要根据学生的年龄和口语水平的高低,设置与学生生活、学习相关的真实或接近"真实"的语境,引导学生关注语言意义,使训练活动交际化。学生要有足够的词汇量,确保其在口语活动中进行真实的交流,达到能应用英语进行真实交际的目的。

(三)听说结合

教师要把说的微技能与听的微技能有机融合在一起。口语表达需要以一定量的听力信息输入为前提,口语表达又会促进听力的理解和内化。只听不说,重说轻听的教学都是单一的、片面的,教师要做到以听带说,先听后说,以说促听。

(四)从机械性操练到交际性操练

口语训练应从句型和句式入手,首先听,其次进行重复、模仿等句型操练,最后达到活学活用。教师先让学生进行模仿性口头表达,从控制性的机械性操练逐步过渡到半控制性的意义性操练,再到无控制性的交际性操练,训练学生创造性的口头表达,培养口语表达能力。

(五)准确性和流利性相结合

英语口语的准确性是指表达语言内容与运用语言知识的正确程度,流利性则强调意义的完整性和流畅表达程度。准确性和流利性是一对矛盾体,模仿性口语要纠错,以保证信息的正确输入;交际性口语要容忍错误,教师应在学生能够连贯表达想法后再纠正其出现的典型错误。

(六)激励性原则

教师要鼓励学生敢于开口、大胆表达、克服紧张和胆怯的心理。此外,教师还要培养学生的自信心,充分肯定他们的进步,掌握口语纠错的时机和方法,使学生体会说的乐趣,从而敢于说、勤于说、乐于说。

(七)设计信息沟

信息沟是指不同人在掌握信息方面存在的信息差。在教学设计中,教师要善于利用学生间的差异,设计多样性的真实交际活动,激发学生的表达愿望,在真实交际中提高学生的口语表达能力。

二、教学方法

在英语听、说、读、写四项技能的培养中,说的技能通常被认为是最难的,也是最容易被忽视的一项技能。口语教学的主要目标是培养学生正确、流利、得体与连贯的口头交际技能,但这些仅仅是微观的口头表达技能训练,远不能达到提高学生说的技能的目的。

教师在口语教学中,通常可以采用如下教学方法:

(一)大量的信息输入

语言的学习过程是一个有序的过程,表现为信息的输入和输出,即必须以大量的信息输入为前提。因此,教师要让学生大量地听,让学生在频繁的语言接触中培养语感。

(二)合理的话题选择

在口语训练中,教师选择的话题内容要贴近学生的真实生活,难易程度要适当。例如,数字、颜色、时间、天气、食品、服装、玩具、节目、个人情况、朋友、家庭和学校等与学生的日常生活相关的话题。此外,教师还可以安排英语国家的文化习俗和生活习惯等话题,说的形式可以对话为主要形式。

(三)设计多样活动

口语练习常用结对子活动或小组活动讨论的教学形式,也可以创设课堂英语角。口语教学活动应丰富多彩,教师应掌握教学原则和技巧,不断创新,设计出风格类型多样的、符合学生特点的教学活动,如描述、讨论、复述、问答、续接、改编、角色扮演和辩论等活动,使口语课堂轻松愉快,学生热情高涨,从被动说到主动说。

三、口语活动

（一）朗读

朗读是英语教学中常用的手段，对于口头表达很有帮助。学生在朗读时没有记忆负担，可以将注意力集中在语音和语调上。在进行朗读训练时，教师应要求学生在听熟的基础上开口模仿，感知语音、语调和感情色彩等；同时，教师应注意以下两个问题：

（1）及时纠错。学生在朗读过程中出现明显而严重的错误时，教师可立即打断其朗读并纠错；对于一般的错误，教师应在学生朗读结束后再纠错。在教学实践中，读后纠错用得较多。教师在纠错时不应当简单粗暴地训斥，纠错后要适当鼓励学生。

（2）避免"懒语病"。学生在朗读时往往会出现一种念经调、拉拖腔或方言味。教师应当要求学生用正确的语音和语调，正确、流畅、有表情地朗读。对于学生"只动口，不动心"的朗读应及时纠正。教师在教学中要谨慎使用齐声朗读，因为它容易导致学生出现"懒语病"。

（二）对话

对话是口语练习的主要形式，开展对话活动有利于口语练习顺利地进行。一般由教师指定学生结成对子，学生在练习对话或进行问答时，可以相互交换角色。

（三）背诵

背诵对于口头表达有着不可估量的作用。学生在进行口头表达时，对背诵过的语句容易脱口而出。训练背诵的正确步骤是：理解—朗读—熟读—背诵。对于较短的课文及对话，学生会背诵即可；对于较长的课文及对话，学生可以只背诵大部分或精彩的段落。

（四）复述

复述是指对所学的语言材料进行口头重复陈述。复述只要求大意不变，教师应允许和鼓励学生增词或减词，用自己的语言重新表达，避免把复述变成背诵。因此，这种练习难度较大，要求较高。教师可采用在黑板上画简笔画或写关键词语等方法，逐步指导学生完成复述练习。

（五）操练

操练的目的是保证学生正确、迅速地说出所学的新语言材料。操练的形式有全班操练、半班操练、分组操练、横排操练、竖排操练、两人一组操练、单人操练和连锁操练等。操练的方法有重复、替换、问答、句型转换、句子合并和句子扩充等，方式有齐声回答和对话等。

（六）角色扮演

角色扮演是指学生根据自己的兴趣，通过模仿和想象扮演对话或情境模拟中的角色。学生在角色扮演中创造性地反映自己的现实生活经验，通过不同的操练活动模仿真实情境中各种人物的行为，将所要扮演的人物原型的意义迁移到自己身上。教师让学生扮演不同的角色,让其在人物语言与感情的变化中实地使用语言,从而提高学生的交际能力。

(七)游戏

游戏口语教学比较适合于低年级学生,教师应调动一切手段,组织和设计生动活泼的英语教学游戏,如表演游戏、采访游戏、故事游戏和卡片游戏等,让学生在教学游戏中学;打消他们的学习顾虑,消除胆怯和自卑心理,在无意中吸收游戏中所使用的语言,达到情不自禁地说英语的目的,激发学生说的热情。

(八)辩论

对于高年级学生来说,口语辩论活动是训练思维速度,提高口头交际快速反应能力的有效措施。英语课堂辩论能促使学生将所学的英语词汇、短语句型和日常用语等转化为实际口语表达能力。教师要善于挖掘和教学内容相关的辩论题目,引发学生思考,培养学生的批判性思维和开放性思维。

四、课型示例

Teaching Plan

Teaching content:Will people have robots?
Lesson type:Speaking
Teaching aims:
1. Knowledge aim
To enable students to grasp structures to express the future:will/won't do sth.
2. Skill aims
(1) To enable students to make predictions of the future world.
(2) To enable students to talk about their own futures.
3. Emotion aim
To encourage students to think about the future world and their own futures.
Teaching procedures:
Step 1 Brainstorming
Have a brainstorming about the future world(见图5-3)。

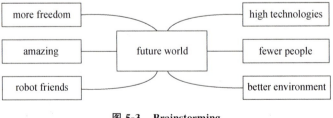

图 5-3 Brainstorming

> Step 2 Agree or disagree with these predictions
>
> People will have robots in their homes.
>
> People won't use money. Everything will be free.
>
> Books will only be on computers, not on paper.
>
> Kids won't go to school. They will study at home on computers.
>
> There will only be one country.
>
> People will live to be 200 years old.
>
> Step 3 Read the dialogue and make substitutions
>
> S1：Do you think there will be robots in people's homes?
>
> S2：Yes, there will. I think every home will have a robot.
>
> S1：Will kids go to school?
>
> S2：Kids won't go to school. They'll study at home on computers.
>
> Step 4 Ask and answer questions about the predictions in Step 2
>
> S1：Will people use money in 100 years?
>
> S2：No, they won't. Everything will be free. Will people live to be 200 years old?
>
> S1：Yes, they will.
>
> Step 5 Show and tell
>
> Draw a picture of your future/your parents' future/the future of your school 20 years from now, and explain the picture.
>
> Step 6 Discussion
>
> How can people/you make the future in your dialogues come true?

五、训练参考方法及评价参考标准

利用微格教学实验室，以小组为单位对本节的课型示例进行教学模拟，参照表 5-3 进行点评。

表 5-3　口语教学技能评价参考标准

	指标	满分	得分
1	教师课堂用语表达得清楚流利	20	
2	课堂气氛活跃，师生交流充分	20	
3	口语活动形式多样，方法得当	20	
4	坚持从机械性操练到交际性操练转化	20	
5	善于把握纠错时机	20	
	总分	100	

☞ 复习思考题

1. 口语技能训练的基本形式有哪些？试举例说明。
2. 什么是信息沟？请设计一项含有信息沟的口语活动。

☞ 真题再现

1.【2016 下 初中】Which of the following activities is not a communicative activity in teaching speaking? _____

 A. Information gap activities.

 B. Accuracy-focused games.

 C. Debate and interviews.

 D. Problem-solving activities.

2.【2017 下 高中】Which of the following activities is often used to develop students' speaking accuracy? _____

 A. Identifying and correcting oral mistakes.

 B. Acting out the dialogue in the text.

 C. Having discussions in groups.

 D. Describing people in pair.

3.【2018 下 初中】教学设计题：根据提供的信息和语言素材设计教学方案，用英文作答。

设计任务：阅读下面的学生信息和语言素材，设计 20 分钟的口语教学方案。教案没有固定格式，但必须包含下列要点：

- teaching objectives
- teaching contents
- key and difficult points
- major steps and time allocation
- activities and justifications

教学时间：20 分钟

学生概况：某城镇普通中学七年级（初中一年级）学生，班级人数 40 人。多数学生已经达到《义务教育英语课程标准（2011 年版）》二级水平。学生课堂参与积极性一般。

语言素材：

> Ms. Li: Hello, my name is Li Fang. I'm your teacher and you are my students. I'm Chinese. I'm from Wuhan. What's your name?
>
> Lingling: My name is Wang Lingling.
>
> Ms. Li: Nice to meet you, Lingling. Where are you from?
>
> Lingling: I'm from Beijing. I'm Chinese.
>
> Ms. Li: How old are you?
>
> Lingling: I'm thirteen years old.
>
> Ms. Li: Good. Hello, what about you?
>
> Daming: Hello, Miss. Li, my name is Li Daming and I'm from Beijing, too. I'm twelve years old.

> Ms. Li: Thanks. Hello, are you from America?
> Tony: No, I'm not. I'm from England. I'm Tony Smith.
> Ms. Li: Nice to meet you, Tony. Hi, are you English, too?
> Betty: No, I'm not. I'm American and my name is Betty King.
> Lingling: Tony and Betty are our friends.
> Ms. Li: Good! Welcome to Class 4 Grade 7!

第三节 阅读教学技能

英语阅读是一种语言的输入技能,是学生学习语言的主要途径之一。阅读教学旨在培养学生的阅读理解能力,使学生能够掌握一些基本的阅读技巧,更多地输入语言材料,逐步形成语感。对大多数学生来说,阅读是他们大量接触英语、学习英语的主要手段,又是提高英语能力的重要环节。初中学生,尤其是初中二年级以上的学生,教师对其开展阅读训练,进行一些基本阅读技巧的指导,无疑会对巩固课堂教学效果、缩小学生之间英语能力的两极分化起到积极的作用。而高中阶段的教学侧重培养学生的阅读能力,为学生打下良好的自学和应用语言的基础。阅读教学既是中小学英语教学的重点,又是教学的难点。

一、教学原则

教师在进行阅读教学时,应遵循以下原则:
(1) 读写结合,以读带写,以写促进阅读。
(2) 在学生阅读之前,要善于提出引导性问题,以提高学生的阅读兴趣和增强学生阅读的目的性。
(3) 培养学生阅读技巧,如根据上下文推断生词或句子的意思,掌握略读和扫读等技能。
(4) 精心设计理解性练习,变换提问的方式,如多项选择题、判断对错题、找出答案和填空题等。
(5) 尽量避免逐词逐句地精讲,不要把大量的时间花在讲解文章的语法或每个生词上。
(6) 选择合适的课外读物,布置适量的课外阅读作业。

二、阅读技能

(一) 略读

略读是指以最快的速度大概了解文章的主要意思,掠过细节描写,目光跳跃式、扫描式地前进,对于每段的第一句(一般为主题句)、关键词和关键句等多加注意,以便迅速归纳文章的中心大意。略读技能可以帮助学生在有限的时间内迅速了解文章的大致内容,判断文章中是否有自己需要的信息。

（二）扫读

扫读是指搜寻式阅读。学生在扫读文章时，要带着问题从文章中寻找答案。学生在扫读时，目光从上至下迅速搜寻所需信息，找到问题答案即可停止阅读。学生在掌握扫读技能后，能尽快从文章中获取所需信息。教师在训练学生扫读技能时，应先给他们一个或几个中心问题，让他们带着问题阅读，把注意力转移到文章的重点上，阅读速度就能快速提高。教师最好给出时间限制，以确保学生能高效率地阅读。

（三）猜测词义

很多学生在阅读文章时过于依赖词典，每逢生词必查词典，因而阅读效率不高。教师应训练学生根据文章内容猜测词义。猜测词义包括利用上下文中的同义关系猜测词义、利用上下文中的反义关系猜测词义、利用整个句子的意义猜测词义、利用语法知识和构词法知识猜测词义。

（四）找出主题句

每篇文章都是一个有机的整体，段落与段落之间存在着内在逻辑关系。一般来说，每个段落都有一个句子表达这个段落的主题思想，这个句子即为主题句，其他句子则围绕主题句进行说明或阐述，整篇文章的主题就是通过这些主题句表现出来的。据统计，大约80%的主题句位于段落的句首，大约20%的主题句位于句尾或句中。因此，我们往往可以通过阅读文章各段的首句、尾句来了解整篇文章的大意。学生在做阅读理解训练时，可以快速浏览文章各段的首句和尾句，在对整篇文章有了简要的了解之后，再仔细阅读全文。

（五）预测

预测也是重要的阅读技能之一。在阅读中，进行预测的活动贯穿整个阅读过程。教师在教学中应有意识地培养学生对所阅读文章进行预测的能力，如通过文章标题和插图预测文章的主要内容、根据上文预测下文和文章的结尾等。

（六）推断

有时文章作者没有把自己的看法和观点直接表达出来，他们希望读者能够从文章所叙述的人物对话、动作和心境的描写等进行推断。教师应该引导学生从字里行间，透过文字信息推断文章深层结构中的含义。

三、教学模式

与听力教学模式一样，阅读教学模式也有三种：

（一）自上而下的阅读教学模式

自上而下的阅读教学模式着重强调背景知识在阅读过程中的作用，认为阅读是一个语言心理的猜测过程。该模式重视背景知识的导入，帮助学生学会运用自己的知识（事实和社会文化方面的知识、有关阅读材料话题的知识、文章结构组织的知识和语境知识等）对文章的下文进行预测，在阅读、检验和修订自己的预测后重新预测。这一观点突出体现的是读前活动的开展。阅读前的大部分工作是激发学生的知识库和对文章内容进行预测。

（二）自下而上的阅读教学模式

自下而上的阅读教学模式着重强调来自阅读材料的信息，认为阅读过程是一种通过解码、编码和转换等手段，对阅读材料进行处理的过程。自下而上的阅读教学模式认为，读者对材料的理解是从比较小的语言文字单位到比较大的语言文字单位的过程。

（三）交互式阅读教学模式

交互式阅读教学模式是结合以上两种模式，既强调背景知识以及上下文预测的重要性，又关注单词短语的解码能力。交互式阅读教学模式更加科学，教师要灵活掌握和善于运用。

四、教学过程

（一）阅读前阶段

阅读前是阅读的准备和导入阶段，教学的主要任务是明确教学目标，布置阅读教学任务，激发阅读动机，预测阅读内容以及介绍背景知识等。教师可借助文章标题和插图等，通过提问或讨论来介绍阅读文章的主题，鼓励学生预测文章内容，讲解必要词汇，扫清阅读障碍。同时，预测活动可以使学生带着目的去阅读，引起学生阅读的欲望，激发学生阅读的兴趣，提高学生阅读的技巧与效果。教师更需要根据学生的情况展开思路，设计有意义的、适合交际的活动。

常见的阅读前活动有：
（1）检查随附的视觉信息，如图表、地图和照片等。
（2）反思文章的标题或主题。
（3）陈述学生已经了解的关于该主题的内容。
（4）陈述学生想要了解的关于该主题的内容。
（5）写下学生希望从文章中找到答案的问题。
（6）回答教师关于文章类型或主题的问题。
（7）以小组或全班为单位对话题进行头脑风暴。
（8）根据文章中的关键词猜出题目。
（9）在讲授文章之前预先讲授单词。

（二）阅读中阶段

阅读中是阅读的核心阶段，这时应以学生活动为主。在这个阶段，教师应根据文章内容设计形式新颖多样的活动，切实培养学生的阅读技巧，提高学生的阅读速度及理解能力。现行教材中有一些这方面的练习，但还远远不够，需要教师开拓思维，大胆创新。

常见的阅读中活动有：

（1）略读文章，获取主旨大意。

（2）查找特定信息。

（3）将信息从文本转换成图表或图片。

（4）对文章的要点或特定点做笔记。

（5）绘制图表以显示文章结构。

（6）回答文章中的事实性问题。

（7）回答关于文章的推理问题。

（8）把事件按正确顺序排列。

（9）说明给出的关于文章的陈述是正确的还是错误的。

（10）从上下文中推断出文章中的单词和短语的含义。

（11）找出文章中的指称对象，并说明它们指的是什么。

（12）把乱序的文章段落按正确的顺序排序。

（13）为文章的各段加上适当的标题。

（14）给文章起一个合适的标题。

（三）阅读后阶段

阅读后活动的目的是：一方面巩固所阅读的知识，另一方面把阅读内容与学生的已知经验、个人观点与兴趣相联系，为学生提供自由使用语言进行交际的机会，从而进行口头和笔头的练习，使知识得以扩展延伸，融会贯通。

常见的阅读后活动有：

（1）口头讨论文章主题。

（2）角色扮演：设置与文章不同的情境，但使用与文章相同的角色，或者设置与文章相同的情境，但使用与文章不同的角色。

（3）总结文章的主要内容，写文章摘要。

（4）评论文章内容。

（5）为文章中的故事提供一个结局：预测故事的结局，或者改编故事原来的结局。

（6）复述文章中的故事。

（7）听或读一些关于文章主题的补充材料。

五、课型示例

Teaching Plan

Teaching content：Women of achievement

Lesson type：Reading

Teaching aims：

1. Knowledge aim

To enable students to understand the text.

2. Skill aims

(1) To enable students to learn to scan for specific information.

(2) To enable students to talk about the great women and their own pursuits.

3. Emotion aim

To inspire students to imitate the great women.

Teaching procedures：

Step 1 Pre-reading

T：Do you know a famous woman?

S1：…

T：Are they great women?

S1：Not all of them.

T：Who are great women among them? Why? What are the common features of the great women?

S1：…

S2：…

S3：…

(The teacher writes down the title and the features of great women on the blackboard.)

Step 2 While-reading

(1) Guessing game：Who is she?

The teacher reads the information of the great women in the text and writes down the key words on the blackboard (especially the new words), and students guess the name of the women.

T：What are their similarities?

S2：They are great women.

S3：They are women of great achievement.

S4：They have contributed a lot to the world or human beings.

…

(2) Fill in the following table(见表5-4)：

表5-4 Table for while-reading exercises

Who	Which country	When-live	What achievement	What influence
Joan of Arc				
Elizabeth Fry				
Soong Ching-ling				
Lin Qiaozhi				
Jane Goodall				
Jody Williams				

(3) Questions and answers based on the table

T：What country are they from?

S5：They are from France, Britain, China and America.

T: When did they live?

S5: They lived in the fifteenth, the eighteenth and the twentieth centuries.

T: What conclusions can you draw?

S5: Each country has great women, and there can be great women in each century.

T: And you may become a great woman from China when you grow up.

Step 3 Post-reading

(1) Retelling

T: Please introduce a great woman according to the table.

(2) Talking about your future

T: Design a business card for you in the future, including your title, your job, the place where you live, your achievement and your influence. Put the cards in a box. Each student picks out one card and reads it, and the other students guess whose card it is.

Step 4 Assignment

Debate: Which should the youngsters pursue, to be famous or to be great?

六、训练参考方法及评价参考标准

利用微格教学实验室,以小组为单位对本节的课型示例进行教学模拟,参照表5-5进行点评。

表5-5 阅读技能评价参考标准

	指标	满分	得分
1	让学生明确阅读目的	15	
2	善于提出导读问题	15	
3	注意培养学生阅读技巧	30	
4	结合听、说、写综合训练	20	
5	善于解决阅读中的重点、难点	15	
6	教学步骤安排得当	5	
	总分	100	

复习思考题

1. 阅读技能训练的基本形式有哪些?试举例说明。
2. 阅读教学有哪些原则?

真题再现

1.【2016 下 初中】Teachers who adopt the _____ model for reading comprehension may start teaching a text by introducing new vocabulary and structures.

A. parallel　　B. serial　　C. top-down　　D. bottom-up

2.【2016下初中】When asking students to quickly run their eyes over a whole text to get the gist, we are training their skill of _____.

A. scanning　　B. mapping　　C. predicting　　D. skimming

3.【2017上高中】A teacher may encourage students to _____ when they come across new words in fast reading.

A. take notes　　　　　　　　B. ask for help
C. guess meaning from the context　　D. look up the words in a dictionary

4.【2018上高中】Which of the following practices can encourage students to read an article critically? _____

A. Evaluating its point of view.
B. Finding out the facts.
C. Finding detailed information.
D. Doing translation exercises.

5.【2017上初中 面试】

> 题目：Cartoon
>
> 内容：When people say "culture", we think of art and history. But one very famous symbol in America culture is a cartoon. We all know and love the black mouse with two large round ears—Mickey Mouse, he first appeared in the cartoon *Steamboat Willie*. When this cartoon came out in New York on November 18, 1928, it was the first cartoon with sound and music. The man behind Mickey was Walt Disney. He became very rich and successful. In the 1930s, he made 87 cartoons with Mickey.
>
> 基本要求：
> (1) 用视频导入。
> (2) 全英文授课。
> (3) 教学过程中要有相应的板书。
>
> 答辩题目
> (1) 简述下阅读教学中每次阅读的作用/目的分别是什么？
> (2) 你怎么理解为人师表？

第四节　写作教学技能

写作教学是指教师组织学生进行英语笔头表达和交际的练习，写作教学能使学生对英语句子和篇章结构、词汇、语法和逻辑等方面更加敏感，使学生在英语表达中用词更加准确,作文更加讲究章法。此外,写作不仅是培养学生形成英语语感、思维和表达能力的有效途径,也是衡量学生英语水平和英语教学效果的重要标准之一。教师应明确各个教学阶段写作教学的目标和任务,培养学生规范书写和写作技能。

一、教学原则

(一)写作训练与书写训练相结合

在教学中,"写"有两方面的含义:一是书写,二是写作,即笔头表达。在英语学习之初,学生要从书写训练开始,养成良好的书写习惯后,通过抄写句子和短文练习书写,可以使书写动作连贯而迅速;通过书写训练,学生可以加深对句子结构和篇章结构的理解。

(二)循序渐进与系统训练相结合

学生的写作练习应在教师有计划的指导下进行,循序渐进,逐步提高。在语言形式上,学生由学写短句到学写句段;在训练形式上,学生由听写、仿写、改写到造句、写短文。

(三)写作与听、说、读相结合

在语言学习过程中,作为学习手段的听、说、读、写是相互促进、相互依存的。读是写的基础,是吸收语言材料、学习语言形式的必经之路。"读书破万卷,下笔如有神",这是学习一切语言的共同经验。听和读都是在吸收输入的信息,只是表现方式不同。说和写都是输出信息,表达思想感情,也是表现方式不同。

(四)模仿性写作与交际性写作相结合

写作既是思想交流的方法,也是语言交际的手段。模仿性写作可以让学生模仿句型和短文的表达方法练习写作,让学生有模式和句型可以套用,但这类写作局限学生的想象空间和创造力。交际性写作是运用语言文字表达思想感情的一种创造性脑力劳动。在交际性写作中,如果有信息沟或学生有迫切使用英语进行笔头交际的愿望,则更能激发学生写作的热情。写作技能的训练应以模仿性写作为基础,以交际性写作为根本目的,教师要做好二者之间的平稳和顺利过渡。

(五)思维训练与写作训练相结合

当教师进行写作训练时,要引导学生认识各个事物之间的相互联系和相互关系(如从属关系、空间关系、因果关系和层次关系等),用英语词汇和句子作为思维工具进行构思,并加以连贯地表达。

(六)课内训练与课外训练相结合

课内训练以模仿性写作练习为主,听、说、读、写同时进行;课外训练以交际性练习(如写日记、写信、写作文和写微博等)为主,教师应该做好写前的任务设置和指导,进行必要的督促和检查。

二、教学过程

（一）写前阶段

1. 激发学生学习动机

教师应有计划、有目的地拟好学生感兴趣、有话可说的题目和写作要求，并在写作课开始时以简单明了、直截了当的语言布置写作任务，清楚地阐明最终要达到的写作要求及目标。教师可以利用教材中的范文，激活学生的相关知识。

2. 头脑风暴

教师引导学生围绕主题，采用头脑风暴围绕议题开展讨论活动，各抒己见，通过集体讨论抓住有用的信息并形成写作思路。在写作前，教师可以让几名学生谈一谈对写作主题的理解和认识以及自己是怎样酝酿构思的，然后让其他学生发表自己的看法，进一步丰富和完善写作的思路。

3. 思路图

思路图从视觉上可以帮助学生记录并整理思绪，启发和引导学生思考与主题有关的内容。一切带有个人色彩的标记，如箭头、图形和分项符号等，都可以帮助学生在记录的同时整理出各项相关内容的关系结构。

（二）写中阶段

1. 自由写作

当学生在脑中对自己要写作的主题有一个清晰的思路图之后，便可以开始自由写作。在这个阶段，学生不需要关注太多语法或者拼写问题，他们只需要把自己的观点呈现于纸上即可。自由写作阶段能培养学生流利写作的能力。

2. 列提纲

要使写出的文章条理分明、结构清楚，教师必须培养学生在写作之前列提纲的习惯。提纲主要包括文章要围绕哪些内容写，分几个部分，每一部分写什么，等等。

3. 写初稿

在写初稿时，学生要考虑将文章要点扩展成句、段落和篇，学生通过添加支撑句将主题句扩展成段落，并把各个段落按照一定的顺序和逻辑关系连成一个有机的整体，形成一篇内容和要点基本齐全、上下文基本连贯的初稿。

（三）写后阶段

1. 修改

修改包括学生自改和学生间的互改。自改是完成初稿后，学生要仔细地重读一遍，看看有无修正改进之处。自改是一个再加工的过程，教师应引导学生逐一从内容要点、语言（词汇、时态和句子等）、文章结构（架构和使用连接词等）等方面进行查错修改。自改注重的是文章的意思和结构。互改在写作练习过程中十分重要，因为它符合新课改所倡导的合作、交流和探究的学习方式，也是合作学习在教学中的实际运用。学生将自己初步修改过的稿子交给其他学生阅读或者在小组中传阅，由这些学生提出他们各自的意见,然后再由学生本人在听取其他学生意见的基础上对文章做进一步的修改和完善。

2. 修订

修订是指教师在学生自评、互评和他评的基础上对学生进行写作指导,并让学生对作文的词句、语言、构思与结构进行完善的过程。学生在修订时,可以增加新的观点,删除不相干的观点,或者修改拼写、标点和语法上的错误。在此过程中,教师需要对学生给予一定的指导。

3. 校对

校对是指学生把作文的最终稿上交之前的最后一道"工序"。学生需要再次对自己的作文进行仔细阅读,避免出现语法和拼写上的问题。在这个阶段,虽然学生可以互相校对,但是教师要尽可能地指导学生自己完成校对,为学生今后的写作打下良好的基础。

4. 反馈

反馈是指教师和每一名学生就作文进行深入的交流,面对面地讨论学生的作文,指出他们的问题。这样的反馈方式针对性强,有利于提高学生的写作水平。如果学生较多,教师无法面对面指导全班学生,则教师可以面向全班学生进行讲评,针对学生在作文中的共性问题、严重的个性问题、经常犯的错误以及优秀范文进行详尽的讲评。

三、教学方法

(一)控制性写作

控制性写作是一种在语言上进行控制的教学方法,包括抄写、填空、完成句子和句型转换等形式。控制性写作可以由教师操作、学生执行,也可以由师生共同完成,它是培养学生规范写作的重要教学方法。

(二)指导性写作

指导性写作实际上是写作的第二个阶段,这个阶段的练习从某种程度上是学生的自主创作,学生的作文在内容和形式上不需要得到更多的建议。指导性写作包括段落写作、摘要性写作、调查问卷写作和应用性写作等形式。

(三)交流性写作

1. 自由写作

自由写作是指学生可以随意写自己想写的任何事情,也可以从其他书籍、杂志或网络上抄写。自由写作的目的是培养学生自主写作意识和能力,学生在运用语言的过程中可以体会语言学习的乐趣及其带来的成就感。

2. 叙述性描述

教师要引导学生就他们所熟悉的主题写一些小文章。在此之前,教师可以做一些指导,使写作成为交际性的写作,达到交流的目的。

四、教学活动

在中小学英语教学中,写作教学是教学难点,但却是评价学生综合运用语言能力的有效方法。英语写作要求学生具有扎实的语言基本功,一定的审题能力、表达能力和想象能力等。教师在平时教学中要有意识地系统训练学生的写作能力,激发学生的写作动机,培养学生的写作兴趣;通过设计有效的活动,循序渐进地培养学生的写作习惯,训练学生的写作方法,解决学生在写作时出现的词汇贫乏、语法不通、搭配不当、结构混乱和条理不清等问题。根据学生的年级特点和英语基础,教师可以采取如下教学活动:

(1) 让学生抄写句子或短文。

(2) 教师听写句子或短文。

(3) 让学生连词或连句。

(4) 让学生替换句子的某些成分,改写句子。

(5) 让学生模仿句型结构造句。

(6) 让学生根据事物的相互联系组句成段(文)。

(7) 让学生看图说话,再将说的话整理成文。

(8) 让学生改写。学生可以将小故事和小记叙文中的人称、姓名、国籍、性别、数目、时间、地点、环境、结局和时态改写。

(9) 让学生扩写。学生可以在一篇短文的基础上进行丰富的想象,从结构和内容上加以扩展。

(10) 让学生缩写。学生可以将一篇课文或阅读文章压缩到指定的词汇数量,并且保留原文的基本内容。

(11) 让学生加写或续写。学生可以在已给的文章之前或之后加写或续写一定量的句子或段落。

(12) 让学生根据提纲、主题句或关键词写作文。

(13) 让学生记日记、写微博。学生可以记叙自己看到的或想到的内容。

(14) 让学生写明信片、电话留言或书信。

(15) 让学生写命题作文。教师可以定时、定题、定量,也可以放手让学生自己命题。

五、课型示例

Teaching Plan

Teaching content:Emails and descriptions of places

Lesson type:Writing

Teaching aims:

(1) To enable the students to grasp the structure of an email.

(2) To enable the students to write an email.

Teaching procedures:

Step 1 Lead in

T:What places in Beijing are foreigners interested in?

S1:The Forbidden City.

S2:The Palace Museum.

S3:...

T: Besides all these, foreigners are very much interested in Hutongs in Beijing.

Step 2 Working with ideas

T: (Brainstorming about Hutongs) What do you know about Hutongs in Beijing? What are they? How long is their history? Who lives there? Why do you think Hutongs interest foreign tourists so much?

S4: ...

Step 3 Planning and organizing ideas

T: Sophia is your pen pal from America, and you are going to write an email to her, telling her about Hutongs in Beijing. How do you write an email? Look at the following table(见表 5-6):

表 5-6 Structure and content of an email

Part	Form	Feature	Example
Heading	To: _____	Receiver	To: abmigreen@zing.com
	From: _____	Sender	From: ledonald@coolmail.com
	Subject: _____	Clear, brief	Subject: News from Beijing
Body	Salutation	Dear _____/Hi/Hello	Hi Abbie and Mike
	Greetings	Brief	How are you doing
	Information	Logical, clear	About Hutongs in Beijing
	Complimentary close	Brief	Thanks/Best regards/Cheers
Enclosure	Sincerely/Love/Yours	Brief	Love, Lucy

Step 4 Drafting

T: Now you have developed the topic and ideas, and you can begin to write the first draft based on your notes. Please focus on the development and organization of those ideas.

(Students write the first draft.)

Step 5 Feedback

T: (The teacher collects and checks some writings) Let me give you some feedback on the development of ideas and grammar, punctuation and spelling so that you can correct and improve the first draft.

Step 6 Revising and proofreading

T: Please correct your writing according to the feedback.

(Students revise and improve their first drafts based on the feedback. After they write out the final versions, students can help each other to proofread and edit.)

六、训练参考方法及评价参考标准

利用微格教学实验室,以小组为单位对本节的课型示例进行教学模拟,参照表 5-7 进行点评。

表 5-7　写作教学技能评价参考标准

	指标	满分	得分
1	任务要求明确、具体,活动设计科学有效	15	
2	写作要求符合学生英语水平	15	
3	对学生适当帮扶、起到引导和启发作用	30	
4	能激发学生的写作愿望和热情	20	
5	能通过训练发展学生的观察力、注意力、记忆力和想象力	15	
6	能帮助学生用英语思维组织句子和篇章结构	5	
	总分	100	

☞ 复习思考题

1. 写作教学的基本原则有哪些?

2. 从中学教材中选取材料,写一篇组织中学生进行写作训练的教案,然后以小组为单位进行演练。

☞ 真题再现

1.【2017 上 高中】Teachers should encourage students to use ＿＿＿＿ to gather and organize their ideas for writing.

　　A. eliciting　　　B. mind mapping　　C. explaining　　　D. brainstorming

2.【2017 下 高中】Which of the following is the last step in the process of writing essays? ＿＿＿＿

　　A. Editing the writings.

　　B. Writing topic sentences for paragraphs.

　　C. Gathering information and ideas relevant to the topic.

　　D. Organizing the information and ideas into a logical sequence.

3.【2017 下 高中】教学设计题:根据提供的信息和语言素材设计教学方案,用英文作答。

设计任务:阅读下面的学生信息和语言素材,设计 20 分钟的英语写作教学方案。教案没有固定格式,但必须包含下列要点:

● teaching objectives

● teaching contents

● key and difficult points

- major steps and time allocation
- activities and justifications

教学时间：20 分钟

学生概况：某城镇普通中学高中一年级学生,班级人数 40 人。多数学生已经达到《普通高中英语课程标准(实验)》五级水平。学生课堂参与积极性一般。

语言素材：

> Dear Zhou Kai,
>
> How are you? We're doing a class survey and I have to write emails to all my pen friends in other countries. I hope you don't mind answering these questions.
>
> Do most adults smoke in China?
>
> In most states in the US, it is now against the law to smoke in public buildings, such as banks and offices, on public transport and in restaurants and cafes. Is it the same in China?
>
> Is the government planning to change the law about smoking in public?
>
> Hope you can answer my three questions!
>
> Best wishes, Paul

第六章

英语教师职业能力提升

☞ 学习完本章,应该做到:

◎ 明晰教学方法运用技能;
◎ 明了常用英语教学方法,并能进行合理的评价;
◎ 熟知说课技能,并能分别使用英语和汉语进行实际运用;
◎ 掌握听课与评课技能,并能尝试使用;
◎ 了解教学研究技能,掌握教学研究的基本方法;
◎ 领略终身学习技能,并能不断践行。

☞ 学习本章时,重点内容为:

准确理解教学方法运用技能,侧重记忆常用的英语教学方法,特别注意说课技能、听课技能、评课技能、教学研究技能及终身学习技能的理解、分析与运用。

☞ 学习本章时,具体方法为:

本章分六小节,概述了教学方法的运用技能,分别介绍了国内外常用的英语教学方法、说课技能、听课技能、评课技能、教学研究技能和终身学习技能等。在学习过程中,学生要充分认识本章内容对教师专业成长的重要性,通过学习说课、听课和评课等教学技能,树立教学研究的意识,具备初步的教学反思和研究能力,养成终身学习的习惯,做创新型和研究型教师,这是当代教师职业发展的必备能力。

第一节 教学方法运用技能

一、教学方法运用技能

教学方法是教学整体结构中的一个重要组成部分,是教学的基本要素之一。通俗地讲,教学方法是为了完成一定的教学任务,师生双方在教学活动中采用的手段,既包括教师教的方法,也包括学生学的方法。

教学方法是为教学目的服务的,教学方法选择是否得当,直接关系着教学工作的成绩与教学效率的高低。因此,每位教师都必须重视教学方法的运用技能。

二、基本原则

教师在选择教学方法时,要遵循以下基本原则:

(一)根据教学任务选择

这里所说的"教学任务"是指每一节课的具体教学任务,包括一节课中不同阶段、不同环节的教学任务。教学任务不同,选择的教学方法也不同。如果教学任务是让学生获得新知识,那么选择讲授法、发现法等较为合适;如果教学任务以培养学生的技能技巧为主,那么选择练习法、讨论法等较为合适;如果教学任务以培养学生自学能力为主,那么选择自学辅导法、读书指导法等较为合适;如果教学任务是让学生掌握一些现象和观念,以获取感性认识为主,那么选择演示法、谈话法和参观法等较为合适;如果教学任务以培养学生思维能力、发展智力为主,那么选择发现法、尝试法和讨论法等较为合适;如果教学任务以复习巩固旧知识为主,或有些任务需要几种方法同时运用才能完成,那么可以综合运用多种方法,或以一种方法为主,其他方法为辅。

(二) 根据教学内容特点选择

根据教学内容选择教学方法,就是依据学科性质和教材的特点选择教学方法。叙述事实的内容,一般选择论述法或读书指导法;理论性强的内容,一般选择讲解法;科普性的内容,一般选择演示法、实验法和参观法等。

(三) 根据教学过程的不同阶段选择

根据英语学科的特点,一节课的开始可选择谈话法和问题法,新授课阶段可选择讲授法、讨论法、发现法和尝试法等,巩固阶段可选择练习法、总结法和任务法等。

(四) 根据学生的年龄特征选择

初中阶段和高中阶段选择的教学方法也不一样,即使采用相同的方法,具体运用上也应根据学生的年龄特征而有所区别。对于较小年龄的学生,宜选择生动形象的讲述法、尝试法、观察法和问答法等;年龄较大的学生有一定的逻辑思维能力,可选择严密的讲授法、讨论法和发现法等。

(五) 根据教师本人的素质条件选择

教师选择的教学方法应能充分发挥自己的教学风格和特点,不要盲目追求"时髦"。有的教学方法虽好,但如果教师缺乏必要的素养,自己驾驭不了,仍不能取得良好的教学效果。因此,教师应努力提高自身素质,发挥个人优势,选择适合自己的教学方法。

(六) 根据学校的实际情况选择

不同学校的教学环境、教学设备、师资水平、班级特点和学生素质等都是不同的,教学方法的选择自然也应有所区别。有的学校现代化教育手段和多媒体语音室设备较少且落后,使用现代化教育手段有困难,则可采用图示法;有的班级学习困难的学生比较多,则应该以讲授法和辅导法为主。

(七) 教学有法,教无定法,贵在得法

教学方法的选择不能机械死板地硬套,而要因内容而异、因学生而异、因教师而异、因条件而异。每一种具体的教学方法都有其独特的功能、适用范围和适用条件。从来没有一种或几种教学方法是最优的,是适用于一切范围和条件的,任何一种教学方法都是

相对的,并且是在不断丰富和发展的。教师在选择教学方法之前,首先要认真钻研教材,掌握教材的特点,要深入了解学生的学习基础和认知水平。教师在选择教学方法时,既要遵循一定的原则与标准,又要灵活地、创造性地实践和发挥,从而形成自己的教学风格。

复习思考题

教师在英语教学中选择教学方法时,应遵循哪些基本原则?

第二节 常用的英语教学方法

传统的英语教学方法包括语法翻译法、直接法和听说法等,新型英语教学方法包括认知法、交际法和任务法等。这些教学方法各有利弊,有效的教学需要教师对常用的英语教学方法做出适当的选择、改进和调整。教师应根据教学所需,灵活地选用英语教学方法。

一、语法翻译法

语法翻译法最初是中世纪欧洲人在教授希腊语和拉丁语等语言时采用的一种教学方法。人们学习外语的主要目的是阅读外文资料和文献。德国语言学家奥伦多夫等学者总结了过去运用语法翻译法的实践经验,并在机械语言学和心理学的影响下,为语法翻译法提供了理论层面的解释,使语法翻译法成为一种科学的外语教学方法体系。

语法翻译法是为了培养阅读能力服务的教学方法,其教学过程是先分析语法,然后把外语译成母语,主张两种语言的机械对比和逐词逐句直译。在教学实践中,该方法把翻译既当成教学目的,又当成教学手段。语法翻译法重视对阅读、翻译能力的培养和对语法知识的传授,但忽视了对语言技能的培养,造成语音、词汇、语法与课文阅读教学相脱节。

二、直接法

直接法是从听、说、读、写活动直接入手进行英语教学的一种方法。它的教学途径是,首先,从学习句子开始,实际掌握交际能力;其次,通过归纳,学习语言理论知识;最后,进行语言的实际使用。直接法注重口语听说实践,对于培养学生的口语交际能力有较好的作用。直接法有许多别名,如现代法、新式法、翻译法(或非语法翻译法)、改革法、自然法、归纳法、口语法、语言法和心理法等。直接法成为听说法、情境法和功能法等现代外语教学改革派的开端。

直接法的基本原理是仿照幼儿学习母语时的自然过程和方法来设计外语教学过程和基本教学方法。直接法的主要特点是:

(1) 常采用当代通俗语言写的幽默故事和对话,作为教材的基本内容。
(2) 教师用表演和图画表达教材内容。

(3) 强调学生要用外语思维。
(4) 教师以句子为教学的基本单位,让学生整句学、整句运用。
(5) 学生以模仿为主。
(6) 学生以口语练习为基础,根据故事和对话进行回答练习。
(7) 教师重视动词的应用,让学生先应用,后总结。
(8) 英语能力较好的学生为了学习作文或提高兴趣而阅读文学作品,但文学作品并非语法分析的对象。

直接法认为,语言是一种教学途径,帮助学生建立词汇和概念的直接联系。该方法认为翻译过程割裂了这种直接的联系,容易使学生养成心译的坏习惯,从而没有能力直接理解外语,也没有能力用外语思考与直接表达。但直接法并不一概地排除翻译,它认为在某些情况下翻译也是必要的。例如,在没有指示的条件下解释 war 一词的意义时,翻译比定义更明确省时。

三、听说法

听说法是外语教学方法的主要流派之一,在第二次世界大战期间,美国为适应军队培养外语人才的需要,抽调外语教学方法专家、语言学专家及有经验的外语教师,开设外语训练中心,研究外语速成教学方法,即在短时期内集中进行听和说的训练,听说法由此产生。

听说法主张在外语教学中把听和说放在首位,先用耳听,后用口说,经过反复口头操练,最终能自如地运用所学的语言材料。听说法的主要特点是:
(1) 教学时以听、说领先。
(2) 让学生反复实践,形成习惯。
(3) 教学时以句型为中心。
(4) 教学时排斥或限制母语。
(5) 教师对比语言结构,确定教学难点。
(6) 教师要及时纠正学生在语言上的错误,培养学生正确的语言习惯。
(7) 教师可以广泛采用现代化教学技术手段。

听说法的教学过程一般分为认识、模仿、重点、变换和选择五个步骤。听说法强调外语教学的实践性,重视听说训练和句型操练,在对比分析母语和外语的基础上解决难点。但听说法也偏重机械性训练,忽视语言规则的指导性,有过分重视语言的结构形式、忽视语言的内容与意义的倾向。

四、情境法

听说法是直接法的演进,情境法是听说法的发展。
情境法是我国外语界比较熟悉的教学方法,它的主要特点是:
(1) 言语被看作语言的基础,结构被看作语言能力的核心。
(2) 在其所遵循的语言观中,意义、语境和情境被放在了突出的位置。
(3) 教学是一种基于行为主义理论的习惯培养。
(4) 发音和语法的准确性被认为是至关重要的。

(5) 在句子中进行结构教学，词汇的选择取决于句子模式的教学效果。

(6) 实践训练包括教师指导下的重复和替换活动。

英国的语言学家帕尔默和霍恩比是情境法的主要代表人物。情境法产生的影响十分深远，如今依旧有很多人还在使用情境法编写的教材、工具书和字典，运用情境法编写的经典教材是《新概念英语》。虽然情境法和听说法有共同的理论基础，但是情境法也有不同于听说法的特点，即它强调语言在情境中的应用。

五、交际法

交际法又称为意念法、功能法或意念-功能法。它是以语言功能项目为纲，培养在特定的社会语境中运用语言进行交际的一种教学方法。美国社会语言学家海默斯在1971年发表的《论交际能力》(*On Communicative Competence*)被认为是交际法的直接理论根据。交际法的创始人之一英国语言学家威尔金斯于1976年出版《意念教学大纲》(*Notional Syllabuses*)一书。此外，其他的代表人物还有英国的语言学家坎德林和威多森以及荷兰的语言学家范埃克。运用交际法编写的经典教材是《跟我学》。

交际法的主要特点是：

(1) 以培养交际功能为宗旨。交际法明确提出第二语言教学目标是培养创造性地运用语言的交际能力，不仅强调语言运用的正确性，还强调得体性。

(2) 教学要以功能和意念为纲。教师要根据学生的实际需要，选取真实自然的语言材料，而不是经过加工后的"教材语言"。

(3) 教学过程交际化。交际既是学习的目的，也是学习的手段。在教学中，教师要创造接近真实交际的情境并多采用小组活动的形式，通过大量的语言交际活动培养运用语言交际的能力，把课堂交际活动与课外生活中的真实交际结合起来。

(4) 教学要以话语为教学的基本单位。交际法认为语言不是存在于孤立的词语或句子中，而是存在于连贯的语篇中。

(5) 在教学中，单项技能训练与综合性技能训练相结合，以综合性技能训练为主，最后达到在交际中综合运用语言的目的。

(6) 正确对待学生的语言错误。交际法以培养学生语言交际能力为目的，更加关注学生表达意念和交流思想的能力，以及语言表达的流畅性，而不是精确性。语言错误在语言学习过程中不可避免，教师不要有错必纠，语言能力是在多次试误的基础上形成的。

(7) 交际法强调以学生为中心，强调教学要以语言功能为纲，为学生的交际需要服务。基于学以致用的原则，针对不同专业的学生安排"专用语言"的教学。

(8) 交际法主张采用多种教学手段，不仅仅是一本教材，而是教学包，包括教师用书、辅导读物、音频、视频和网络资料等。

(9) 让学生处于情境之中，身临其境地感受氛围，用英语进行交际，是交际法的精髓。

六、任务法

任务法是指教师通过引导学生在课堂上完成任务所采用的一种教学方法。它强调"在做中学"，是交际法的发展。这种"在做中学"的教学理论也引入到我国的基础教育英语课堂教学中。该理论认为，掌握语言的最佳途径是让学生参与大量的社会交际活动，在语言实践中发展自己的语言系统。在教学活动中,教师应当围绕特定的交际和语言项目,设计出具体的、可操作的任务,学生通过表达、沟通、交涉、解释和询问等各种语言活动形式完成任务,以达到学习和掌握语言的目的。任务法吸收了以往多种教学方法的优点,因此与其他的教学方法并不相排斥。

任务法以具体的任务为学习动机或动力,以完成任务过程为学习过程,以展示任务成果的方式体现教学成就。教师根据课程的总体目标并结合教学内容,创造性地设计贴近学生实际的教学活动,吸引和组织他们积极参与。在执行任务的过程中,学生通过思考、调查、讨论、交流和合作等方式,运用所学的语言知识和其他方面的能力,完成所设定的任务目标。任务法可分为解决问题型、交流意见型和信息沟等类型的活动。

(一)任务法的特点

(1)任务法以应用为动力,以应用为目的,以应用为核心。形象地说,就是"为用而学,用中学,学为了用"。

(2)活动有明确目的并具有可操作性。学生有具体的动机才能自主地学习,并且主动地运用所学的语言做事情,在做事情的过程中自然而然地使用所学的语言,在使用所学的语言做事情的过程中发展语言能力。

(3)活动以学生的生活经验和兴趣为出发点,情境和语境要真实,内容和方式尽量自然、真实。

(4)学生在完成任务的过程中容易看到成就、体验成功,有利于激发学生学习的积极性;在执行任务的过程中,每名学生都承担着一定的责任,因此有利于培养学生的责任心和团队意识。

(5)活动具有多样性。不同类型的学生在完成任务的过程中,通过各种各样的活动,自主选择和决定学习的最有利时机、内容及学习方式。

(6)任务法有助于提高学生语言实际运用能力,可以改善知识传授比重较大、语言实践不足,甚至单纯讲授语言知识的课堂教学问题。

(二)任务的组成

(1)任务的目标。即通过让学生完成某一项任务而希望达到的目的。任务的目标可以是培养学生说英语的自信心,解决某项交际问题,也可以是训练某一项基本技能等。

(2)构成任务内容的输入材料。输入材料必须具有知识性,应以现实生活中的交际为目的,让学生在一种自然、真实或模拟真实的情境中体会语言,从而学习语言,而不是局限于教材。

(3)基于这些材料而设计的各项活动。任务的设计由简到繁、由易到难、前后相连、层层深入,并由数个微任务构成一串"任务链"。在语言技能方面,遵循先输入后输出的原则,使教学阶梯式递进。

(三)任务法的实施原则

英国语言学家威利斯提出了实施任务法的五项原则:

(1)提供有价值的、真实的语言材料。

(2) 运用语言。

(3) 所选任务应能激发学生运用语言的内在意愿。

(4) 适当注重某些语言形式。

(5) 有时应突出注意语言形式。

根据这五项原则的要求,威利斯设计了如下教学模式:

(1) 前期任务:介绍题目和任务。

(2) 任务循环流程:包括任务、计划和报告。

(3) 语言聚焦:包括分析和操练。

前期任务主要有三项活动:首先,教师引入任务,提供并介绍任务的意义及其重要性,激发学生的积极性;其次,教师提供真实的语言材料和数据,以便引起学生对某些语言形式的注意;最后,教师通过分析材料和数据,引导学生注意某些形式,调动学生的注意力和积极性。

任务循环流程可分为三个阶段:首先,学生执行任务;其次,在总结任务执行阶段,各组学生准备向全班学生报告任务完成情况;最后,学生汇报任务。在任务执行阶段,任务本身给学生提供了使用和提高语言运用的流利性、准确性和复杂性的机会,为后续工作打下坚实的基础。在总结任务执行阶段,学生根据任务的总结情况,互相合作、互相学习,为汇报阶段做准备,而教师协助学生,提醒学生注意某些形式以及形式与意义的联系等。最后的汇报任务阶段强调语言形式和运用的准确性,同时,还可以证实前期活动是否有效。

在语言聚焦环节,首先是分析,即学生通过录音分析其他各组的任务执行情况;其次是操练,即学生在教师指导下练习语言难点。

七、整体语言法

整体语言法是关于语言、语言学习、语言教学、课程内容和社团学习的一整套教学理念。整体语言法提出语言技能同步培养,提倡语言教学应以整体为目标,教学内容的安排要考虑学生的能力、兴趣、目的和差异等因素。整体语言法主要体现在词语、句子、语篇和单元四个方面。

1. 词语

词语的整体性特点,一方面表现为词的语音、词形、语义和词性等结合为一体;另一方面表现为习语的整体性。在词语教学中,必须将其音、形、义和语法作用同时展现在一定的语境中。

2. 句子

任何句子都含有语音、语义和语法三个层面,它们与话语功能构成整体。整体语言法以句子为一个语言单位进行教学,让学生掌握语调、节奏、意义的同时掌握句子的话语功能。

3. 语篇

语篇往往由许多句子构成,它不仅是一个大的语言单位,也是语言的最高单位。语篇整体语言教学必须按照"整体—部分—整体"的模式进行,从"整体"开始,以"整体"结束。以阅读教学为例,整体语言法认为,阅读的过程是读者先前获得的经验和文字符号相互交流的过程。因此,它有一套"三段式"的阅读教学方法。第一,学生依据文章题目和故事的开头提出初步假设,猜测故事的内容和可能会发生的情节;第二,学生运用先前掌握的知识和经验来构思和推理,验证开头的假设是否成立、先前的猜测是否正确;第三,在深入理解的过程中,学生不断修改自己的假设。这一模式不仅适合于阅读理解教学,也适合于读、说和写相结合的语篇教学。

4. 单元

现行的英语教材多以单元为单位,每个单元一个话题,话题覆盖单元内的功能和结构内容。这种教材结构"以话题为纲,以功能结构和运用任务为目的,着重培养学生运用英语的能力。因此,编写教材应突出单元主题的原则,一个单元围绕一个主题。教师在选择主题时,要考虑学生的兴趣和知识背景以及单元之间的内在联系。

总之,整体语言法围绕主题进行教学,能够使一个主题概念多角度、多层次地反复出现,使学生有机会把过去的知识和经验与现在的学习任务结合起来,使新旧知识在头脑里形成网络记忆和网络联想,让英语学习产生质的飞跃。

八、全身反应法

全身反应法是由美国心理学家亚瑟提出的。这种方法倡导把语言和行为联系起来,通过身体动作教授外语。全身反应法主要是依据大脑两个半球的不同功能(右脑主要负责形象思维,左脑主要负责逻辑思维),强调在形象思维的基础上进行逻辑思维的发展,因此该方法强调要在真正的情境里进行教学。从语言学习的规律来看,学生在学习时首先要学习听的能力,然后在这个基础上,逐步发展成说的能力,再发展成读和写的能力。全身反应法强调先培养学生听的能力,要大量地听(输入),一段时间以后,学生有了一定的输入基础,便可以准备输出。这样,学生在熟练语言的基础上再输出,就能说得流利而又自然。

全身反应法的教学流程主要是本着听力先行的原则,首先,教师应说出指令,每个指令要重复几遍,让学生有机会锻炼听力;其次,在学生听熟之后,再请学生复述;最后,在学生能够熟练复述之后,教师再要求他们自己开口表达。教师在设计全身反应法时,顺序安排如下:

(1)教师清楚明了地发出语言指令,并配以动作辅助说明,不要求学生立即模仿教师的动作,只要静听,试着理解教师的意图即可。

(2)教师发出语言指令,让学生做出动作反应,逐渐理解所授内容。

(3)学生做动作的同时模仿教师所发出的语言指令。

(4)教师让一名或部分学生发出语言指令,其他或另一部分学生做出动作,直到学生可以一边发出语言指令,一边做出动作为止。

(一)主要特点

(1)听力理解领先。首先培养学生的听力理解能力,其次要求学生用口语表达。

(2)学生应通过身体对语言的反应动作来提高理解力。这种身体反应应该由教师用有计划的指令来控制。学生根据教师的指令做出相应的动作,从而理解并掌握语言。

(3)教师要允许学生在做好准备的情况下发言,不要强迫学生发言。

(4) 教师应强调教学内容的意义而不是形式,这样可以降低学生的紧张情绪。

(二) 主要优点

(1) 全身反应法能够迅速抓住学生的注意力,吸引学生参加活动,让他们在身临其境的实际体验中学习英语。教学的重点在于帮助学生理解英语、用英语交流,而不是纠正学生在学习过程中所犯的错误。这样做有利于帮助学生消除紧张心理,让学生在一个不用害怕挫败的环境中学习和进步。

(2) 全身反应法提供一个与实际生活紧密相连的学习环境,使学生在多种多样的活动中、在循环反复的练习中喜欢英语、学会英语。

(3) 全身反应法协调学生的左脑和右脑,有助于发展学生的左脑以及增强其语言学习的成效。学生通过听觉吸收信息,这是由左脑来完成的,而将这些信息用肢体动作表达出来,却是通过右脑来完成的。

(4) 全身反应法主张以句子为教学单位,整句学习、整句运用,重视语言的内容和意义,有利于培养学生实际运用语言进行交际的能力。

(5) 全身反应法采用大量挂图、图片、小纸条等教具,创设语言情境。

亚瑟认同全身反应法应该与其他的教学方法一起使用。不过亚瑟自己并不认同全身反应法只适用初级阶段的教学。一些中高级阶段的词汇,如蹒跚(stagger)、徘徊(linger)、踮着脚走(tiptoe)、蹲(squat)也可以通过全身反应法讲授,关键在于教师根据不同的情况来运用。

九、合作语言学习法

合作语言学习法至今还没有一个严谨的定义。1896年,杜威提出教育应以学生为中心,学校的工作应以学生的需要为方向。杜威认为,教师不是知识的唯一来源,学生自己也可以当教师,教师应该在学生的学习中起协助、支持和辅导的作用。合作语言学习法大致包括以下内容:

(1) 具有正面意义的相互依赖。

(2) 编组。

(3) 责任制。

(4) 社交技巧。

(5) 组织结构。

合作学习小组不同于一般的小组活动,它的特点在于同时强调个人负责和小组集体负责两种责任制。首先,每个小组在确定一个学习项目或研究课题以后,要进行分工,每个组员独立完成自己负责的部分,成为该部分的"专家"。其次,每个组员回到自己的小组,跟其他组员分享自己得到的信息资料,介绍自己的成果。最后,在小组讨论的时候,每个组员担任特定的"角色",如一个做主席,主持会议;一个做秘书,记录大家的发言;一个做小组发言人,代表小组发言;一个维持组内纪律,在小组讨论时,让小组成员轮流发言,提醒大家低声交谈,不要影响其他小组讨论。

划分合作学习小组通常有两种做法:一种是让学生凭兴趣任意选择,一种是由教师根据每名学生在各方面的不同特点,把程度参差不齐的学生安排在同一个小组。学生的不同特点包括年龄、性别、民族、个性、学习成绩、学习方法和语言能力等。把特点不同的学生编在一组,可以促使具有不同文化程度和文化背景的学生在合作学习中建立相互信任,了解和欣赏不同的文化。此外,合作学习小组的规模一定要小,保证每名学生都有充分的发言机会。一般每组以4人为宜,便于在需要时两人一组进行一对一的活动。

合作学习小组的类型有八种,下面列出中小学英语教学中常用的四种类型:

1. 结对子

(1)界定:结对子是最简单的分组形式。由两名学生一起解决一个问题,分享对问题的想法。通常,在班级教学中需要讨论、解释或反思时采用结对子的方式。结对子活动的时间短,但每个人都要有说话、倾听,以及得到反馈的机会。

(2)任务建议:结对子形式适合于开展与同伴分享个人体验(或讨论材料中出现的复杂问题)、与话题有关的感想和经验等。

(3)优点:由于人数少,学生有更多的参与时间。对于缺乏交际技能的学生来说,两个人之间的交流不会让其产生在大组活动中出现的畏惧心理。

(4)不足:由于小组中只有两个人,故提出的想法和对复杂问题的处理见解比较少。如果小组人数多一些,就可能出现更多的解决问题的机会。

2. 新手组/专家组

(1)界定:活动中一个小组的学生先作为新手组调查和讨论一个问题,然后再作为专家组教其他小组的学生。

(2)任务建议:这种形式的合作学习最适合有四五个调查主题的项目。例如,有四个关于乌鸦的问题(如物理特征、生活习性、种类和配对程序等)。每个组在新手组阶段分别调查这四个问题中的一个问题,然后教其他小组的学生;同时,对附加的问题做笔记。

(3)优点:让学生既学又教,就是让他们发展调查和教授两项技能的机会。如果任务做得好,学生通过完成任务学到的知识就能成为极好的考试复习资料。

(4)不足:有的学生会感到时间紧,在调查结束后没有时间再去教其他小组的学生。在这种情况下,学生需要增加调查和讨论的时间。

3. 全班分成两组

(1)界定:将全班学生分成两组。当全班学生都参与时,这种形式发挥的作用最大。

(2)任务建议:教师将全班学生分成两组并让两组学生面对面坐好。学生来回抛掷一个软的物体,接到这个抛掷物者发言,这样可以确保两组发言的机会均等。教师要让每名学生都有一次发言的机会。

(3)优点:整个班级可以听到不同的观点。听了别人不同的想法和见解后,学生常常会修正自己的看法或对各种观点有更深入的理解。

(4)不足:虽然每名学生都能发言,但分配给每个人发言的时间比较少。而且有些学生比较内向,人多时羞于发言,他们更适合小的分组。

4. 随机三人组

(1)界定:通过随机组合,三人一组开展讨论。讨论的主题要广,而且要突出重点。

(2)任务建议:预测故事或剧中要发生的事情,依靠组员间形成的群体力量共同解决问题。

（3）优点：学生从各种观点中得到反馈。小组成员互为榜样，都要相互负责。三人小组中的成员有更多的发言机会，不会出现因人数多而被忽视的情况。

（4）不足：容易忽视害羞或安静的学生。

十、支架法

支架法是基于建构主义学习理论提出的一种以学生为中心，以培养学生的问题解决能力和自主学习能力为目标的教学方法。该教学方法是指一步一步地为学生的学习提供适当的、小步调的线索或提示（即支架），让学生通过这些支架一步步地攀升，逐渐发现和解决学习中的问题，掌握所要学习的知识，提高问题的解决能力。

支架法由以下几个环节组成：

1. 搭脚手架

搭脚手架是指教师围绕当前的学习主题，按照最近发展区的要求建立概念框架。

2. 进入情境

进入情境是指教师将学生引入一定的问题情境（概念框架中的某个节点）。

3. 独立探索

独立探索是指教师让学生独立探索。探索的内容包括：确定与给定概念有关的各种属性，并将各种属性按其重要性进行排列。在探索开始时，首先，教师启发和引导学生（例如，演示或介绍理解类似概念的过程），然后让学生自己分析；其次，在探索过程中教师要适时提示，帮助学生沿着概念框架逐步攀升，起初教师的引导和帮助可以多一些，以后逐渐减少，直至愈来愈多地放手让学生自己探索；最后，学生要独立于教师引导，能够在概念框架中继续攀升。

4. 协作学习

协作学习是指教师让学生进行小组协商和讨论。讨论的结果有可能使原来确定的、与当前所学概念有关的属性增加或减少，各种属性的排列次序也可能有所调整，并使原来多种意见相互矛盾且态度纷呈的复杂局面逐渐变得明朗起来。在共享集体思维成果的基础上，达到对当前所学概念比较全面、正确的理解，即最终完成对所学知识的意义建构。

5. 效果评价

效果评价是指对学生学习效果的评价，包括学生个人的自我评价和学习小组对个人的评价，评价内容包括：

（1）自主学习能力。

（2）对小组协作学习所做出的贡献。

（3）是否完成对所学知识的意义建构。

十一、五步法

五步法是一种比较符合中国学生认知规律的英语课堂教学方法，主要包括以下五个步骤：复习、介绍、操练、练习和巩固。

（一）第一步：复习

复习的作用是"温故知新"，复习的内容主要是日常交际用语、语音、语法、词汇以及所学的语言材料等。复习的方式包括：大循环复习和小循环复习、单元复习和阶段复习、家庭作业复习和假期作业复习，以及口头测试复习和笔头测试复习等。其中，大循环复习又包括期中复习、期末复习，小循环复习又包括每个单元、每章、每节课的复习。复习的形式可以是笔头测试或口头测试，包括测试方式、听写方式或检查作业的方式等。

（二）第二步：介绍

教师在介绍新的语言项目时，首先要使学生弄清楚新语言项目的意思及其结构形式。教师要明确每个单元或模块的教学重点。教师的教学用书针对每个单元或模块均列出新的语言项目，提出了不同要求，并提供了多种教学建议。在分课教学建议中，介绍新的语言项目，并提出各种具体的处理建议，如利用实物、图片、简笔画、肢体语言和视频等。

（三）第三步：操练

操练主要是指各种机械形式的语言训练活动。操练的目的是使学生熟悉语言形式或结构。操练的方法包括重复和替换等。课堂组织方法包括分列操练、分行操练、两人一组操练、单独操练和连锁操练等。

（四）第四步：练习

练习的主要目的是集中训练语言的熟练程度和流利程度，检查学生所学知识的巩固程度与教师的教学效果，培养学生逐步熟练而独立地运用语言的能力。一般来说，练习要经过控制性练习、半控制性练习（也称指导性练习）和无控制练习（也称自由练习）。

（五）第五步：巩固

巩固的作用是引导学生把学到的知识应用到实践中，使知识得以巩固和深化。教师在每节课开始时可以复习上节课学过的知识；在每节课结束之前，可以进行归纳、总结性练习，检查性复习，抄写、拼写或听写，以及做练习册中的练习，等等。此外，单元或模块结束前的小测验、阶段性测验、期中复习测验和期末复习测验等都可以检验学生对知识的巩固程度。

十二、3P 法

3P 法把语言教学分为呈现（Presentation）→练习（Practice）→产出（Production）三个阶段。在教学过程中，教师通过呈现和练习让学生掌握语言知识，然后再让学生在控制性练习或半控制性练习之下进行交际，从而达成语言的输出，形成学习成果。

从教学程序上来看，常规的 3P 教学模式将任务视为最后一个阶段中的延伸式练习，用来巩固学生所学的语法结构、语言功能和词汇。但任务教学模式将传统的 3P 教学模式，即呈现、练习和产出颠倒过来，学生以完成任务的活动开始学习，学习更具有习得性质。在任务完成后,教师再把学生的注意力吸引到任务学习活动中所使用的语言上来,并对学生的语言表现做适当的纠正和调整。

十三、PWP 法

PWP 法把学习过程划分为学习前(Pre-learning)、学习中(While-learning)和学习后(Post-learning)三个阶段。

(1) 学习前是教师进行教学准备、学生进行自我准备、教师激活学生学习新的语言知识并形成新的语言运用能力所需的知识与能力的阶段,其目的是为新语言内容的学习进行准备。这一阶段包括课堂教学之前的一切准备活动,也包括课堂教学中开始学习新的语言内容之前的导入、启动、复习和激活等活动。

(2) 学习中就是学习新语言的阶段,一般在课堂中进行,也可以在课堂之外的自主学习活动中进行。在这一阶段,教师进行知识呈现和讲解,引导学生进行训练,学生通过学习掌握语言内容和语言运用能力。

(3) 学习后是学习新语言之后的评价、运用阶段,是课堂之外的运用活动阶段。因为课堂内的活动本质上都属于学习阶段的活动,即使是课堂内的运用活动也是促进学习的运用活动。

PWP 教学过程可以用于英语教学中的每一项具体语言教学内容,在技能教学中表现为不同的具体形式,如听力中的听前、听中和听后,口语中的说前、说中和说后,阅读中的阅读前、阅读中和阅读后 ,以及写作中的写作前、写作中和写作后。

十四、三位一体法

三位一体法是由我国的外语教学法专家马承总结和概括的,是指字母、音素和音标三位融合在一体进行教学(简称"小三位一体"),以及词汇、语法和阅读三位融合在一体进行教学(简称"大三位一体")。它是一套实用、易学、易教、适用于我国中小学生的英语教学法。

小三位一体法建立在迁移规律基础之上,利用汉语拼音的正迁移,把字母的名称音、音素和音标融为一体集中教学。把讲授 26 个字母的名称音作为学习音素的基础,把掌握音素作为学习音标的前提。小三位一体法的教学过程如下:

(1) 字母的名称音教学。

(2) 音素教学:先辅后元,先闭后开,先易后难,由近至远。

① 掐头法学读音。

② 去尾法学读音。

③ 对比法学读音。

④ 字母组合记忆法学读音。

(3) 音标教学。

① 辅音音标教学。

② 单元音音标教学。

③ 双元音音标教学。

大三位一体法用系统论的整体性、有序性和动态平衡性研究教学内容的最佳组合。

词汇、语法和阅读三要素按照最佳的顺序排列构成总的序列,即由词到句,由句到文(章)。每个要素实现一个阶段的具体目标,当所有要素的具体目标逐一实现后便可接近大的教学目标。

👉 复习思考题

1. 中小学常用的英语教学方法有哪些?
2. 请从常用的英语教学法中任选其一,结合中小学英语教学实践经验,对其进行简要评析。

👉 真题再现

1.【2016 下 高中】Which of the following belongs to the communicative approach? _____

A. Focus on accuracy.
B. Focus on fluency.
C. Focus on strategies.
D. Focus on comprehension.

2.【2018 上 初中】Which of the following activities is NOT typical of the Task-based Language Teaching method? _____

A. Problem-solving activities.
B. Opinion exchange activities.
C. Information-gap activities.
D. Pattern practice activities.

3.【2017 下 高中】Which of the following statements about task design is incorrect? _____

A. Activities must have clear and attainable objectives.
B. Activities should be confined to the classroom context.
C. Activities must be relevant to students' life experiences.
D. Activities should help develop students' language ability.

第三节 说课技能

说课是指在某一特定的场合,教师向同行或专家较为系统地讲述某一教学内容的课堂教学设计及其设计的理论依据。它是一种教学研究和教师教学基本功训练的活动形式,是教学研究改革的产物,是在素质教育背景下提高教师队伍整体素质的有效途径之一。说课可以分为详细说课和概略说课。

一、说课讲稿的要素及撰写方法

说课讲稿包括五个要素：说教材、说教法、说学法、说教学程序、说板书设计。

（一）说教材

说教材是指教师要对教材中的知识系统做简要分析，通过分析某节课的教学内容在整个教材体系中的作用，以及本节课的教学内容与学生先前掌握的知识和将要学习的知识之间的联系，说明教材的地位和作用；依据课程标准，说明本节课教学目标的确立及其依据；通过对英汉两种语言差异和学生知识水平的简要分析，确定并说明重点、难点和关键点的确立及其依据。

教学目标的确立首先要根据单元教学的目的和要求（对语音、词汇、日常交际用语和语法等方面的不同程度的要求），结合学生的实际水平，确定贯穿单元教学的总目标。中小学英语教材的编写都有单元话题，因此，总目标往往以单元教学目标的形式出现。一节课的教学目标则应落实到与本节课教学内容相关的具体语言知识或某项技能上，即通过本节课的教学，重点解决哪些问题，达到什么样的要求。同时，教师要将英语学科核心素养中的思维品质、文化品质和学习能力融入语言能力的培养。为了贯彻"寓思想教育于语言教学之中"以及"课程思政"的教学原则，教师必须深入挖掘教材的德育因素，从而确定德育目标。

教学目标的表述要准确、具体、简洁和全面，要明确写出本节课的知识目标、能力目标和德育目标，即在一定的教学活动后，说明学生的知识、能力或情感的变化，并说明做如此要求的理论依据何在。教学目标的表述应有利于教师在教学中对教学目标的把握与评定，要将一般性的目标具体化为可观测的行为目标，要说明学生在教学后能学会什么，达到什么水平，即说明教师预期学生行为改变的结果，充分发挥教学目标的导向作用。一般来说，规范、明确的教学目标的表述包括四大要素，即行为主体、行为、条件和表现水平（或标准）。

教师的说课讲稿要写出重点、难点和关键点分别是什么，并写出确立的理论依据，即在列举的同时，说明为什么该重点是本节课教学的最主要部分或最重要内容，为什么该难点在本节课教学中是学生最难理解或最容易出现错误的部分（有时重点和难点相同），为什么该关键点对本节课教学的成败起决定性的作用。

（二）说教法

说教法至少要说明选择使用何种教学方法，以哪种教学方法为主，哪几种教学方法为辅，采用什么教学手段实现教学目标，采用这些教学方法和教学手段的理论依据是什么，并说明这些教学方法在本节课教学中的具体操作过程。说教法最好能说明在本节课教学过程中贯彻什么样的教学原则，采用什么样的教学模式，并做出必要的解释和说明。如果教师已形成了独特的教学思想和教学特色，最好单独列出。

教学法的选择是课堂教学成败的关键。例如，对话课重在培养学生的口语表达能力，因此通常选择交际法。教师在具体的教学中以情境教学为主，活动教学为辅，充分利用直观教具和信息化手段创设情境，利用图片、PPT、音频和视频等辅助手段，培养学生直接用英语理解、表达和思维的能力。在具体教学过程中，教师要贯彻交际语言教学原则，组织各种课堂活动，如表演猜谜、演讲和讨论等，培养和强化学生的语言实践能力和自主学习能力。

（三）说学法

说学法要结合课堂教学内容，说出在本节课教学过程中，指导学生学会使用的学习方法，如感官并用、强化记忆、比较归纳、分析概括、循环记忆、分类记忆、联想记忆和发现学习等。教师在使用说学法时，要说明结合本节课的教学培养学生的学习能力，如观察能力、记忆能力、想象能力、注意能力、创造能力、思维能力、反应能力和自学能力等。

说学法可以与说教法结合。教学过程是教与学对立统一的发展过程，学生怎么学，教师就应怎么教；教师怎么教，就指导学生怎么学。正如陶行知先生所说：教的法子必须根据学的法子。因此，说学法可以在说明如何巧妙地组织课堂教学的同时，说明如何指导学生运用有效的学习策略提高学习效率，即说明在具体的教学环节中，针对某一教学活动，学生应该采用什么样的学习方法，以及当学生处于学习困境时，教师为解决学生的学习困难，应采取什么样的对策。

总之，教师要重视说学法指导，要结合教材的具体内容和学生的实际水平，研究如何发挥学生在课堂教学中的主体作用，如何根据各个层次学生的学习规律，合理调动各个层次学生的学习积极性和主动性，把学习方法传授给学生，从而提高学生的整体学习能力。

（四）说教学程序

说教学程序应简要说出本节课的各个教学步骤的具体教学环节名称及相关的教学内容、步骤、教学活动组织和安排，即在哪个教学环节教哪个知识点、提出哪些问题、做哪些练习、组织哪些课堂教学活动、采用哪些教学方法等。在叙述教学程序时，要按照教学步骤说清各个教学环节的具体活动，包括讲授的知识内容、练习、小结、反馈、矫正以及作业布置等安排；要说明如何通过教学突出重点、突破难点，以及抓好关键等。说教学程序要求既有具体步骤的安排，又有相关的教法理论的阐述。

（五）说板书设计

说板书设计要求语言精练，说明板书的整体布局即可。

二、注意事项

说课有别于讲课。讲课的对象是学生，侧重讲授知识、教书育人、培养学生的能力，是系统的教育教学活动；而说课的对象是教师、教研员和评委，应侧重表述如何讲授知识、教书育人、培养学生的能力，是系统的教育教学研究活动。说课是教学与教研的结晶，是教学理论和教学实践结合的产物。教师在撰写说课讲稿时，要注意以下几点：

（一）突出理论性

说课讲稿有别于教案或教案提要，它比教案更具有理论性。教案多是具体教学过程的表述,而说课讲稿则侧重于有针对性的理论指导的阐述;教案只说"教什么""怎么教",而说课讲稿则重点说清"为什么这么教"。因此,教师在写说课讲稿时要注重理论依据的阐述,尤其是在说教材、说教法和说学法时,一定要说明其理论依据。

(二) 简明扼要

说课讲稿有别于教学论文,比教学论文更具实践性。因此,说课讲稿的撰写要用词精当,切忌长篇大论、面面俱到或泛泛而谈。说课的各个要素及其理论依据必须要有直接的、内在的联系,在语言表达方面要言简意赅。另外,教师在表述具体的教学目标时,要尽量避免使用抽象、笼统、缺乏可操作性和可监测性的一般性用语,如知识目标——使学生掌握英语语法知识,能力目标——提高学生听、说、读、写的能力。这样的教学目标只是泛泛而谈,没有具体说明要求学生做什么,教师在教学过程中无法有效操作,也很难确定教学目标是否达成。

(三) 不拘一格

由于教学内容不同,教学对象的层次不同,课型不同,教师的教学经验以及对教材的理解和处理不同,说课讲稿的撰写也不应拘泥于单一的、固定的模式。只要教师能够准确把握说课的要素和要点,透彻分析教学设计的理论依据,采用综合论述(说课的各个要素不必逐项列出)或分块论述(说课的各个要素逐条列出),都能达到说课教研的最终目的。

(四) 不拘泥语言

从原则上讲,英语说课讲稿最好用英语撰写,这对教师的英语写作能力提出了较高的要求。英语说课的主要目的是进行英语教学研究,提高教师的教研水平,而不是侧重于提高教师的英语口语表达能力。

三、说课的要求

实施素质教育要求教师由"教书匠"向"教育专家"转变,说课对于促进英语教师提高自身素质起到很大的促进作用,同时也对教师提出了以下要求:

(1) 深入学习教育学、心理学和英语学科教学论等教育科学理论。教师只有掌握现代英语学科教育理论知识和教学研究方法,才能与时俱进,以现代科学理论指导英语教学实践。

(2) 熟悉中小学英语课程标准和教材。只有这样,教师才能熟练、科学地驾驭教材,准确地把握重点、难点和关键点,并通过科学的教学方法实现课堂教学目标。

(3) 掌握先进的教育教学技术。教师要掌握先进的教育教学技术,应根据教学内容恰当地选择教学方法和教学手段,科学地进行课堂教学设计,灵活地运用先进的教育教学技术,提高课堂教学效率。

(4) 树立正确的素质教育观。教师应面向全体学生实施素质教育,充分发挥学生的主体作用,尊重学生的个性发展,遵循学生的身心发展规律,使每个学生都能在教师的指导下积极主动地学习。

四、说课稿模板

(一) 英文说课稿模板

Good morning, everyone. I'm ×××. I'm an English teacher from ×× Middle School. Now I'll explain my design of ×××. I'll explain the design from four aspects.

Part One Analysis of the teaching material

1. Status and function

(1) This is an important lesson in Book ×××. And it is the first lesson of Unit ×. A good beginning is half done. If the students can learn it well, it will be easier for them to learn the other lessons in this unit.

(2) The topic is related to ×××, so it is helpful to raise the students' interest in English learning and it will also be helpful to improve their spoken English.

2. Analysis of the students

The students have learned English for about ××× years so far. They have learned ××× words and some grammar, including ×××. The students in the class have taken a great interest in English now.

3. Teaching aims

The teaching aims are established according to New Curriculum Standard.

(1) Knowledge aims.

(2) Skill aims.

(3) Emotional aims.

4. Important and difficult points

Important and difficult points are decided according to the teaching material's status and function.

(1) Important points.

(2) Difficult points.

5. Teaching aids

Multimedia computer, PPT, school objects and everyday objects.

Part Two Teaching methods

(1) Communicative Language Teaching.

(2) Audio-visual Method.

(3) Task-based Language Teaching.

As is known, the main aim of teaching English in middle school is to cultivate students' communicative abilities and their good sense of English language, so in this lesson I'll mainly use Communicative Language Teaching, Audio-visual Method and Task-based Language Teaching. That is to say, I'll let the students get a better understanding of the key structure of the dialogue. I'll give the students some tasks and arrange some activities such as ×××.

Part Three Studying methods

The following two studying methods are emphasized in this lesson: first, ×××, second, ×××.

Part Four Teaching procedures

I'll complete this lesson in four steps.

Step 1 Warm-up

(1) Free talk between the teacher and students.

(2) A game.

Step 2 Presentation

I'll use a video to present the dialogue and arrange situations to help students understand the dialogue.

Before presenting the video, I write three questions about the main idea and important details on the blackboard. While the students are watching the video, I observe the students and decide whether it's difficult for them. If the video is too difficult for them, I'll present the video a second time, and I'll pause at some key points and explain if necessary. After watching the video, students will answer the questions. While we are discussing the answers to the questions, I'll write down the key words and key sentence patterns of the dialogue on the blackboard.

Purpose of design: To present the text by Audio-lingual Method is much easier for the students to grasp the meaning. Multimedia facilities can provide a real situation with its sound and pictures.

Step 3 Practice

First I'll let the students listen to and imitate the dialogue, paying attention to their pronunciation and intonation. Then the students are required to practice the dialogue in pairs by reading it aloud. At last I'll ask the students to act out the dialogue and find out which group is the best. I'll give them red stars.

Purpose of design: This step is employed to make the students get a better understanding of the dialogue. At the same time students can be provided with a chance to practice their listening and speaking ability. In addition, proper competition can arouse the students' interest in English learning.

Step 4 Production

In this step I'll give the students a situation based on which they can communicate.

Then I'll give the students 2~3 more situations for them to make similar dialogues. I'll stick the students' dialogues on the blackboard. Then I'll take photos of some of the dialogues and present them on the PPT so that I can give feedback and the students can make comments.

Purpose of design: Task-based Language Teaching and Communicative Language Teaching are used here to develop the students' ability to communicate and their cooperation ability will be well-trained as well. Students come to know that we should be polite in communication. If the students can finish the tasks well, they will benefit a lot in their spoken English.

Step 5 Homework

Imitate the dialogue in the textbook and make a diaolgue based on the situation in the students' daily life.

Purpose of design: It is necessary for the students to do some extensive exercises after class to consolidate the knowledge they have learned. What's more, the students should be able to make use of what they've learned on class to describe their life, and the teacher should design tasks which connect the textbook with students' real life.

Part Five　　Blackboard design(见表6-1)

表 6-1　Blackboard design

Lesson _____		
I. Questions about the dialogue 1. _____ 2. _____ 3. _____	I. Key words II. Key sentence patterns	IV. Students' dialogues

（二）中文说课稿模板

各位老师，大家好！我今天说课的题目是×××。内容主要包括：教材分析、教学方法、教学步骤和教学评价四个方面。

1. 教材分析

第×单元是第×册的第×个单元。本单元的主题是围绕"问路和指路"展开的，同时，教学生如何用情态动词"can"和"may"来表达可能性。在上学期，学生已经学到了一些关于"问路和指路"的知识，而且他们也知道一部分关于许可的表达，比如，"May I come in?""Can I borrow your pen?""May I speak to Ann, please?"等。因此，在这时对学生在这方面的知识进行扩展和巩固就显得水到渠成。而且在学生们的现实生活中，他们在××方面的能力尤其重要。本课就是关于此项知识的扩展。上一课是一篇与这个主题相关的听力材料。本单元的第×课是关于"may"和"can"的语法点。根据对教学材料的分析，确定本单元的教学目标如下：

知识目标：

① 学生能够使用下列单词：

kind, lady, library, cross, reach, corner, church, cafe, fix, lab, suddenly, history, key

② 学生能够使用下列表达法：
Turn left/right at the ... crossing.
Go on until you reach...
You can't miss it.
on one's way to, first of all, be /get lost, wait for...
技能目标：
① 学生能够根据所给的地图或街道信息说明一些地点的具体位置。
② 学生可以用不同的方式问路。
情感目标：
① 让学生感受到他们学习英语是为了在现实生活中进行交流,而不只是为了考试。
② 让学生感受到他们是英语学习活动的主体,以此激励他们在英语课上积极参与,追求创新。

本单元的重点内容：
如何准确自如地运用多种表达方式来问路和说明。

2. 教学方法
根据教材和学生因素的特点,本节课将采用下列教学方法和手段：
(1) 交际法和情境法
为了激励学生在课堂上积极交谈,本节课将设计一些真实的情境来激发学生的兴趣,这样师生之间的交流重心就放在了语言的意义和功能上。与此同时,也将英语学习与学生的真实生活联系起来,有利于培养学生用英语进行思维的能力。
(2) 以学生为中心和任务型教学
需要注意的是,学生是独立的学习者,教师是一个引路者、组织者和领导者,这决定了学习任务类型的选择。关于本单元,我将在课堂活动中设计信息沟任务、问题的互动解决以及采访和调查。在我的教案设计中,值得一提的是任务的关联性,即将所有的教学活动组成一个链式的因果关系,在此过程中,前一个活动的成功是后一个活动顺利进行的前提。

3. 教学步骤
(1) 复习与热身
本节课首先会用节奏游戏来复习一些公共场所的名称。学生一边拍手一边就工作和工作地点展开问答,如 hospital, police station, school, post office, bus station 等。然后我会把写有这些地点名称的卡片放在学生的课桌上,让学生就此谈论每个公共场所的位置,如 in front of, next to, beside, outside, on the right/left, between... and 等。
(2) 呈现
新单词和表达方式将以下列方式呈现(告诉学生这个星期天我会有很多事情要做)：

① send some postcards;
② borrow some books;
③ drink coffee with my friends;
④ go to my friend's wedding.

（3）操练

让学生回答教师要做以上事情时将要去的场所。在适当的时候,我会向学生出示咖啡馆、邮局、书店和教堂的照片。然后将本课的地图显示在屏幕上,询问他们如何才能到达这些地方,教他们使用下列语句表达:"Go across the bridge.""Go up this road to the end.""Go on until you reach the end.""Turn right at the second crossing."

在学生参考表格里写出的表达方式练习如何到达以上地点之后,将学生分成四至六人一组,讨论出一次性做完以上事情的最佳路径。

接着便是学生将学到的新知识运用到他们的真实生活中。我会把我们本地的地图挂出来,让学生说明去一些地方(如汽车站、图书馆、宾馆和银行)的路径,其他人则猜测他/她将去哪里。

本节课设计了一个信息沟任务:每对学生中的两个人将会得到两张不同的地图(例如,学生 A 的地图是完整的,而学生 B 的地图是不完整的),让他们通过彼此问答来完成学生 B 手中的地图。当然,前提是他们不能看对方的地图。

最后一个任务是创造性的:让学生想象 20 年以后他们居住的地方,并在纸上绘出一张地图。根据这张地图,就其他人如何去他/她家展开问答。

4. 教学评价

最后一点是教学评价。为了检验教学活动的效果,我将教会学生学习策略,并引导他们成为独立的学习者,本课设计了很多任务和活动,我在学生进行各项活动的过程中认真观察,并给予及时的反馈和评价。

☞ **复习思考题**

1. 从中学英语教材中选取一个模块(或单元),设计出相应的说课讲稿。

2. 请你根据撰写说课讲稿的经验和体会,说一说说课讲稿撰写的难点以及如何解决。

第四节　听课技能与评课技能

听课是指听课者借助身体感官,观察课堂教学中师生的活动,并加以记录分析的过程。听课是教师在互动中获取经验、自我提高的过程,是促进教学观念更新、教学经验交流、教学方法探讨,以及教学水平提高的重要途径。评课是指对教师组织的教学活动进行综合分析评析的活动。它是检查教学质量、总结经验教训、改进教师教学水平的重要手段。

一、听课技能

听课主要分为三个步骤：听课者在听课前要有一定的准备工作，听课中要认真观察和记录，听课后要思考和整理。

对于教师的教学活动，听课者在听课时应该重点关注以下几个方面：

第一，课堂教学确定了怎样的教学目标？教学目标在何时采用何种方式呈现？哪些知识被系统化？补充了哪些知识？等等。

第二，设计了哪些教学活动步骤？新课是如何导入的？导入时引导学生参与了哪些活动？创设了怎样的教学情境？结合了哪些生活实际？课堂教学氛围如何？等等。

第三，渗透了哪些教学思想？采用了哪些教学方法和教学手段？培养了学生哪些方面的技能？学生掌握的技能达到了什么程度？等等。

对于学生的学习活动，听课者在听课时应该重点关注以下几个方面：

第一，学生是否在教师的引导下积极参与到学习活动中？学生是否乐于参与思考、讨论等活动？等等。

第二，在学习活动中，学生经常做出怎样的情绪反应？学生是否经常积极主动地提出问题？等等。

总之，听课者要有"备"而听，并尽可能以学生的身份（模拟学生的思路、知识水平和认知方式）参与到学习活动中，以获取第一手材料，从而为客观、公正、全面地评价一节课奠定基础。课堂教学观摩记录与分析如表 6-2 所示。

表 6-2 课堂教学观摩记录与分析

听课者姓名		授课者姓名		
班级		人数		
课题		课型		
时间	教学环节	教师活动	学生活动	反思
整体评价（理念、方法、教态、板书、活动、任务、重点和难点等）				

二、评课技能

（一）从教学目标上评析

教学目标是教学的出发点和归宿，它的正确制定和落实，是衡量一节课好坏的主要标尺。因此，评课首先要评析教学目标。从教学目标的制定来看，评析教学目标是否全面、具体和适宜；从教学目标的达成来看，评析教学目标是否明确地体现在每一个教学环节中，教学手段是否都紧密地围绕教学目标，为实现教学目标服务。

（二）从教材处理上评析

评析教师一节课上得好与坏，不仅要看教学目标的制定和落实，还要看教师对教材的组织和处理。在评析一节课时,既要看教师知识教授的准确性与科学性,又要看教师在教材处理和教学方法的选择上是否突出重点、突破难点,以及抓住关键。

(三) 从教学程序上评析

1. 教学思路

教学思路是教师课堂教学的脉络和主线,它是根据教学内容和学生水平两个方面的实际情况设计出来的。它反映了一系列教学措施是怎样编排和组合的,怎样衔接过渡的,怎样安排详略的,以及怎样安排讲练的,等等。评课者在评析教学思路时,主要看四个方面:第一,教学思路的设计是否符合教学内容实际,是否符合学生实际;第二,教学思路的设计是否有一定的独创性,给学生以新鲜的感受;第三,教学思路的层次和脉络是否清晰;第四,教师在课堂上教学思路的实际运作效果是否好。

2. 课堂结构安排

课堂结构也称为教学环节或教学步骤。教学思路与课堂结构既有区别又有联系,教学思路侧重教材处理,反映教师课堂教学纵向的教学脉络;课堂结构侧重教学技法,反映课堂教学横向的层次和环节。

评课者需要计算教师的教学时间设计,从而较好地了解教师的授课重点和课堂结构,主要包括以下五个方面:

第一,计算教学环节的时间分配,查看教学环节的时间分配和衔接是否恰当,有无前松后紧或前紧后松的观象,以及讲与练的时间搭配是否合理等。

第二,计算教师活动与学生主体活动的时间分配,查看是否与教学目的和要求一致,有无教师占用的时间过多,而学生的活动时间过少的现象。

第三,计算学生的个人活动时间与学生集体活动时间的分配,查看学生的个人活动、小组活动和全班活动的时间分配是否合理,有无集体活动过多,而学生个人自学、独立思考和独立完成作业时间太少的现象。

第四,计算不同层次学生的活动时间,查看不同层次学生的活动时间分配得是否合理,如是否出现部分学生占用时间过多,而另一部分学生占用时间过少的现象。

第五,计算非教学时间,查看教师在课堂上有无脱离教学内容、浪费宝贵的课堂教学时间的现象。

(四) 从教学方法和教学手段上评析

教学方法是指教师在教学过程中为完成教学目标和教学任务而采取的活动方式的总称。它是教师教授方法与学生学习方法的有机统一。评析教学方法和教学手段包括以下几个方面的内容:

第一,是否量体裁衣,优选活用,教学有法,但无定法,贵在得法。

第二,教学方法是否多样化。教学方法最忌单调死板,教学活动的复杂性决定了教学方法的多样性。

第三,教学方法是否改革与创新。内容包括课堂上的思维训练的设计、创新能力的培养、主题活动的发挥、新的课堂教学模式的构建,以及教学风格的形成等。

第四,是否运用现代化教学手段。现代化教学呼唤现代教育手段,教师要适时、适当地运用多媒体、交互式电子白板和互联网等辅助手段。

(五) 从教师的教学基本功上评析

教学基本功是教师上好课的一个重要因素,所以在评课时还要看教师的教学基本功:

第一,看板书。板书设计要科学合理、言简意赅、条理性强、富有艺术性。

第二,看教态。教态要明朗、从容、热情、大方和富有感染力。

第三,看语言。英语教师的语言关系到一节课的成败。教师的课堂语言要准确清楚、精当简练、生动形象且有启发性。语调要高低适宜、快慢适度、抑扬顿挫,以及富于变化。

第四,看操作。教师要熟练运用教具,操作多媒体设备、电子白板和运用互联网等。

初中英语课堂教学评价如表6-3所示。

表6-3 初中英语课堂教学评价

项目	评价指标	项目级分				项目积分
教学目标 (15分)	1. 目的明确,要求具体,符合课程标准的要求和学生的实际	5	4	3	2	
	2. 激发学生的学习兴趣,培养学生的学习情感,发展学生的学习能力	5	4	3	2	
	3. 培养学生综合运用英语的能力和跨文化交际的意识	5	4	3	2	
教学设计 (20分)	1. 教学理念符合课程标准,教学步骤严谨有序,符合学生的认知规律	5	4	3	2	
	2. 具有正确的语言观和语言教学观,知识的呈现、技能的训练、能力的培养布局得当,重在把知识转化为能力	5	4	3	2	
	3. 整体处理教材,创造性地使用教材,以及教学重点、难点要突出	5	4	3	2	
	4. 注重主体参与,教学中互动模式多样,体现语言的实践性和交际性	5	4	3	2	
教学过程 (35分)	1. 教学思路清晰,每个环节紧紧围绕既定教学任务和教学目标	5	4	3	2	
	2. 语言形式与语言意义有机结合,着力在具体语境中对学生进行语用能力的培养	5	4	3	2	
	3. 教学结构合理、层次分明,讲练疏密适度,教学反馈及时	5	4	3	2	
	4. 教学方法得当,有利于学生学习和运用英语,符合授课内容要求,能启发和引导学生主动学习	5	4	3	2	
	5. 教学手段直观,运用多种教学媒体	5	4	3	2	
	6. 教案编写规范具体、实用性强;教具与材料准备充分,便于操作	5	4	3	2	
	7. 教学气氛宽松和谐,体现以人为本的理念和合作精神	5	4	3	2	
教学效果 (20分)	1. 时间利用有效,按时完成教学任务,达到预期目标	5	4	3	2	
	2. 大多数学生情绪高涨,思维活跃,积极参与教学活动	5	4	3	2	
	3. 不同层次的学生都学有所得,最后学生表现出语言运用能力	5	4	3	2	
	4. 培养学生的自主学习和自我管理的能力	5	4	3	2	

续表

项目	评价指标	项目级分				项目积分
教师素质（10分）	1. 英语示范正确,语言运用得体,能熟练用英语组织教学	4	3	2	1	
	2. 教学技能娴熟,教法灵活多样,课堂调控能力强	3	2	1	0	
	3. 教育思想端正,教态亲切自然,关注每个学生的发展	3	2	1	0	
综合评价	优秀 （90～100分）	较好 （80～89分）		一般 （60～79分）		较差 （60分以下）
等级						

☞ 复习思考题

1. 听课主要关注哪些方面？如何进行记录？如何通过听课进行教学反思？
2. 请你观摩一节教学录像课并进行分析。
3. 评课主要分析和评价哪些方面？标准是什么？

第五节　教学研究技能

教学研究方法是指研究教育现象及其规律所采用的方法。常见的中学英语教学研究方法包括观察法、文献法、调查法、行动研究和教育叙事研究法等。此外,中学英语教师还应熟练掌握教学反思的方法,对教育教学实践再认识、再思考,并以此来总结经验教训,进一步提高教育教学水平。

一、观察法

观察法是指研究者按照一定的目的和计划,在自然条件下,对研究对象进行系统、连续的观察,并做出准确、具体和详尽的记录,以便全面掌握所要研究的情况。观察法不限于肉眼观察和耳听手记,还可以利用视听工具软件。

观察法的主要步骤如下：

（1）事先做好充分的准备,制订观察计划。首先,对研究对象作一般的了解；其次,根据研究的任务和研究对象的特点,确定观察的目的、内容和重点；最后,制订观察计划,并考虑如何保持研究对象的常态等。

（2）按计划进行实际观察。在实施过程中,既要严格按照计划进行,又可随机应变。研究者要选择最适宜的观察位置,集中注意力,记下重点内容,不为无关现象所扰乱。在观察时,研究者可借助仪器辅助记录。

（3）及时整理材料,利用统计技术对大量分散材料进行汇总加工,删除错误材料,然后对典型材料进行分析。如果有遗漏,应及时纠正。此外,对反映特殊情况的材料另作处理。

二、文献法

文献法是指研究者通过阅读有关图书、资料、文件和网络资料来全面、正确地掌握所要研究的情况。查阅的文件最好是第一手材料,如果是第二手材料,必须鉴别其真伪后才可选用。

文献法的主要步骤如下:
(1) 收集与研究问题有关的文献,如图书、资料、文件和原始记录等。
(2) 从中选择重要的和确实可用的材料分别按照适当顺序阅读。
(3) 详细阅读有关文献,边读边摘录边确立大纲。
(4) 根据大纲,将所摘录的材料分条目组织进去,分析研究材料并写成报告。

在使用文献法时,研究者必须注意在查阅文献之前要有与研究问题有关的知识准备;否则,很难从材料的分析中做出正确的结论。

三、调查法

调查法是指研究者有计划地通过亲身接触和广泛了解,充分掌握有关教育实际的历史、现状和发展趋势,并在大量掌握第一手材料的基础上,进行综合分析,找出科学的结论,以指导今后的教育实践活动。调查法一般是在自然的过程中进行的,研究者通过访谈、发问卷、开调查会和测验等方式收集反映研究现象的材料。在调查的过程中,研究者经常利用观察法作为调查和核对材料的手段。

调查法的主要步骤如下:
(1) 准备。研究者选定研究对象,确定调查范围,了解研究对象的基本情况;研究有关理论和资料,拟订调查计划、表格、问卷和谈话提纲等,规划调查的程序、方法,以及各种必要的安排。
(2) 按计划进行调查活动,通过各种手段收集材料。必要时,研究者可根据实际情况的变化,对计划做出相应的调整,以保证调查工作的正常开展。
(3) 整理材料,包括分类、统计、分析、研判、综合,以及写出调查研究报告等。

四、行动研究法

行动研究法是指在自然、真实的教育环境中,研究者按照一定的操作程序,综合运用多种研究方法与技术,以解决教育实际问题为首要目标的一种研究模式。在行动研究中,研究者可以运用实验、调查、观察和访谈等多种搜集资料的方法。行动研究的核心是"行动"和"研究"的结合,就是在行动中进行研究,以研究促进行动的改善。

行动研究的主要模式有:勒温模式及凯米斯模式。

(一) 勒温模式

勒温模式的操作程序如下:
(1) 明确问题,即要澄清教师在实践过程中遇到的问题是什么,用尽量清晰的语言对这些问题进行界定。

(2) 确立解决这个问题的行动目的与过程。教师可以根据经验或教育理论,基于对问题的理解,设计出可能解决这一问题的行动步骤,明确这些行动所要达到的目标。

(3) 按设计好的步骤行动,并对行动做记录,收集证据以确认目标实现到什么程度。

(4) 对有关材料进行整理,概括出关于行动与目标之间关系的一些一般性的原则。

(5) 在实践情境中进一步检验这些原则。

(二) 凯米斯模式

凯米斯进一步拓展了勒温模式的操作程序,认为行动研究的核心是由计划、行动、观察与反思等环节构成的螺旋式推进的循环过程。

(1) 计划环节。计划始于解决问题的需要和设想,设想又是研究者对问题的认识,以及他们掌握的有助于解决问题的知识、理论、方法、技术和各种条件的综合。

(2) 行动环节。在行动研究中,实施行动应该是研究者在获得关于背景和行动本身的信息,经过思考并有一定程度的理解之后,有目的、负责任、按计划采取的步骤。行动又是灵活的、能动的,包含研究者的认识和决策。

(3) 观察环节。观察环节是指研究者借助各种有效手段对自己和其他人的行动进行记录。多视角的观察更有利于全面而深刻地认识行动的过程。

(4) 反思环节。反思环节既是一个循环的结束,又是另一个循环的开始。这一环节不仅包括整理和描述,也包括对行动的过程和结果做出判断评价、分析解释,从而形成基本设想。

五、教育叙事研究法

作为行动研究成果表述形式的教育叙事,既指教师在研究过程中用叙事的方法所做的某些简短的记录,也指教师在研究中采用叙事方法呈现的研究成果。教育叙事研究是记录教师教学生涯和成长历程的重要方式。苏霍姆林斯基就曾建议每一位教师都写教育日记。教育日记并不是符合某些格式要求的官方文献,而是一种个人的随笔记录,在日常工作中就可以记录,这些记录是思考和创造的源泉。

叙事就是"讲故事",讲述叙事者亲身经历的事件。教育叙事是指教师在日常生活、课堂教学、教改实践活动中曾经发生或正在发生的事件,也包括教师本人撰写的个人传记和个人经验总结等各类文本。这些故事样式的实践记录是具体的、情境性的,描绘出教师的经验世界,是教师心灵成长的轨迹,是教师在教育教学活动中的真情实感。

教育叙事主要包含以下四个要素:

第一,教育叙事应该有一个主题。主题要从某个或几个教学事件中产生,而不是先选定某个理论,然后选择几个教学案例作为例证。

第二,教育叙事形成的研究报告是一种教育记叙文而不是教育论文。这种教育记叙文比传统的教育论文更能引起读者的共鸣,并由此体现它的研究价值。

第三,教育叙事研究报告以叙述为主,但它是在个人反思的基础上写出来的,夹叙夹议,能够更真实深入地反映教育叙事研究的全过程和教师的思考。

第四,教育叙事对改进教师的教育教学思路,提升教师的教育教学水平起到强有力的推动作用。

教育叙事研究包括：教育教学日志或日记,直接记录教师日常真实的教育生活情境,如每天都进行的教学活动以及这些教育活动实施的效果,影响课堂教学的关键细节等情况,有意识、生动地表达教师自己的活动。教师记录日常真实的教育生活片段之上的反思性叙事,不只局限于记录,还能把自己的心得体会加以提升。而研究性叙事是指建立在对叙事主题加以提炼、对多种原始教育生活材料的搜集整理之上,从而对教师日常教育生活加以反复梳理而进行的教育叙事。

☞ 复习思考题

1. 行动研究的模式有哪些？你是如何理解行动研究的？
2. 以小组为单位,针对自己的学习或教学中的一个问题开展行动研究。
3. 结合自己的学习或教学经历,撰写一篇教育叙事研究报告。

☞ 真题再现

1.【2017下 高中】问答题：简述教学日志的含义和三个作用,并列出教师撰写教学日志的三点注意事项。

2.【2017上 教育教学知识与能力（中学）】李老师经常自觉地对自己的讲课过程进行分析,并进行全面深入的归纳和总结,以不断改善自己的教学行为,提高自己的教学水平。李老师的做法基于下列哪种专业发展方式？_____。

A. 教学实施　　　B. 教学研究　　　C. 自我发展　　　D. 教学反思

第六节　终身学习技能

一、意义

随着21世纪信息社会的发展,知识更新越来越快,新科技、新知识、新成果和新观念层出不穷。这就决定了未来的社会是一个终身学习的社会,一个处处充满创新的社会。社会的发展对教师在终身学习和创新两方面提出了更高的要求。因此,教师要适应社会发展,就必须树立终身学习的理念,培养自己终身学习的技能。这不仅关系到社会的发展,而且与教师自身的生存和发展息息相关。

中小学教师是基础教育发展和提高的关键,教师的终身学习尤为重要。英语教师对自己的职业知识要求不应只是传统意义上的"要想给学生一瓢水,教师要有一桶水",这是远远不够的。英语教师不仅要着眼于知识量更多、知识面更宽,以及知识更新更快等方面,还要有多学科的知识结构。英语教师要通过自觉地、终身地学习,不断地吸收先进的英语教育教学思想和理念,树立正确的教育观、人才观和师生观,不断拓展英语专业知识,提高英语教学水平,掌握必要的信息化技术手段,以适应新时代对英语教师的素质要求。英语教师必须像"自来水"一样,即不断地吸收新的水源,并不断地自我"加压",这样才能源源不断地给学生提供新鲜的"饮用水"。将传统意义上代表教师知识含量的"水桶"变为水源充足的"活水源"。

教师的终身学习可以通过职后教育或培训实现,如到高校学习深造,利用线上线下的教育培训等形式。终身学习不仅能增加英语教师的学习机会,而且会改变教师的思想、观念、模式和方法等,进一步提高教师的学习质量和教学质量,以及增强教师的可持续发展能力。

二、教师的职业生涯发展

美国学者福勒和布朗根据教师的需要和不同时期关注的焦点问题,把教师的成长划分为关注生存、关注情境和关注学生三个阶段。

(一)关注生存阶段

关注生存阶段是教师专业发展的起步阶段,刚刚步入教师岗位的新教师就处于这一阶段。新教师非常关注自己能否适应新工作,十分在意周围人的看法,尤其在意自己在学生、同事和领导眼中的形象和地位。在关注生存阶段,教师往往把大量时间放在处理人际关系上。

(二)关注情境阶段

经过第一阶段,教师感到自己已经完全适应工作之后,开始更多地关注教学情境的相关方面,即进入关注情境阶段。如何更好、更充分地备课,上课时采用什么样的教学方法,如何提高学生的成绩水平,如何进行班集体建设等成为这个阶段教师不断思考的问题。

(三)关注学生阶段

关注学生阶段是教师发展的最后一个阶段,在经历了前面两个阶段之后,教师开始关注学生的发展。教师根据学生的发展水平,采用相对应的教育教学方法,因材施教,关注学生的个体需求。

需要注意的是,虽然福勒和布朗把教师职业发展分为三个阶段,但相当多的教师没有进入第三个阶段。因此,能否关注学生的需求和发展成为衡量一个教师是否已经成熟的重要标志之一。

☞ 复习思考题

1. 教师如何成为终身教育的践行者?
2. 以你周围的中小学英语教师为例,分析她/他处于职业生涯的哪个发展阶段?

☞ 真题再现

【2017上 教育教学知识与能力(中学)】每学期开学前,王老师总是根据自己所教班

级的人数、课时量以及备课资料是否充分等安排自己的教学方式与教学进度,根据福勒与布朗的观点,王老师处于教师成长的哪个阶段?_____。

A. 关注生存 B. 关注情境
C. 关注学生 D. 关注自我

参考文献

[1] 冯展极.英语教师职业技能训练指南[M].北京:中国林业大学出版社,2009.

[2] 杰克·C.理查兹,西奥多·S.罗杰斯.语言教学的流派:第三版[M].北京:外语教学与研究出版社,2022.

[3] 李梅,沈渝.师范生教师职业技能"一体两翼"实践训练管理体系探析[J].黑龙江高教研究,2014(9).

[4] 李朝云.英语说课稿撰写技巧研究[J].山西能源学院学报,2017,30(1).

[5] 刘文媛.外语教师专业成长[M].天津:天津大学出版社,2014.

[6] 罗杰斯.课堂行为的有效管理策略[M].蔡艳芳,马慧,郭燕飞,译.北京:中国轻工业出版社,2011.

[7] 梅德明,王蔷.新时代义务教育英语课程新发展——义务教育英语课程标准(2022年版)解读[J].基础教育课程,2022(10).

[8] 闫芳.漫谈英语教师的基本功[J].校园英语,2016(3).

[9] 赵晓霞,王荣生.阅读教学备课路径探析:从文本中来,到学生中去[J].课程·教材·教法,2018,38(2).

[10] 朱剑钊.情景教学法在小学英语课堂教学中的应用探析[J].英语广场,2020(13).

[11] 邹为诚.把握外语教学的发展方向,提升外语教师的教学实践能力[J].中国外语,2019,16(6).